Realschule

Original-Prüfungsaufgaben
mit Lösungen

Bayern

BwR

STARK

© 2024 STARK Verlag GmbH, St.-Martin-Straße 82, 81541 München
45. ergänzte Auflage
www.stark-verlag.de

Inhaltsverzeichnis

Vorwort

Hinweise und Tipps

Übungsaufgaben

Musterprüfungen

Abschlussprüfungen

Abschlussprüfung 2024 .... **www.stark-verlag.de/mystark**
Sobald die Original-Prüfungsaufgaben 2024 freigegeben sind, können Sie sie als PDF auf der
Plattform MySTARK herunterladen (Zugangscode vgl. Umschlaginnenseite).

Kontenplan

Jeweils im Herbst erscheinen die neuen Ausgaben mit Lösungen.

Autor:

Udo Weierich

Vorwort

Liebe Schülerin, lieber Schüler,

dieses Buch wird Sie dabei unterstützen, sich umfassend und gezielt auf die Abschlussprüfung im Fach Betriebswirtschaftslehre/Rechnungswesen 2025 vorzubereiten.

Im ersten Teil finden Sie **Übungsaufgaben** zur Wiederholung und Vertiefung der wichtigsten Lehrplaninhalte. Anhand der **Lösungsvorschläge** können Sie Ihren Lernfortschritt kontrollieren. Die **ausführlichen Erklärungen** zu den Lösungen helfen Ihnen, den Lösungsweg nachzuvollziehen.

Außerdem bietet das Buch **zwei Musterprüfungen** im Stil der Abschlussprüfung mit **vollständigen Lösungen** und **entsprechenden Erläuterungen**.

Abgerundet wird das Aufgabenpaket durch das von offizieller Stelle (ISB) herausgegebene „**Beispiel zur Abschlussprüfung BwR gemäß LehrplanPlus**" sowie durch die ausgearbeitete und kommentierte Original-Prüfung 2023. Die Original-Prüfung 2024 können Sie auf MySTARK herunterladen.

Sollten nach Erscheinen dieses Buches noch wichtige Änderungen für die Abschlussprüfung vom bayerischen Kultusministerium bekanntgegeben werden, finden Sie aktuelle Informationen unter: www.stark-verlag.de/mystark.

Der Autor und der Verlag wünschen Ihnen viel Erfolg bei der Vorbereitung und natürlich bei der Abschlussprüfung.

Hinweise zu den digitalen Inhalten

Auf alle digitalen Inhalte können Sie online über die Plattform **MySTARK** zugreifen.
Ihren persönlichen Zugangscode finden Sie auf der Umschlaginnenseite.

PDF der Original-Prüfungsaufgaben 2024

Sobald die Original-Prüfungsaufgaben 2024 freigegeben sind, können Sie sie als PDF auf der Plattform MySTARK herunterladen.

Interaktives Training

Auf MySTARK finden Sie zusätzliche interaktive Übungsaufgaben zu prüfungsrelevanten Themenbereichen.
Zu den einzelnen Lösungsschritten erhalten Sie ein sofortiges Feedback und Ihre Ergebnisse werden unmittelbar ausgewertet.

Hinweise und Tipps

Ablauf der Prüfung

Inhaltlich bezieht sich die Abschlussprüfung auf den gesamten Lehrstoff des Fachs BwR von der 7. bis zur 10. Klasse. Die Abschlussprüfungsaufgaben werden vom Bayerischen Kultusministerium zentral für alle bayerischen Realschulen gestellt. Die Abschlussprüfung dauert **120 Minuten**, maximal können 110 Punkte erreicht werden. Die Prüfung besteht aus einem Pflichtteil (fünf Aufgaben) und einem Teil mit Auswahlaufgaben. Von den drei Auswahlaufgaben wählt der Vorsitz des Prüfungsausschusses gemeinsam mit der Fachlehrkraft zwei Aufgaben aus. Sie selbst haben in der Prüfung also keine Auswahlmöglichkeit – Sie müssen **alle sieben** vorliegenden Aufgaben bearbeiten.

Als Hilfsmittel sind ein **nicht programmierbarer Taschenrechner** sowie der **offizielle Kontenrahmen** zugelassen.

Vorbereitung

Es ist empfehlenswert, frühzeitig einen **Lernplan** für die Abschlussprüfung zu erstellen, in dem Sie festlegen, wann Sie welche Themengebiete erarbeiten wollen. Die Aufgabentypen zu den verschiedenen Kapiteln ähneln sich häufig. Das bedeutet, dass Sie sich durch Wiederholung eine **Routine** aneignen können, die Ihnen in der Prüfung helfen wird, Aufgabenstellungen schnell zu erfassen und das Ergebnis zu erzielen, das Sie sich vornehmen.

Weitere Tipps:

- Bereiten Sie sich langfristig vor.
- Erstellen Sie übersichtliche Zusammenfassungen zu den verschiedenen Themengebieten.
- Benutzen Sie neben diesem Buch auch Ihre Hefteinträge und das Schulbuch als Unterstützung.

I

- Bearbeiten Sie die Aufgaben eigenständig. Belügen Sie sich nicht selbst, indem Sie die Lösung zur Hand nehmen, wenn Sie mit einer Aufgabe nicht zurechtkommen.
- Üben Sie in einer prüfungsähnlichen Atmosphäre. Setzen Sie sich ein Zeitlimit für den Aufgabenblock, den Sie bearbeiten wollen. Als Richtschnur können Sie etwa eine Minute für jeden zu vergebenden Punkt ansetzen.
- Bearbeiten Sie die Aufgaben ggf. auch mehrmals – so gewinnen Sie Sicherheit.
- Fragen Sie bei Problemen bei Ihrer Lehrkraft oder bei Mitschülerinnen und Mitschülern nach.
- Machen Sie sich mit den typischen Operatoren im Fach BwR vertraut. So erkennen Sie schnell, was von Ihnen verlangt wird.

Operatorenliste BwR

Operatoren	Bedeutung / Erwartung
abgrenzen	unterschiedliche Sachverhalte begründet voneinander trennen
ableiten	auf der Grundlage wesentlicher Merkmale sachgerechte Schlüsse ziehen
abwägen	nach bestimmten Kriterien Gemeinsamkeiten und / oder Unterschiede ermitteln, einander gegenüberstellen und vergleichen
analysieren	wichtige Bestandteile oder Eigenschaften von Sachverhalten und Problemstellungen systematisch, gezielt und wertfrei herausarbeiten
anwenden	erworbenes Wissen sowie Fähigkeiten auf eine neue Aufgaben- bzw. Problemstellung beziehen
auf etwas schließen	auf der Grundlage wesentlicher Merkmale sachgerechte Schlüsse ziehen
aufstellen	Sachverhalte zu einem bestimmten Zweck ordnen, formieren
auswählen	zutreffende Informationen aus mehreren Alternativen herausfinden
auswerten	Aussagen, Daten oder Einzelergebnisse in einen Zusammenhang stellen und ggf. zu einer abschließenden Gesamtaussage zusammenführen
begründen	hinsichtlich Ursachen und Auswirkungen nachvollziehbare Zusammenhänge herstellen
belegen	etwas durch ein Dokument, eine Berechnung, ein Gesetz o. Ä. nachweisen bzw. beweisen
berechnen	Informationen oder Ergebnisse von einem Ansatz ausgehend durch Rechenoperationen gewinnen
beschreiben	einen Sachverhalt in eigenen Worten unter Berücksichtigung der Fachsprache sprachlich angemessen wiedergeben
bestimmen	etwas ermitteln, klären, definieren

beurteilen	zu einem Sachverhalt oder einer Aussage ein selbstständiges Urteil unter Verwendung von Fachwissen und Fachmethoden formulieren und begründen
bewerten	zu bestimmten Problemen oder Sachverhalten unter Einbeziehung von vorgegebenen Wertmaßstäben Stellung nehmen
buchen (buchhalterisch erfassen)	buchungstechnische Grundlagen anwenden (Buchungssatz und T-Konto)
charakterisieren	Sachverhalte in ihren Eigenarten erkennen und beschreiben
darstellen	einen erkannten Zusammenhang oder Sachverhalt strukturiert wiedergeben
definieren	die Bedeutung eines Begriffs unter Angabe unveränderlicher Merkmale präzise bestimmen
diskutieren	einen Sachverhalt untersuchen und das Für und Wider abwägen, um zu einem Ergebnis zu kommen
einordnen	Sachverhalte begründet in einen Zusammenhang stellen
einschätzen	etwas in bestimmter Weise beurteilen
entscheiden	bei Alternativen sich begründet auf eine Möglichkeit festlegen
entwickeln	zu einem Sachverhalt/einer Problemlösung ein konkretes Lösungskonzept begründet erstellen
erklären/erläutern	Informationen und Sachverhalte so darstellen, dass Bedingungen, Ursachen, Folgen und Gesetzmäßigkeiten verständlich werden
ermitteln	Zusammenhänge oder Lösungswege aufzeigen, um daraus ein Ergebnis zu gewinnen
erstellen	Sachverhalte übersichtlich und fachgerecht darstellen
formulieren	etwas in eine angemessene sprachliche Form bringen
herausarbeiten	aus Materialien bestimmte Sachverhalte bzw. Positionen ermitteln und darstellen – auch wenn sie nicht explizit genannt werden
kalkulieren	gegebenes oder ermitteltes Datenmaterial in ein Kalkulationsschema einsetzen
konkretisieren	etwas im Einzelnen ausführen, näher bestimmen, verdeutlichen
nachweisen	Aussagen oder Sachverhalte durch Berechnungen, Herleitungen bzw. logische Begründungen bestätigen
nennen	Informationen, Begriffe, Merkmale, … ohne Erklärung wiedergeben
prüfen/überprüfen	Fragestellungen, Sachverhalte bzw. Probleme nach fachlich üblichen Kriterien beurteilen

recherchieren	aus Quellen geeignete Informationen auswählen
skizzieren	die wesentlichen Eigenschaften eines Sachverhaltes darstellen
systematisieren	Informationen ordnen sowie Zusammenhänge aufdecken und darstellen
unterscheiden	anhand von Kriterien Sachverhalte voneinander abgrenzen
vergleichen	Gemeinsamkeiten, Ähnlichkeiten und Unterschiede ermitteln und gegenüberstellen
vervollständigen	geeignete Begriffe und/oder Zahlen in Belege, Texte, Grafiken, Tabellen etc. sinnvoll ergänzen
zuordnen	Sachverhalte begründet in einen vorgegebenen Zusammenhang stellen
zusammenfassen	den inhaltlichen Kern kurz und übersichtlich wiedergeben

Bearbeitung der Prüfung

- Die Aufgaben beziehen sich immer auf ein Modellunternehmen, das am Anfang vorgestellt wird. Lesen Sie die Informationen dazu aufmerksam durch. Sie bearbeiten die Abschlussprüfung aus der Perspektive des beschriebenen Unternehmens. Die Hinweise, z. B. zu den eingesetzten Werkstoffen oder dem Standort des Unternehmens, können für die Beantwortung der Aufgaben hilfreich sein.
- Markieren Sie die relevanten Informationen (z. B. das Rechnungsdatum im Beleg).
- Achten Sie auf den Operator. Wenn es in der Aufgabenstellung heißt „Erläutern Sie", wird eine ausführlichere Antwort verlangt als bei „Nennen Sie".
- Beachten Sie unbedingt die Formvorschriften, arbeiten Sie ordentlich und strukturiert.
- Geben Sie die Rechenwege an – so kann der Korrektor gegebenenfalls Folgefehler ansetzen.
- Wenn Sie bei einer Aufgabe nicht weiterkommen, grübeln Sie nicht zu lange. Überspringen Sie diese und kommen Sie am Ende nochmal darauf zurück.

ÜBUNGSAUFGABEN

Grundlagen für die Erstellung von Buchungssätzen

Zum Beginn des Geschäftsjahres werden die aktiven und passiven Bestandskonten eröffnet (Kontenklassen 0 bis 4). Bei **Aktivkonten** steht der Anfangsbestand im Soll, sie mehren sich im Soll und mindern sich im Haben. Der Schlussbestand wird im Haben erfasst. Bei **Passivkonten** erfolgt der Eintrag jeweils entgegengesetzt.

Aktiva	Bilanz 1. Januar 20..	Passiva
Anlagevermögen	Eigenkapital	
MA	Fremdkapital	
...	LBKV	
Umlaufvermögen	...	
FO		
...		

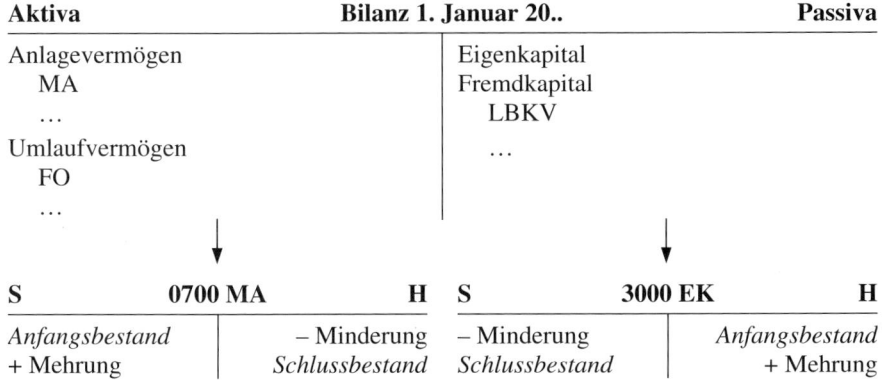

S	0700 MA	H	S	3000 EK	H
Anfangsbestand	*– Minderung*		*– Minderung*	*Anfangsbestand*	
+ Mehrung	*Schlussbestand*		*Schlussbestand*	+ Mehrung	

Über die **Aufwands- und Ertragskonten** (Kontenklassen 5 bis 7) kann der Erfolg des Unternehmens (Gewinn/Verlust) bestimmt werden. Ein Aufwand bedeutet einen Werteabfluss, z. B. wenn Rohstoffe verbraucht oder Löhne gezahlt werden. Erträge, z. B. beim Verkauf von Fertigerzeugnissen, bedeuten einen Wertezufluss. Die Salden der Aufwands- und Ertragskonten werden am **Jahresende** auf dem **Konto 8020 GUV** gesammelt.

Aufwandskonten, z. B.:   Ertragskonten, z. B.:

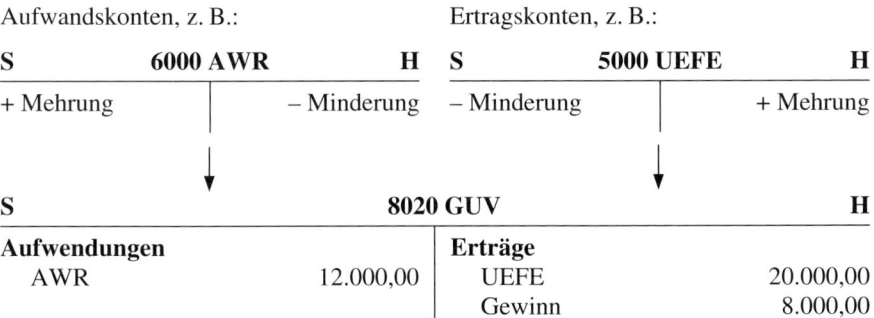

S	6000 AWR	H	S	5000 UEFE	H
+ Mehrung	– Minderung		– Minderung	+ Mehrung	

S	8020 GUV		H
Aufwendungen		**Erträge**	
AWR	12.000,00	UEFE	20.000,00
		Gewinn	8.000,00

Die Salden der Aufwandskonten werden im Konto 8020 GUV im Soll, die der Ertragskonten im Haben erfasst. Im Beispiel hat das Unternehmen einen Gewinn von 8.000,00 € erzielt. Der Gewinn/Verlust wird auf das **Konto 3000 EK** gebucht.

Bei der Bildung von Buchungssätzen sind folgende Vorüberlegungen sinnvoll:

Beispiel: Zielkauf von Hilfsstoffen für 360,00 € netto

1. Welche Konten sind betroffen?	6020 AWH	2600 VORST	4400 VE
2. Um welche Art Konto handelt es sich (Aktiv-/Passiv-/Aufwands-/Ertragskonto)?	Aufwand	Aktiv	Passiv
3. Mehrt oder mindert sich das Konto?	+	+	+
4. Buchung im Soll oder Haben?	Soll	Soll	Haben

Buchungssatz:

6020 AWH	360,00 €	an	4400 VE	428,40 €
2600 VORST	68,40 €			

Das System der Umsatzsteuer

Die Umsatzsteuer ist eine Verbrauchssteuer, die vom Endverbraucher zu bezahlen ist. Unternehmen zahlen beim **Einkauf** von Waren und Dienstleistungen **Vorsteuer** – sie können die gezahlte Vorsteuer jedoch vom Finanzamt zurückfordern. Die Vorsteuer ist also eine **Forderung gegenüber dem Finanzamt** und wird auf dem Aktivkonto **2600 VORST im Soll** gebucht.

Wichtig: Bei nachträglichen Preisnachlässen (Skonto, Mängelrüge) muss die Vorsteuer im Haben korrigiert werden!

Beim **Verkauf** von Fertigerzeugnissen zahlt der Kunde **Umsatzsteuer** an den Verkäufer, der diese an das Finanzamt abführt. Die Umsatzsteuer stellt für das verkaufende Unternehmen also eine **Verbindlichkeit gegenüber dem Finanzamt** dar und wird auf dem Passivkonto **4800 UST im Haben** erfasst.

Wichtig: Bei nachträglichen Preisnachlässen (Skonto, Mängelrüge) muss die Umsatzsteuer im Soll korrigiert werden!

Hinweis zu den Übungsaufgaben

Bei den folgenden Übungsaufgaben handelt es sich überwiegend um Teilaufgaben von Abschlussprüfungen der vergangenen Jahre. Sie sind hier entsprechend den Themengebieten des Lehrplans zusammengestellt. Teilweise werden in den Aufgaben, wie auch in der Abschlussprüfung, verschiedene Kapitel inhaltlich verknüpft.

Aufgabe 1

Mira Singer hat sich mit ihrem Unternehmen Mira Singer Lautsprecherboxen e. Kfr., kurz „M-BOX", mit Sitz in Bamberg auf die Produktion mobiler Lautsprecherboxen spezialisiert. Am 31.12. steht bei „M-BOX" der Jahresabschluss an. Als Mitarbeiter*in des Unternehmens sind Sie mit folgenden Aufgaben betraut:

1.1 Der Jahresabschluss erfolgt in vier Teilschritten. Im **ersten Schritt** sind die Vorabschlussbuchungen vorzunehmen.

1.1.1 Bilden Sie die Buchungssätze für den Abschluss der Unterkonten 6031 BZKB und 5001 EBFE.

S	6031 BZKB	H	S	5001 EBFE	H
VE	80,00		FO	2.300,00	
BK	15,00		FO	780,00	
VE	45,00		FO	320,00	

1.1.2 Im Hilfsstofflager wurde ein Minderbestand von 5.300,00 € ermittelt. Bilden Sie den erforderlichen Buchungssatz.

1.2 Im **zweiten Schritt** werden die Erfolgskonten (Hauptkonten) abgeschlossen.

Die Konten 6030 AWB und 5000 UEFE weisen zum Jahresende folgende Eintragungen aus:

S	6030 AWB	H		S	5000 UEFE	H
1) BK	630,00	2) NB	80,00	EBFE	3.400,00	FO	8.200,00
KA	160,00				FO	740,00
VE	420,00				BK	3.300,00
BZKB	140,00				KA	140,00

1.2.1 Geben Sie einen möglichen Geschäftsfall zum Eintrag 1) im Konto 6030 AWB an.

1.2.2 Erläutern Sie den Eintrag 2) im Konto 6030 AWB.

1.2.3 Bilden Sie die Buchungssätze für den Abschluss der beiden Konten.

1.3 Nach dem Abschluss der Erfolgskonten wird im **dritten Schritt** der Jahreserfolg ermittelt und das GUV-Konto abgeschlossen.

Das Konto 8020 GUV weist folgende Eintragungen aus:

S	8020 GUV		H
AWR	75.000,00	UEFE	125.000,00
AWH	18.000,00		
AWB	1.350,00		
AWMP	4.400,00		

1.3.1 Berechnen Sie den Erfolg des Unternehmens.

1.3.2 Bilden Sie den Buchungssatz für den Abschluss des Kontos 8020 GUV.

1.3.3 Erläutern Sie, welche Auswirkungen das Ergebnis auf das Eigenkapital hat.

1.4 Im **vierten Schritt** werden die Bestandskonten auf das Konto 8010 SBK abgeschlossen.

Die Konten 2800 BK und 4400 VE weisen zum Ende des Geschäftsjahres folgende Eintragungen aus:

S	2800 BK		H
AB	8.100,00	VE	2.500,00
1) FO	3.300,00	AWH/VORST	1.400,00
KA	150,00		
LBKV	12.000,00		

S	4400 VE		H
BK	2.500,00	AB	11.600,00
NR/VORST	400,00	AWR/VORST	5.400,00
		AWB/VORST	420,00

1.4.1 Geben Sie einen möglichen Geschäftsfall zu Eintrag 1) im Konto 2800 BK an.

1.4.2 Bilden Sie die Buchungssätze für den Abschluss der beiden Konten.

1.5 Geben Sie auf Ihrem Lösungsblatt unter Angabe des Kennbuchstabens an, ob folgende Aussagen richtig oder falsch sind:

A	Der Kauf von Rohstoffen (6000 AWR) mindert den Gewinn des Unternehmens.
B	Ein Gewinn wird im Konto 3000 EK auf der Soll-Seite verbucht.
C	Zahlt ein Kunde innerhalb der Skontofrist unter Abzug von Skonto, mindern sich die Umsatzerlöse.

Erwin Schleicher produziert in seinem Unternehmen Erwin Schleicher Sneaker e. K., kurz „SCHLEICHER", im Stammwerk in München Sneaker. Sie sind Mitarbeiter*in des Unternehmens.

Am 31.12.2018 sind noch einige Arbeiten im Unternehmen „SCHLEICHER" zu erledigen.

2.1   Bilden Sie die vorbereitenden Abschlussbuchungssätze.

2.1.1   Ihnen liegt folgendes Konto vor:

Soll	6022 NH		Haben
	13.05. VE		1.050,00 €

2.1.2   Ihnen liegt folgender Beleg auszugsweise vor:

Dr. August Dösig
Rechtsanwaltskanzlei

Dr. August Dösig, Rechtsanwalt, Gerichtsstraße 12, 86899 Landsberg

Erwin Schleicher Sneaker e. K.
Schmittchenstraße 39
81230 München

Kostenvoranschlag   Landsberg, 30.12.2018
Nr. 3847/19

Sehr geehrter Herr Schleicher,
bezüglich des laufenden Prozesses gegen Ihren Kunden Schuh-MAFIA müssen Sie im kommenden Geschäftsjahr mit Anwaltskosten von voraussichtlich 5.600,00 € netto rechnen.

2.1.3   Die Gutschrift für einen vermieteten Parkplatz in Höhe von 2.142,00 € brutto (USt-Anteil: 342,00 €) für die Monate Dezember bis Februar erfolgte bereits am 01.12.2018 auf das Geschäftsbankkonto.

Lösungsvorschlag

1.1.1

> **TIPP** **Grundregeln beim Abschließen von Konten:**
> • Zunächst muss der Saldo (Unterschied zwischen Soll und Haben) ermittelt werden.
> • Dann muss das Konto ausgeglichen werden: Der Saldo wird auf der „kleineren" Seite gebucht (hier jeweils im Haben).

6030 AWB	an	6031 BZKB	140,00 €
5000 UEFE	an	5001 EBFE	3.400,00 €

Erklärung: Unterkonten (z. B. 6031 BZKB, 5001 EBFE) werden im Rahmen der Vorabschlussbuchungen über die Hauptkonten (z. B. 6030 AWB, 5000 UEFE) abgeschlossen. Der Schlussbestand des Unterkontos *6031 BZKB* wird auf dem Hauptkonto *6030 AWB* im Soll erfasst → die Bezugskosten erhöhen die Aufwendungen für Betriebsstoffe.
Der Saldo des Unterkontos *5001 EBFE* steht im Haben. Das Konto wird am Jahresende über das Konto *5000 UEFE* durch eine Sollbuchung abgeschlossen → die Erlösberichtigungen schmälern die Umsatzerlöse.

1.1.2   6020 AWH   an   2020 H   5.300,00 €

Erklärung: *2020 H:* Das Aktivkonto 2020 H hat sich gemindert → Buchung im Haben.
6020 AWH: Während des Geschäftsjahres wurden zusätzliche Hilfsstoffe aus dem Lager verarbeitet, der Aufwand steigt → Buchung im Soll.

1.2.1   Kauf von Schmierstoffen für 630,00 € netto per Banküberweisung.

Erklärung: Der Buchungssatz lautet:

6030 AWB	630,00 €	an	2800 BK	749,70 €
2600 VORST	119,70 €			

6030 AWB: Eintrag 1) wurde im Konto 6030 AWB im Soll erfasst → es handelt sich um eine Mehrung der Aufwendungen für Betriebsstoffe. Im Konto 6030 AWB wird der Nettowert erfasst.
2800 BK: Im **Gegenkonto** 2800 BK wird der Vorfall im Haben erfasst, es hat sich also gemindert.
2600 VORST: Beim Kauf fällt Vorsteuer an. Diese wird ebenfalls im Soll erfasst, erscheint also nicht als Gegenkonto im Konto 6030 AWB.

1.2.2   Das Unterkonto 6032 NB wurde abgeschlossen, der Saldo beträgt 80,00 €. Die Nachlässe mindern die Aufwendungen für Betriebsstoffe.

Erklärung: Der Buchungssatz lautet:
6032 NB   an   6030 AWB   80,00 €
6032 NB: Das Unterkonto wird bei **nachträglichen Preisnachlässen** vom Lieferer benötigt (Mängelrüge, Skonto). Am Jahresende wird es im Rahmen der Vorabschlussbuchungen auf das Hauptkonto 6030 AWB abgeschlossen.

6030 AWB: Nachlässe mindern die Aufwendungen für Betriebsstoffe
→ Buchung im Haben.

1.2.3 8020 GUV   an   6030 AWB   1.270,00 €
5000 UEFE   an   8020 GUV   8.980,00 €

Erklärung: *8020 GUV:* Die Erfolgskonten werden auf 8020 GUV abgeschlossen, Aufwendungen werden im Soll erfasst, Erträge im Haben.
6030 AWB: Der Saldo wird im Haben gebucht (Ausgleich des Kontos).
5000 UEFE: Der Saldo wird im Soll erfasst (Ausgleich des Kontos).

1.3.1 „M-BOX" hat einen Gewinn von 26.250,00 € erzielt.

Erklärung: Im Konto 8020 GUV werden die Aufwendungen im Soll und die Erträge im Haben erfasst.
Erträge – Aufwendungen = Erfolg des Unternehmens
Hinweis: Der Erfolg kann auch negativ sein (Verlust)!

1.3.2 8020 GUV   an   3000 EK   26.250,00 €

Erklärung: *8020 GUV:* Das Konto GUV wird bei einem Gewinn im Soll ausgeglichen.
3000 EK: Bei einem Gewinn mehrt sich das Passivkonto EK → Buchung im Haben.

1.3.3 Der Gewinn bedeutet für "M-Box" einen Wertezufluss (Erträge > Aufwendungen), wodurch sich das Eigenkapital erhöht.

Erklärung: 3000 EK ist ein passives Bestandskonto, das sich im Falle eines Gewinns im Haben mehrt. Bei einem Verlust erfolgt die Buchung im Konto EK im Soll, das Konto GUV wird dann im Haben ausgeglichen.

1.4.1 Ein Kunde bezahlt eine Rechnung über 3.300,00 € per Banküberweisung.

Erklärung: *2800 BK:* Vorgang 1) wird im Aktivkonto BK im Soll erfasst → das Bankguthaben erhöht sich.
2400 FO: Im Gegenkonto FO erfolgt die Buchung im Haben → das Aktivkonto mindert sich.

1.4.2 8010 SBK   an   2800 BK   19.650,00 €
4400 VE   an   8010 SBK   14.520,00 €

Erklärung: *8010 SBK:* Alle Bestandskonten (Kontenklassen 0 bis 4) werden auf 8010 SBK abgeschlossen. Aktivkonten werden im Soll erfasst, Passivkonten im Haben.
2800 BK: Der Schlussbestand (Saldo = Soll – Haben) wird in Aktivkonten im Haben erfasst.
4400 VE: Der Schlussbestand wird bei Passivkonten im Soll gebucht.

1.5 A: richtig
B: falsch
C: richtig

Erklärung: *Zu A:* Der Kauf von Rohstoffen stellt einen Aufwand, also einen Abfluss von Werten dar. Im Konto 8020 GUV stehen Aufwendungen den Erträgen gegenüber. Erhöhen sich die Aufwendungen, mindert das den Erfolg des Unternehmens.

Zu B: Ein Gewinn trägt zur Mehrung des Eigenkapitals bei. Das Passivkonto 3000 EK mehrt sich im Haben.

Zu C: Der Abzug von Skonto durch den Kunden erfordert eine Korrektur der Umsatzerlöse. Die Buchung auf 5001 EBFE im Soll bedeutet eine Minderung der Umsatzerlöse.

2.1.1 6022 NH an 6020 AWH 1.050,00 €

Erklärung: Aus Gründen der Übersichtlichkeit werden nachträgliche Preisnachlässe für Hilfsstoffe (Skonto, Mängelrüge) auf dem Konto 6022 NH gebucht. Es handelt sich hierbei um ein Unterkonto, das zum Ende des Geschäftsjahres über das Hauptkonto 6020 AWH abgeschlossen wird (vorbereitende Abschlussbuchung).

6022 NH: Abschluss (Ausgleich) des Kontos im Soll.

6020 AWH: Der Saldo von 6022 NH wird auf AWH im Haben erfasst, die Aufwendungen für Hilfsstoffe mindern sich.

2.1.2

> **TIPP** Ist in der Aufgabenstellung von Kostenvoranschlag, voraussichtlichen Kosten oder, wie hier, von laufenden Prozessen die Rede, sind Rückstellungen zu bilden. Rückstellungen sind Verbindlichkeiten, bei denen die Fälligkeit und die Höhe nicht feststehen.
> Da die Kosten nur geschätzt sind, wird auf 3900 RST immer der **Nettobetrag** erfasst! Die Vorsteuer wird erst gebucht, wenn die Rechnung eingeht, der genaue Betrag also feststeht.

6770 RBK an 3900 RST 5.600,00 €

Erklärung: *6770 RBK:* Die Aufwendungen (Anwaltskosten) steigen → Buchung im Soll.

3900 RST: Das Passivkonto Rückstellungen (vergleichbar mit Verbindlichkeiten) nimmt im Haben zu.

2.1.3

> **TIPP** Bei der Rechnungsabgrenzung wird immer nur der Nettobetrag abgegrenzt.

Mietertrag netto: 1.800,00 €

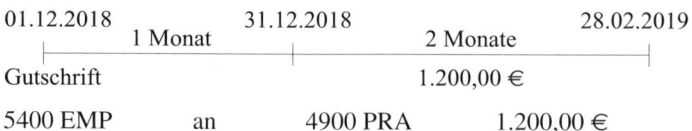

01.12.2018 ├──1 Monat──┤ 31.12.2018 ├──2 Monate──┤ 28.02.2019

Gutschrift 1.200,00 €

5400 EMP an 4900 PRA 1.200,00 €

Erklärung: Anfang Dezember 2018 ging die Parkplatzmiete für die kommenden drei Monate ein. Zum Bilanzstichtag am 31.12. besteht nun das Problem, dass Erträge für Januar und Februar des kommenden Geschäftsjahres auf 5400 EMP gebucht sind – die Bilanz wäre nicht korrekt. Also müssen Mieterträge, die das neue Jahr betreffen, abgegrenzt (wieder ausgebucht) werden. Einnahmen, die einen Ertrag für das kommende Geschäftsjahr darstellen, werden am 31.12. über das Passivkonto 4900 PRA abgegrenzt.

5400 EMP: Der Mietertrag für Januar und Februar wird im Soll korrigiert/ ausgebucht.

4900 PRA: Der abgegrenzte Betrag wird im Haben erfasst.

Aufgabe 1 | Abschlussprüfung 2021, A1

Jens Umprecht Trampoline e. K., kurz „JUMP", produziert im Stammwerk in München Trampoline. Sie sind Mitarbeiter*in des Unternehmens.

Im Unternehmen „JUMP" liegt folgender Beleg vor:

Stahlwerk Stark GmbH

„Starke"
Qualität und
Beständigkeit

Oberer Lechweg 7, 86447 Aindling
Tel.: 08237 0255, Fax: 08237 0254
www.stahlwerk-stark.xy

Stahlwerk Stark GmbH, Oberer Lechweg 7, 86447 Aindling

Jens Umprecht Trampoline e. K.
Sprunggasse 5
80339 München

Registergericht Augsburg: HRB 76458
Steuernummer: 653/659/43089
USt-IdNr.: DE032412591

Ihr Auftrag vom: 10.01.2020
Auftrags-Nr.: 416/2020
Kunden-Nr.: 7116

Rechnung Nr. 416/2020
(bei Zahlung bitte angeben!)

Aindling, 14.01.2020

Am 14.01.2020 lieferten wir Ihnen frei Haus:

Pos.	Art-Nr.	Beschreibung	Menge	Einzelpreis	Gesamtpreis
01	4576	Stahlrohr Länge 6 Meter Durchmesser 40 mm Wandstärke 2,50 mm	250	62,50 €	15.625,00 €
		20 % Rabatt			3.125,00 €
		Zwischensumme			12.500,00 €
		19 % USt			2.375,00 €
		Rechnungsbetrag			**14.875,00 €**

Zahlbar unter Abzug von 2 % Skonto bis 24.01.2020
Zahlbar rein netto bis 14.02.2020

Die Ware bleibt bis zur vollständigen Bezahlung Eigentum der Stahlwerk Stark GmbH.

Bankverbindung: Premiumbank Aindling
IBAN: DE24 7209 0500 0013 2546 74   BIC: BYPRDEI1AIL

Bild „Stahl": Nuttawut Uttamaharad. 123rf.com

1.1 Geben Sie auf dem Lösungsblatt unter Angabe des Kennbuchstabens an, ob die Aussagen A bis D richtig oder falsch sind.

A	„JUMP" darf den Rabatt nur bei frühzeitiger Zahlung abziehen.
B	„JUMP" muss die Kosten für die Lieferung nicht übernehmen.
C	Sowohl „Jens Umprecht Trampoline e. K." als auch die „Stahlwerk Stark GmbH" sind jeweils als Kapitalgesellschaft im Handelsregister eingetragen.
D	Die Abkürzung USt-IdNr. steht für Umsatzsteuer-Identifikationsnummer.

1.2 Bilden Sie den Buchungssatz zur Rechnung Nr. 416/2020.

1.3 Bei „JUMP" erfolgt die Lieferung der Stahlrohre „Just-in-time".
Nennen Sie je einen Vorteil und einen Nachteil des „Just-in-time"-Verfahrens.

1.4 „JUMP" erreicht am 16.01.2020 folgende Mail:

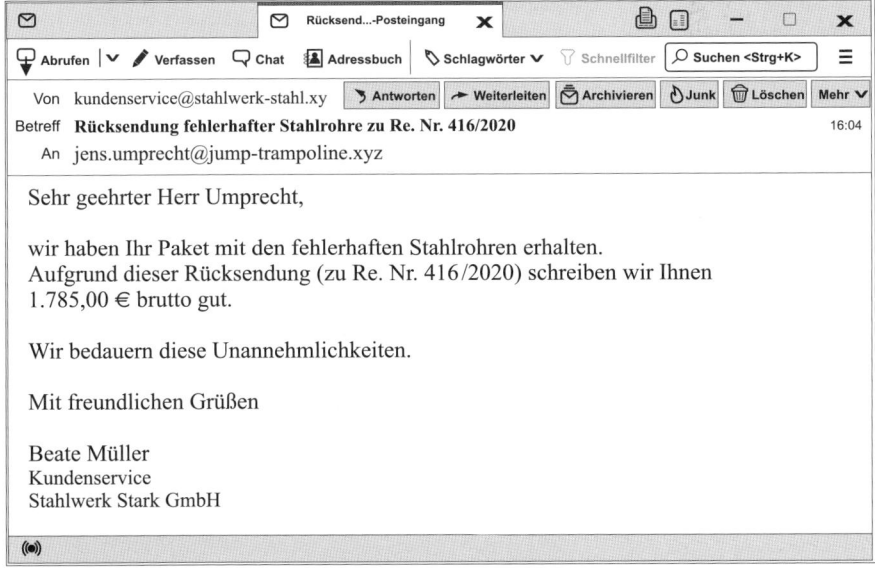

1.4.1 Bilden Sie den Buchungssatz.

1.4.2 Geben Sie einen weiteren Grund an, der zu einer Rücksendung führen kann.

1.5 Am 22.01.2020 überweist „JUMP" 12.828,20 € für die Rechnung Nr. 416/2020 vom Geschäftsbankkonto.
Bilden Sie den Buchungssatz.

Erwin Schleicher Sneaker e. K. produziert im Stammwerk in München Sneaker.
Unternehmensphilosophie: Ressourcenschonende und qualitativ hochwertige
Produktion. Sie sind Mitarbeiter*in des Unternehmens.

Im Unternehmen „SCHLEICHER" liegt folgender Beleg vor:

Shoelace AG

Shoelace AG, Bandlstraße 8, 85345 Freising	Registergericht Freising: HRB 305
	Steuernummer: 113/171/10359
Erwin Schleicher Sneaker e. K.	USt-IdNr.: DE0221 12093
Schmittchenstraße 39	
81230 München	Tel.: 08161 08164
	Fax: 08161 08165

Rechnung Nr. 210408/18   Freising, 09.01.2018
(Bei Zahlung bitte angeben!)

Ihr Auftrag vom: 02.01.2018   Auftrags-Nr.: 68 /18   Kunden-Nr: 240452
Am 09.01.2018 lieferten wir Ihnen:

Pos.	Menge	Art.-Nr.	Artikel	Einzelpreis (EUR)	Gesamtpreis (EUR)
1	2 000	300810	Schnürsenkel – weiß	3,20	6.400,00
2	1 000	300811	Schnürsenkel – schwarz	3,50	3.500,00
3	500	300813	Schnürsenkel – rot	3,80	1.900,00
			Rabatt 8 %		944,00
			Warenwert		10.856,00
			Leihverpackung		80,00
			USt 19 % **2.077,84 €**		**Rechnungsbetrag** **13.013,84 €**

Bei Zahlung bis zum 19.01.2018 gewähren wir 2 % Skonto.
Zahlung fällig „rein netto" am 08.02.2018

Die Ware bleibt bis zur vollständigen Bezahlung Eigentum der Shoelace AG.
Vielen Dank für Ihren Auftrag.

Bankverbindung: Handelsbank Isartal
IBAN: DE70 1906 9000 0001 2612 15   BIC: HANBDEARIN1

Bild: © djem.Shutterstock

2.1 Geben Sie auf Ihrem Lösungsblatt jeweils unter Angabe des
Kennbuchstabens an, ob folgende Aussagen A bis C richtig oder falsch sind.

A	Gemäß den Grundsätzen ordnungsmäßiger Buchführung muss dieser Beleg zwei Jahre lang aufbewahrt werden.
B	Erwin Schleicher ist als Einzelunternehmer im Handelsregister in der Abteilung A eingetragen.
C	Die Auswahl eines Lieferers, der Leihverpackungen verwendet, entspricht der Unternehmensphilosophie von „SCHLEICHER".

2.2 Geben Sie an, wie der Vermerk „Die Ware bleibt bis zur vollständigen
Bezahlung Eigentum der Shoelace AG" mit Fachbegriff bezeichnet wird.

2.3 Bilden Sie den Buchungssatz zur nebenstehenden Rechnung Nr. 210408/18.

2.4 Bilden Sie den Buchungssatz für folgenden Beleg.

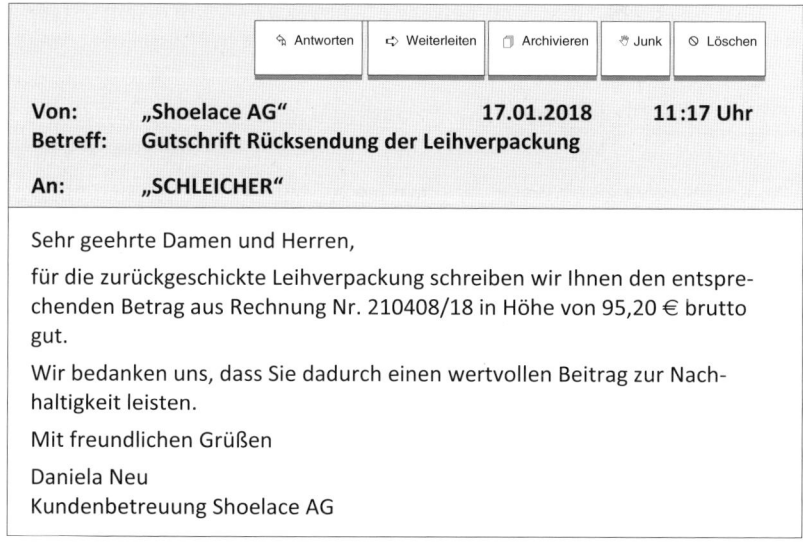

↩ Antworten	↪ Weiterleiten	🗂 Archivieren	🗑 Junk	⊘ Löschen

Von: „Shoelace AG"   17.01.2018   11 :17 Uhr
Betreff: **Gutschrift Rücksendung der Leihverpackung**

An: „SCHLEICHER"

Sehr geehrte Damen und Herren,

für die zurückgeschickte Leihverpackung schreiben wir Ihnen den entsprechenden Betrag aus Rechnung Nr. 210408/18 in Höhe von 95,20 € brutto gut.

Wir bedanken uns, dass Sie dadurch einen wertvollen Beitrag zur Nachhaltigkeit leisten.

Mit freundlichen Grüßen

Daniela Neu
Kundenbetreuung Shoelace AG

2.5 Am 18. Januar 2018 überweist „SCHLEICHER" 12.660,27 € für Rechnung
Nr. 210408/18 vom Geschäftsbankkonto.
Bilden Sie den Buchungssatz.

Ingrid Töpfer Jugendmode e. K., kurz „In-Top-Mode", hat sich im Stammwerk in Schweinfurt auf die Herstellung von Jugendmode spezialisiert.
Sie sind Mitarbeiter*in des Unternehmens.

Um die Funktionsfähigkeit der Maschinen aufrechtzuerhalten, benötigt das Unternehmen „In-Top-Mode" spezielle Schmieröle. Seit langer Zeit wird das Schmieröl zu einem Einstandspreis von 27,40 € pro Liter vom Unternehmen SYNTEX GmbH aus Berlin bezogen.

3.1 Ein bisher unbekannter Lieferant übermittelt „In-Top-Mode" ein Angebot:

!!! Günstiges Neukundenangebot !!!

Sehr geehrte Damen und Herren,

wir können Ihnen das bewährte **Schmieröl FX-23** zu einem Listenpreis von 26,20 € pro Liter anbieten. Abhängig von der bestellten Menge gewähren wir Rabatt:

> ➢ bis 20 Liter erhalten Sie 10 % Rabatt,
> ➢ bei mehr als 20 Litern erhalten Sie 15 % Rabatt.

Falls Sie eine Menge von mehr als 100 Liter bestellen, übernehmen wir die Transportkosten. Ansonsten werden pauschal 20,00 € netto fällig.
Wir stehen für unsere Kunden kostenlos als kompetenter Berater bei der Auswahl und Verwendung von Reinigungs- und Schmiermitteln zur Seite.

Unsere Zahlungsbedingungen lauten:
Bei Zahlung innerhalb von 10 Tagen 2 % Skonto, Zahlungsziel 30 Tage.

Wir freuen uns, Sie als neuen Kunden begrüßen zu dürfen!

Becher KG – Schweinfurt
Tel.: 09721 0423440   Fax: 09721 0423449

3.1.1 Berechnen Sie den Einstandspreis für 50 Liter Schmieröl gemäß Angebot von der „Becher KG".

3.1.2 Ingrid Topfler bestellt zum ersten Mal bei der „Becher KG". Nennen Sie auf Grundlage des vorliegenden Angebots einen Grund für diese Entscheidung.

3.1.3 Bilden Sie den Buchungssatz für die Eingangsrechnung über 50 Liter Schmieröl FX-23.

3.2 Um Kosten zu sparen, versucht „In-Top-Mode" bei der Produktion die richtige Menge an Werkstoffen zum richtigen Zeitpunkt am richtigen Ort zu haben.

3.2.1 Nennen Sie den Fachbegriff für diese Art der Produktion.

3.2.2 Geben Sie einen Nachteil dieses Produktionsprinzips an.

3.3 Im Nachbargebäude wurde ein Raum angemietet, um einen geringen Lagerbestand an Schmierstoffen und Reinigungsmitteln halten zu können. Bilden Sie den Buchungssatz für die Überweisung der Miete in Höhe von 297,50 € brutto (inklusive 47,50 € Umsatzsteuer).

Aufgabe 4

Mira Singer hat sich mit ihrem Unternehmen Mira Singer Lautsprecherboxen e. Kfr., kurz „M-BOX", mit Sitz in Bamberg auf die Produktion mobiler Lautsprecherboxen spezialisiert. Sie sind Mitarbeiter*in des Unternehmens.

4.1 Bilden Sie die Buchungssätze zu folgenden Vorgängen:

4.1.1 „M-BOX" kauft von seinem Stammlieferer Tec-Kabel GmbH Audiokabel zum Listenpreis von 3.430,00 € auf Ziel. Für die Lieferung werden zusätzlich 25,00 € netto in Rechnung gestellt.

4.1.2 Im Zusammenhang mit diesem Kauf (4.1.1) geht bei „M-BOX" folgende Mail ein:

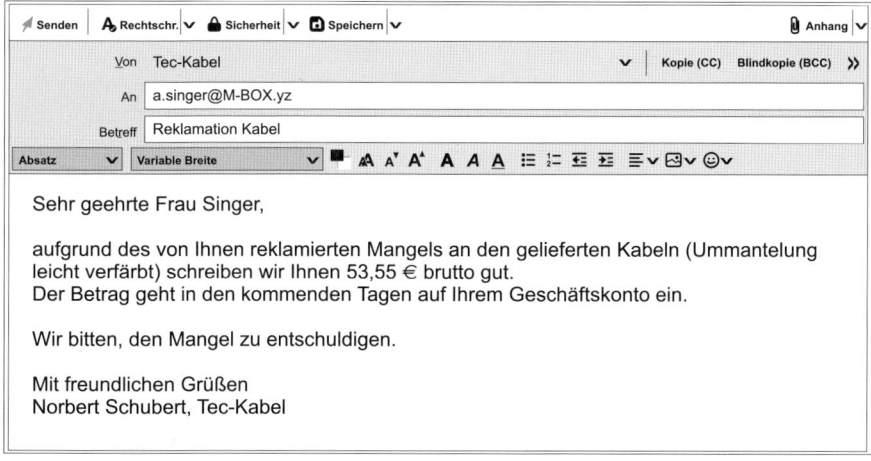

4.2 „M-BOX" muss regelmäßig Kabel und andere Werkstoffe einkaufen. Für den Leiter der Verkaufsabteilung stellt sich die Frage, wie er den Bestellprozess optimieren kann.

Erläutern Sie, welche Überlegungen bei der Ermittlung der optimalen Bestellmenge anzustellen sind.

4.3 Am 31.12. werden die Bestandsveränderungen im Lager erfasst. Ihnen liegen folgende Lagerbestände vor:

	Anfangsbestand	Endbestand
Rohstoffe	23.000,00 €	19.500,00 €
Hilfsstoffe	12.400,00 €	14.200,00 €

4.3.1 Berechnen Sie jeweils die Bestandsveränderung.

4.3.2 Bilden Sie die erforderlichen Buchungssätze (Vorabschlussbuchungen).

4.3.3 Erläutern Sie, wie sich die Bestandsveränderung bei den Rohstoffen auf den Erfolg des Unternehmens auswirkt.

Lösungsvorschlag

1.1 A: falsch
B: richtig
C: falsch
D: richtig

Erklärung: *Zu A:* Der gewährte Rabatt von 20 % ist ein Sofortrabatt, der vom Listenpreis abgezogen wird. Bei frühzeitiger Zahlung, hier innerhalb von 10 Tagen, kann „JUMP" 2 % Skonto abziehen – dabei handelt es sich um einen nachträglichen Preisnachlass.
Zu B: Die Lieferung erfolgte „Frei Haus".
Zu C: „Stahlwerk Stark GmbH" ist eine Kapitalgesellschaft, „Jens Umbrecht Trampoline e. K." ist ein Einzelunternehmen.
Zu D: Jedes Unternehmen, das innerhalb der EU am Waren- und Dienstleistungsverkehr teilnimmt, benötigt eine USt-IdNr.

1.2

> **TIPP** **Erfassen von Eingangs- und Ausgangsrechnungen**
> Stellen Sie sich folgende Fragen:
> • Handelt es sich um eine Ausgangsrechnung (Verkauf) oder um eine Eingangsrechnung (Einkauf)?
> • Welche Art Werkstoff wird eingekauft (Rohstoffe, Hilfsstoffe etc.)?
> • Wird ein Sofortrabatt gewährt?
> • Fallen Bezugskosten an?
> • Welche Zahlungsbedingungen liegen vor (Skonto, Zahlungsziel)?
> (Achten Sie auf das Rechnungsdatum!)

6000 AWR   12.500,00 €
2600 VORST   2.375,00 €   an   4400 VE   14.875,00 €

Erklärung: „JUMP" kauft Rohstoffe zum LVP von 15.625,00 € abzüglich 20 % Rabatt auf Ziel. Der Rabatt wird sofort abgezogen und nicht gebucht.
6000 AWR: Die Aufwendungen für Rohstoffe steigen → Buchung im Soll.
2600 VORST: Beim Einkauf fällt Vorsteuer an, das Aktivkonto mehrt sich → Buchung im Soll.
4400 VE: Die Verbindlichkeiten (Passivkonto) mehren sich → Buchung im Haben.

1.3 Z. B.: **Vorteil:** geringe Lagerkosten; **Nachteil:** bei Lieferverzögerungen Störungen der Produktionsprozesse möglich

Erklärung: Bei der „*Just-in-Time*"-Produktion werden Werkstoffe genau dann geliefert, wenn sie in der Fertigung benötigt werden.

1.4.1 4400 VE   1.785,00 €   an   6000 AWR   1.500,00 €
                                              2600 VORST   285,00 €

Erklärung: Bei Rücksendungen erfolgt eine Stornobuchung.

1.4.2   Z. B.: Falschlieferung

Erklärung: Eine Falschlieferung läge z. B. vor, wenn die Rohre in der falschen Länge oder mit falschem Durchmesser geliefert worden wären.

1.5

Offener Rechnungsbetrag	13.090,00 €	100 %
– Brutto-Skonto	261,80 €	2 %
Überweisungsbetrag	12.828,20 €	98 %

Netto-Skonto: 261,80 € : 1,19 = 220,00 €

4400 VE	13.090,00 €	an	2800 BK	12.828,20 €
			6002 NR	220,00 €
			2600 VORST	41,80 €

Erklärung: Aufgrund der Gutschrift infolge der Rücksendung fehlerhafter Stahlrohre (Aufgabe 1.4.1) hat sich der Rechnungsbetrag um 1.785,00 € gemindert. „JUMP" überweist innerhalb der Skontofrist und kann vom noch offenen Rechnungsbetrag 2 % Skonto abziehen.
Achtung: In der Angabe ist der Überweisungsbetrag vorgegeben, von dem der Skonto bereits abgezogen wurde.
4400 VE: Die verbliebene Verbindlichkeit (Passivkonto) mindert sich durch die Begleichung der Restschuld → Buchung im Soll
2800 BK: Das Aktivkonto Bank mindert sich, wenn „JUMP" die Rechnung bezahlt → Buchung im Haben.
6002 NR: Skonto ist ein nachträglicher Preisnachlass und wird auf dem Unterkonto NR erfasst. Der Aufwand mindert sich → Buchung im Haben.
2600 VORST: Durch den Skontoabzug mindert sich die zu zahlende Vorsteuer (Aktivkonto) → Buchung im Haben.

2.1   A: falsch
B: richtig
C: richtig

Erklärung: *zu A:* Rechnungen müssen **zehn Jahre** aufbewahrt werden.
zu B: In Abteilung A des Handelsregisters (HRA) werden Einzelunternehmen und Personengesellschaften (z. B. OHG, KG) geführt. In der Abteilung B werden die Kapitalgesellschaften (z. B. GmbH, AG) registriert.
zu C: Die Verwendung von Leihverpackungen trägt zur Schonung von Ressourcen bei. Dieses Anliegen ist Teil der Unternehmensphilosophie.

2.2   Eigentumsvorbehalt

Erklärung: Eigentumsvorbehalt bedeutet, dass das Eigentum einer gekauften Sache erst dann an den Käufer übergeht, wenn diese vollständig bezahlt ist.

2.3

6010 AWF	10.856,00 €			
6011 BZKF	80,00 €			
2600 VORST	2.077,84 €	an	4400 VE	13.013,84 €

Erklärung: Für Sneaker e. K. handelt es sich um eine Eingangsrechnung und damit um einen Zieleinkauf.

6010 AWF: Schnürsenkel werden unverändert in das Produkt „eingebaut", sie zählen für Sneaker e. K. zu den Fremdbauteilen. Die Aufwendungen steigen → Buchung im Soll. Sofortrabatte werden sofort vom LVP abgezogen!

6011 BZKF: Die Kosten für die Leihverpackung werden auf einem Unterkonto verbucht. Die Aufwendungen erhöhen sich → Buchung im Soll.

2600 VORST: Die beim Einkauf anfallende Vorsteuer wird vom gesamten Nettowert (AWF + BZKF) berechnet. Das Aktivkonto (= Forderung gegenüber dem Finanzamt) mehrt sich → Buchung im Soll.

4400 VE: Das Passivkonto mehrt sich → Buchung im Haben.

2.4 4400 VE   95,20 €   an   6011 BZKF   80,00 €
                                            2600 VORST   15,20 €

Erklärung: Durch die Gutschrift für die zurückgeschickte Leihverpackung vermindern sich für „Schleicher" die Verbindlichkeiten um 95,20 €.
Bei Rücksendungen erfolgt eine Stornobuchung.

2.5

Offener Rechnungsbetrag	12.918,64 €	100 %
– Brutto-Skonto	258,37 €	2 %
Überweisungsbetrag	12.660,27 €	98 %

Netto-Skonto: 258,37 € : 1,19 = 217,12 €

4400 VE   12.918,64 €   an   2800 BK   12.660,27 €
                                      6012 NF   217,12 €
                                      2600 VORST   41,25 €

Erklärung: Die Rücksendung der Leihverpackung vermindert den ursprünglichen Rechnungsbetrag um 95,20 € (13.013,84 € –95,20 € = 12.918,64 €).
Die Zahlungsbedingungen (s. Beleg) ermöglichen einen Skontoabzug von 2 % bei Zahlung bis zum 19.01. Skonti zählen zu den nachträglichen Preisnachlässen und werden auf dem Konto *6012 NF* (Unterkonto von 6020 AWF) erfasst. Da sich durch den Skontoabzug die Aufwendungen vermindern, werden diese im Haben gebucht. Durch den Skontoabzug mindert sich außerdem die zu zahlende Vorsteuer, sie muss anteilig korrigiert werden.

3.1.1

> **TIPP Vorgehen bei der Einkaufskalkulation:**
> 1. Erstellen Sie zuerst das komplette Kalkulationsschema.
> 2. Tragen Sie dann die in der Aufgabenstellung gegebenen Werte ein.
> 3. Geben Sie bei Rabatt und Skonto jeweils an, welcher Wert der Grundwert ist (100 %).
> 4. Berechnen Sie die fehlenden Beträge.

Listeneinkaufspreis	1.310,00 €	100 %	(50 · 26,20 €)
– Liefererrabatt	196,50 €	15 %	
Zieleinkaufspreis	1.113,50 €	85 %	100 %
– Liefererskonto	22,27 €		2 %
Bareinkaufspreis	1.091,23 €		98 %
+ Bezugskosten	20,00 €		
Einstandspreis	**1.111,23 €**		

Erklärung: Alle notwendigen Daten sind gegeben: Listeneinkaufspreis 26,20 €/Liter · 50 Liter; Rabatt 15 %, da mehr als 20 Liter; Skonto 2 %; Bezugskosten 20,00 €, da Bestellung unter 100 Liter.

3.1.2 Z. B.: kostenlose Beratungsmöglichkeit, Nähe zum Unternehmensstandort, günstigerer Einstandspreis

Erklärung: Der Preis muss nicht das alleinige Entscheidungskriterium beim Kauf sein. Dass, wie hier, der Lieferant seinen Sitz am Produktionsstandort hat, kann durchaus eine Kaufentscheidung beeinflussen. Ein höherer Preis ist ggf. durch umweltgerechte Produktion, bessere Qualität oder schnelle Lieferung gerechtfertigt.

3.1.3

6030 AWB	1.113,50 €			
6031 BZKB	20,00 €			
2600 VORST	215,37 €	an	4400 VE	1.348,87 €

Erklärung: *Achtung:* Durch den Sofortrabatt wird das Schmieröl zum Zieleinkaufspreis gebucht! Beim Einkauf von Werkstoffen werden Bezugskosten auf einem Unterkonto (hier: *6031 BZKR*) gebucht. Zum Ende des Geschäftsjahres wird das Unterkonto auf das Hauptkonto (hier: *6030 AWB*) abgeschlossen.

3.2.1 Just-in-time-Produktion

Erklärung: Just-in-time-Produktion bedeutet, dass die in der Produktion benötigten Werkstoffe von den Zulieferern genau dann geliefert werden, wenn sie in der Fertigung benötigt werden.

3.2.2 Z. B.: Stillstand in der Produktion bei Lieferverzögerungen

Erklärung: Lieferverzögerungen können z. B. durch Staus auf der Autobahn oder durch Zugausfälle entstehen.

3.3

6700 AWMP	250,00 €			
2600 VORST	47,50 €	an	2800 BK	297,50 €

Erklärung: *6700 AWMP:* Miete, die für ein Lager oder eine Produktionshalle zu bezahlen ist, stellt einen Aufwand dar → Buchung im Soll.
Achtung: Hier liegt eine Banküberweisung vor und keine Rechnung → entsprechendes Konto: *2800 BK*.

4.1.1 6020 AWH   3.430,00 €   an   4400 VE   4.111,45 €
6021 BZKH   25,00 €
2600 VORST   656,45 €

Erklärung: Die Bezugskosten werden gesondert erfasst (hier: *6021 BZKH*). Die Vorsteuer fällt auf die Hilfsstoffe und die Bezugskosten an.

4.1.2 4400 VE   53,55 €   an   6022 NH   45,00 €
2600 VORST   8,55 €

Erklärung: Hier liegt eine Mängelrüge vor. Die Kabel haben einen leichten Farbfehler, sind aber voll funktionsfähig. „M-BOX" behält die Ware, möchte aber nicht den vollen Preis bezahlen. Bei einer Gutschrift infolge einer Mängelrüge handelt es sich um einen nachträglichen Preisnachlass. Dieser wird (wie das Skonto) auf einem Unterkonto (hier: *6022 NH*) gebucht.
6022 NH: Durch den Nachlass mindern sich Aufwendungen → Haben-Buchung.

4.2 Bei der Ermittlung der optimalen Bestellmenge müssen die **Kosten für die Lagerhaltung** und die **Bezugskosten** verglichen werden. Bei der optimalen Bestellmenge ist die Summe aus Lager- und Bezugskosten am niedrigsten.

Erklärung: Je häufiger man Werkstoffe bestellt, desto häufiger fallen Bezugskosten an. Allerdings sind bei regelmäßiger Bestellung die Lagerbestände gering und die Lagerkosten entsprechend niedrig.

4.3.1

	Rohstoffe		Hilfsstoffe
Endbestand	19.500,00 €	Endbestand	14.200,00 €
– Anfangsbestand	23.000,00 €	– Anfangsbestand	12.400,00 €
= Bestandsminderung	– 3.500,00 €	= Bestandsmehrung	1.800,00 €

Erklärung: Es wurden weniger Rohstoffe eingekauft als verarbeitet. Die Differenz wurde dem Lager entnommen. Bei den Hilfsstoffen wurden mehr Stoffe gekauft als benötigt. Die Differenz wird im Lager aufbewahrt.

4.3.2 6000 AWR   an   2000 R   3.500,00 €
2020 H   an   6020 AWH   1.800,00 €

Erklärung: *6000 AWR:* Die aus dem Lager entnommenen Rohstoffe wurden verarbeitet. Der Aufwand für Rohstoffe mehrt sich → Sollbuchung.
2000 R: Die Bestände haben abgenommen → Buchung im Haben.
2020 H: Die Bestände haben zugenommen → Buchung im Soll.
6020 AWH: Die nicht verarbeiteten Hilfsstoffe werden gelagert → die Aufwendungen sinken im Haben.

4.3.3 Der Aufwand für Rohstoffe hat sich erhöht, wodurch sich der Gewinn des Unternehmens mindert.

Erklärung: *6000 AWR:* Der erhöhte Rohstoffverbrauch stellt einen Aufwand dar → Sollbuchung. Durch den erhöhten Aufwand mindert sich der Gewinn.

Aufgabe 1

*Mira Singer hat sich mit ihrem Unternehmen Mira Singer Lautsprecherboxen e. Kfr.,
kurz „M-BOX", mit Sitz in Bamberg auf die Produktion mobiler Lautsprecherboxen
spezialisiert. Sie sind Mitarbeiter*in des Unternehmens.*

Die vorliegende Grafik zeigt den typischen Produktlebenszyklus.

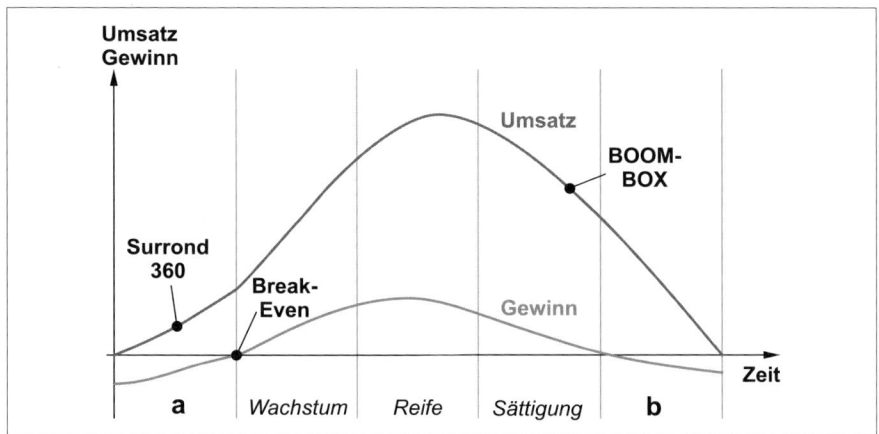

1.1 Nennen Sie die Fachbegriffe für die mit a und b gekennzeichneten Phasen.

1.2 Das Produkt „Surround 360" befindet sich gerade in Phase a (s. Grafik).
Zeigen Sie eine Marketing-Strategie auf, durch die in dieser Phase die
Marktchancen des Produktes erhöht werden (zwei Maßnahmen).

1.3 Das Produkt „BOOM-BOX", ein Klassiker im Sortiment von „M-BOX",
befindet sich in der Phase der Sättigung.

1.3.1 Beschreiben Sie typische Merkmale dieser „Lebensphase".

1.3.2 Geben Sie eine begründete Empfehlung ab, wie „M-Box" mit dem Produkt
„BOOM-BOX" weiter verfahren soll.

1.4 Die Entwicklungsabteilung hat eine neue Bluetooth-Soundanlage „Blue-
Sound" mit einigen technischen Neuerungen zur Marktreife gebracht. Die
Anlage ist Bestandteil der Premium-Linie, mit der „M-BOX" neue
Kundengruppen erschließen möchte.

1.4.1 Sie haben einen Termin bei der Unternehmensleitung, bei dem Sie eine Preisstrategie für „Blue-Sound" vorstellen sollen.
Erläutern Sie, welche Überlegungen dabei eine Rolle spielen, und entscheiden Sie sich für eine Preisstrategie.

1.4.2 Stellen Sie die beiden grundlegenden Vertriebswege vor. Beschreiben Sie jeweils zwei Vorteile.

1.4.3 Auf welchem Weg soll „Blue-Sound" vertrieben werden? Geben Sie einen begründeten Vorschlag ab.

Lösungsvorschlag

1.1 a: Einführung, b: Rückgang/Degeneration

Erklärung: Die Lebenszyklen von Konsumprodukten weisen häufig einen vergleichbaren Verlauf auf. In den verschiedenen Phasen kommen unterschiedliche Marketingmaßnahmen zum Einsatz.

1.2 Z. B.: Das Produkt ist in der Einführungsphase und muss zunächst den Kunden vorgestellt werden. Dafür wird eine groß angelegte Werbekampagne über Fernsehen und soziale Medien vorbereitet, die auf die Zielgruppe zugeschnitten ist. Außerdem wird das Sponsoring ausgeweitet. Bekannte Sportler und Musiker sollen als Werbeträger den Bekanntheitsgrad von „Surround 360" steigern und insgesamt das Image von „M-BOX" verbessern.

1.3.1 Die Phase der Sättigung ist gekennzeichnet durch sinkende Umsätze und sinkenden Gewinn. In der Regel werden die Marketinganstrengungen für das Produkt zurückgefahren. Idealerweise sind bereits neue Produkte vorbereitet, die den Ausfall bei Umsatz und Gewinn ausgleichen. *Hinweis:* Es ist auch möglich, das Produkt weiterzuentwickeln, z. B. durch den Einsatz neuer Technik oder die Änderung des Designs. Dieses Vorgehen, das den Lebenszyklus verlängern soll, wird **Relaunch** (Neustart) genannt.

1.3.2 Bei „BOOM-BOX" handelt es sich um einen Klassiker, also um ein Produkt, das schon lange im Sortiment ist und wahrscheinlich über einen großen Bekanntheitsgrad verfügt. Hier kann durchaus ein Relaunch sinnvoll sein. Mit neuer Technik und einer Marketingoffensive könnten sowohl alte als auch neue Kundengruppen erreicht werden.

1.4.1 Der Verkaufspreis muss auf jeden Fall die Selbstkosten und auch die Entwicklungskosten von „Blue-Sound" abdecken. Das neue Produkt ist Bestandteil der Premium-Linie. Mit dieser Linie wird eine anspruchsvolle Zielgruppe angesprochen, die bereit ist, hohe Preise für außergewöhnliche Qualität zu bezahlen. Aufgrund der technischen Neuerungen kann der Preis durchaus über dem der Konkurrenz liegen. Diese Preisstrategie bezeichnet man als **Hochpreisstrategie**.
Hinweis: Hier wäre durchaus auch die **Skimming-Strategie** denkbar. Das Produkt wird mit einem hohen Preis auf dem Markt eingeführt, der im Lauf der Zeit schrittweise gesenkt wird. Auf diese Weise werden zunächst die Kunden „abgeschöpft", die bereit sind, für neue Technik hohe Preise zu bezahlen. Durch die anschließende Preissenkung werden nach und nach weitere Kundengruppen erschlossen.

1.4.2 Es werden zwei grundlegende Vertriebswege unterschieden.
Beim **direkten** Vertrieb werden Produkte direkt vom Produzenten an den Kunden verkauft, z. B. über eigene Läden oder Online-Shops.

Vorteile: Beim Direktvertrieb kann schnell auf Kundenwünsche und -anfragen reagiert werden. Außerdem kann der Verkaufspreis ohne Zwischenhändler selbst gestaltet und ein höherer Gewinn erzielt werden. Beim **indirekten** Vertrieb werden Waren über einen Händler verkauft. *Vorteile:* Es muss kein eigenes und teures Vertriebsnetz aufgebaut werden und der Hersteller kann sich auf die Kernkompetenz, die Warenproduktion, konzentrieren.

1.4.3 Bei hochwertigen Produkten erwarten Kunden guten Service und kompetente Beratung. Aus diesem Grund bietet sich als Vertriebsweg der Fachhandel an, der mit speziell ausgebildeten Verkäufern den Kundenerwartungen entsprechen kann.

Aufgabe 1 Abschlussprüfung 2021/Nachtermin, A1

Tobi Ried Tischkicker e. K., kurz „TORI", produziert in seinem Unternehmen in Würzburg Tischkicker. Sie sind Mitarbeiter*in des Unternehmens.

Bearbeiten Sie zu nachstehendem Beleg folgende Aufgaben:

Tobi Ried Tischkicker e. K.
- kleines Feld, großer Spaß -

<u>Tobi Ried Tischkicker e. K., Elfergasse 5, 97070 Würzburg</u> Sport Maier e. K. Flankenstraße 29 96047 Bamberg	Inhaber Tobi Ried Registergericht: Würzburg HRA 5472-90 Steuernummer: 257/001/34951 USt-IdNr.: DE 034953281 Tel.: 0931 0547290-0 Fax: 0931 0547290-4

Rechnung Nr. 08/20
(Bei Zahlung bitte angeben!)

Würzburg, 07.01.2020

Ihr Auftrag vom: 03.01.2020   Auftrags-Nr.: 08/20   Kunden-Nr.: 64786

Am 07.01.2020 lieferten wir Ihnen frei Haus:

Pos.	Menge in Stk.	Art.-Nr.	Artikel	Einzelpreis (EUR)	Gesamtpreis (EUR)
1	10	T-290	Tischkicker „Basic"	270,00	2.700,00
2	5	T-305	Tischkicker „Profi"	480,00	2.400,00
			Warenwert		5.100,00

Nettobetrag	USt 19 %	Rechnungsbetrag
5.100,00 €	**969,00 €**	**6.069,00 €**

Bei Zahlung bis zum 17.01.2020 gewähren wir 2 %Skonto.
Zahlung fällig „rein netto" am 07.02.2020
Die Ware bleibt bis zur vollständigen Bezahlung Eigentum der
Tobi Ried Tischkicker e. K.
Vielen Dank für Ihren Auftrag.

Bankverbindung: Schlossbank Würzburg
IBAN: DE67 5425 0000 0365 0010 36   BIC: BYSCDEWU101

1.1 Geben Sie auf dem Lösungsblatt unter Angabe des Kennbuchstabens an, ob die Aussagen A bis D richtig oder falsch sind.

A	Die Lieferung erfolgte unter Eigentumsvorbehalt.
B	Die Lieferung erfolgte ab Werk.
C	Bei Zahlung bis zum 07.02.2020 ist nur der Nettobetrag fällig.
D	Die Aufbewahrungsfrist für diesen Beleg beträgt 10 Jahre

1.2 Bilden Sie den Buchungssatz zur Rechnung Nr. 08/20.

1.3 Bilden Sie den Buchungssatz zu nachfolgendem Beleg:

Tobi Ried Tischkicker e. K.
– kleines Feld, großer Spaß –

Tobi Ried Tischkicker e. K., Elfergasse 5, 97070 Würzburg

Sport Maier e. K.
Flankenstraße 29
96047 Bamberg

Inhaber Tobi Ried
Registergericht: Würzburg HRA 5472-90
Steuernummer: 257/001/34951
USt-IdNr.: DE 034953281

Tel.: 0931 0547290-0
Fax: 0931 0547290-4

Gutschrift wegen Mängelrüge   Würzburg, 10.01.2020

Sehr geehrter Herr Maier,

wir haben Ihre Mängelrüge vom 08.01.2020 erhalten.

Für die beiden leicht verkratzten Tischkicker des Modells „Basic" schreiben wir Ihnen 200,00 € netto aus Rechnung Nr. 08/20 gut.

Bitte entschuldigen Sie diesen Fehler.
Wir freuen uns, Sie bald wieder als Kunden begrüßen zu dürfen.

Mit freundlichen Grüßen

Tobi Ried
Tobi Ried

1.4 Für die Rechnung Nr. 08/20 erfolgt am 15. Januar 2020 der Zahlungseingang in Höhe von 5.714,38 € auf dem Geschäftsbankkonto von „TORI".
Bilden Sie den Buchungssatz.

Martin Meck-May stellt mit seinem Unternehmen Meck-May Hoverboards e. K., kurz
„MeHo", in Kempten Hoverboards her. Sie sind Mitarbeiter*in des Unternehmens.

„MeHo" versucht, in dem noch neuen Markt für E-Mobilität schnell einen großen
Kundenkreis aufzubauen. Für die aktuelle Freizeitsportmesse wurde folgender Flyer
erstellt:

Foto Hoverboards: FOTOGRAFIA Inc.

2.1   Am Messestand von „MeHo" erkundigt sich Herr König vom „Sporthaus
König" nach dem Preis für 100 Stück Hoverboards „Roadrunner TX-31".
Berechnen Sie auf Grundlage des Flyers den Listenverkaufspreis für
100 Stück, wenn 10 % Gewinn einkalkuliert werden und der Selbstkosten-
preis 130,00 € pro Stück beträgt.

2.2   „MeHo" hat sich für 15 % Neukundenrabatt entschieden.
Geben Sie – ohne Berechnung – an, wie sich ein höherer Rabatt auf den
Gewinn auswirkt.

2.3   Begründen Sie, warum „MeHo" Skonto gewährt.

2.4   „Sporthaus König" nimmt das Angebot an.
Bilden Sie den Buchungssatz für die Ausgangsrechnung.

2.5   Bilden Sie den Buchungssatz zu folgendem Beleg:

ALLGÄU Bank – *Mi schaffe des* –	**BIC: ALBKDEDLXX1**	
Kontoauszug IBAN: DE83 7009 1600 0005 3323 20		Auszug Nr. 8/17
25.01.2017/08:05 Uhr Meck-May Hoverboards e. K.		

Bu.-Tag	Wert	Bu.-Nr.	Vorgang	Betrag (€)
24.01.	24.01.	63	„Sporthaus König" Rechnung Nr. 121/17 abzüglich 2 % Skonto	17.017,00 +

Kontokorrentkredit:	30.000,00 €	alter Kontostand	26.904,60 +
verfügbar:	73.921,60 €	neuer Kontostand	43.921,60 +

Lösungsvorschlag

1.1 A: richtig
B: falsch
C: falsch
D: richtig

Erklärung: *Zu A:* Eigentumsvorbehalt bedeutet, dass der Lieferer, also
„TORI", bis zur vollständigen Bezahlung durch den Käufer Eigentümer der
Tischkicker bleibt (siehe unteren Abschnitt der Rechnung).
Zu B: In der Rechnung ist vermerkt: „Am 07.01.2020 lieferten wir Ihnen frei
Haus".
Zu C: Bedeutung von „rein netto": Wenn das Zahlungsziel ausgenutzt wird,
also die Zahlung nicht innerhalb der Skontofrist erfolgt, muss der gesamte
Rechnungsbetrag gezahlt werden (ohne Abzug).
Zu D: Ausgangs- und Eingangsrechnungen sind 10 Jahre aufzubewahren.

1.2 2400 FO   6.069,00 €   an   5000 UEFE   5.100,00 €
4800 UST   969,00 €

Erklärung: *2400 FO:* Durch den Zielverkauf nehmen die Forderungen
(Aktivkonto) zu → Buchung im Soll.
5000 UEFE: Durch den Verkauf erhöhen sich die Erlöse → Buchung im
Haben.
4800 UST: Beim Verkauf fällt Umsatzsteuer (Passivkonto) an → Buchung im
Haben.

1.3 5001 EBFE   200,00 €
4800 UST   38,00 €   an   2400 FO   238,00 €

Erklärung: Gutschrift wegen Mängelrüge: Der Kunde mahnt einen Mangel
an den gelieferten Erzeugnissen an (hier: verkratzte Tischkicker). Da es sich
um leichte Beschädigungen handelt, ist der Kunde bereit, die Ware zu behal-
ten, erwartet allerdings einen Preisnachlass.
5001 EBFE: Hier handelt es sich um einen nachträglichen Preisnachlass
(Mängelrüge, Skonto), den „TORI" dem Kunden gewährt. Dieser wird auf
einem Unterkonto des Kontos 5000 UEFE erfasst. Die Erlöse mindern sich
→ Buchung im Soll.
4800 UST: Die Umsatzsteuer muss korrigiert werden → Buchung im Soll.
2400 FO: Die Forderungen mindern sich → Buchung im Haben.

1.4

Rechnungsbetrag	5.831,00 €	100 %
– Brutto-Skonto	116,62 €	2 %
Überweisungsbetrag	5.714,38 €	98 %

Netto-Skonto: 116,62 € : 1,19 = 98,00 €

```
2800 BK        5.714,38 €
5001 EBFE        98,00 €
4800 UST         18,62 €      an      2400 FO      5.831,00 €
```

Erklärung: Aufgrund der Gutschrift durch die Mängelrüge (Aufgabe 1.3) hat sich der Rechnungsbetrag um 238,00 € gemindert. Der Kunde Sport Maier e. K. überweist innerhalb der Skontofrist und kann vom verbleibenden Rechnungsbetrag 2 % Skonto abziehen.

Achtung: In der Angabe ist der Überweisungsbetrag genannt, von dem der Skonto bereits abgezogen wurde!
Ein Skontoabzug durch den Kunden zählt, wie eine Mängelrüge (vgl. Aufgabe 1.3), zu den nachträglichen Preisnachlässen und wird entsprechend auf dem Konto 5001 EBFE erfasst.

2.1

> **TIPP** **Vorgehen bei der Verkaufskalkulation:**
> 1. Erstellen Sie zuerst das komplette Kalkulationsschema.
> 2. Tragen Sie dann die in der Aufgabenstellung gegebenen Werte ein.
> 3. Geben Sie bei Gewinn, Skonto und Rabatt jeweils an, welcher Wert der Grundwert ist (100 %).
> 4. Berechnen Sie die fehlenden Beträge.

Selbstkostenpreis	13.000,00 €	100 %	(100 · 130,00 €)
+ Gewinn	1.300,00 €	10 %	
Barverkaufspreis	14.300,00 €	110 %	98 %
+ Kundenskonto	291,84 €		2 %
Zielverkaufspreis	14.591,84 €	85 %	100 %
+ Kundenrabatt	2.575,03 €	15 %	
Listenverkaufspreis	**17.166,87 €**	100 %	

Erklärung: Hier ist der LVP für 100 Stück zu berechnen!

2.2 Ein höherer Rabatt verringert den Gewinn.

Erklärung: Bei unverändertem Listenverkaufspreis verringert ein höherer Rabatt (wie auch ein höherer Skonto!) den Gewinn.

2.3 „MeHo" bietet Skonto an, um schneller liquide Mittel zu erhalten.

Erklärung: Unter Geschäftsleuten ist es üblich, ein Zahlungsziel von 30, 60 oder 90 Tagen einzuräumen (Lieferantenkredit). Der Verkäufer ist aber daran interessiert, dass die Rechnungen von seinen Kunden zeitnah beglichen werden. Durch einen Preisnachlass bei Zahlung innerhalb einer bestimmten Frist, setzt er einen Anreiz zum frühzeitigen Rechnungsausgleich. Da ein Lieferantenkredit ein sehr teurer Kredit ist, versuchen die Kunden in der Regel, Rechnungen innerhalb der Skontofrist zu begleichen.

2.4 2400 FO 17.364,29 € an 5000 UEFE 14.591,84 €
  4800 UST 2.772,45 €

Erklärung: „MeHo" gewährt einen Sofortrabatt von 15 %. Die Umsatzerlöse betragen also nicht 17.166,87 € (LVP), sondern 14.591,84 € (ZVP).

2.5 2800 BK 17.017,00 €
  5001 EBFE 291,84 €
  4800 UST 55,45 € an 2400 FO 17.364,29 €

Erklärung: Dem Feld „Vorgang" des Kontoauszugs kann entnommen werden, dass das „Sporthaus König" die Rechnung über den Kauf der Hoverboards bezahlt hat.

Wichtig: Das Sporthaus hat innerhalb der Skontofrist bezahlt und vom Rechnungsbetrag 2 % Skonto abgezogen.

Der Nettoskonto wurde bereits in Aufgabe 2.1 berechnet. Hier die „übliche" Vorgehensweise bei der Berechnung der erforderlichen Beträge:

Rechnungsbetrag	17.364,29 €
– Skonto (brutto)	347,29 €
= Überweisungsbetrag	17.017,00 €

Netto-Skonto: 347,29 : 1,19 = 291,84 €

2800 BK: Das Geschäftsbankkonto mehrt sich, wenn der Kunde bezahlt → Buchung im Soll.

5001 EBFE: Durch den Skontoabzug des Kunden müssen die Erlöse berichtigt werden → Buchung im Soll.

4800 UST: Durch den Skontoabzug mindert sich die zu bezahlende Umsatzsteuer (Passivkonto) → Buchung im Soll.

2400 FO: Durch die Begleichung der Rechnung mindern sich die Forderungen (Aktivkonto) → Buchung im Haben.

Aufgabe 1	Abschlussprüfung 2019/Nachtermin, A5

Kiara Sturm hat sich mit ihrem Unternehmen „KITESURF" auf die Herstellung von Kite-Boards und Kite-Schirmen spezialisiert. Sie sind Mitarbeiter*in des Unternehmens.

1.1 Kiara Sturm hat als Einzelunternehmerin mit unterschiedlichen Steuerarten zu tun. In diesem Zusammenhang liegt Ihnen folgender Beleg vor.

IIII Sparbank Starnberg – die **Bank für den Mittelstand**

Kontoauszug	Auszug-Nr. 84/18	Konto 4617044	Seite 1/1
23. Juni 2018/18:32 Uhr	KITESURF	IBAN: DE15 7204 0330 0004 6170 44	

Bu.-Tag	Wert	Bu.-Nr.	Vorgang	Betrag (€)
21.06.	22.06.	191	Gutschrift Finanzamt Starnberg Rückerstattung Einkommensteuer für 2017	2.590,00 +

BLZ: 720 403 30	alter Kontostand	4.412,00 +
BIC: SPABDEX1STH	neuer Kontostand	7.002,00 +

1.1.1 Bilden Sie den Buchungssatz.

1.1.2 Nennen Sie die Auswirkung dieses Vorgangs auf das Eigenkapital des Unternehmens „KITESURF".

1.2 Für den Monat Juni liegt Ihnen folgendes Konto vor:

S	**4800 UST**		H
VORST	27.000,00	FO	89.335,00

1.2.1 Bilden Sie den Buchungssatz zur Ermittlung der Umsatzsteuerzahllast.

1.2.2 Bilden Sie den Buchungssatz für die Banküberweisung der Umsatzsteuerzahllast an das Finanzamt.

1.3 § 12 des Umsatzsteuergesetzes (UStG) lautet:

> *(1) Die Steuer beträgt für jeden steuerpflichtigen Umsatz 19 Prozent der Bemessungsgrundlage (…).*
> *(2) Die Steuer ermäßigt sich auf sieben Prozent für die folgenden Umsätze (…).*

Nennen Sie zwei Beispiele für Umsätze nach § 12 Absatz 2 UStG.

1.4 Steuern werden in folgende vier Kategorien (A bis D) unterteilt:

A	B	C	D
aktivierungspflichtige Steuern	betrieblicher Aufwand	durchlaufender Posten	private Steuern

Ordnen Sie die folgenden Steuern durch Angabe des Kennbuchstabens einer entsprechenden Kategorie zu:

1.4.1 Gewerbesteuer

1.4.2 Einbehaltene Lohnsteuer der Mitarbeiter

1.4.3 Grunderwerbsteuer

1.5 „KITESURF" hat einen neuen Lkw erworben. Dazu geht der Bescheid über die KFZ-Steuer in Höhe von 790,00 € ein. Bilden Sie den Buchungssatz.

Lösungsvorschlag

1.1.1 2800 BK   an   3001 P   2.590,00 €

Erklärung: Kiara Sturm hat im Jahr 2017 zu viel Einkommensteuer bezahlt und erhält eine Gutschrift.

3001 P: Bei der Einkommensteuer handelt sich um eine private Steuer, die Frau Sturm auf ihr Einkommen im Jahr 2017 bezahlt hat → Buchung im Haben.

2800 BK: Die Gutschrift des Finanzamts erfolgt auf das Geschäftskonto, das sich hierdurch mehrt → Buchung im Soll.

1.1.2 Die Steuerrückerstattung auf das Geschäftsbankkonto stellt eine Privateinlage dar, die das Eigenkapital erhöht.

Erklärung: Das Passivkonto 3001 P ist ein Unterkonto von 3000 EK. Bei Abschluss des Kontos 3001 P bewirkt die Gegenbuchung im Haben des Kontos 3000 EK eine Erhöhung des Eigenkapitals.

1.2 *Zur Veranschaulichung der Vorgänge in 1.2.1 und 1.2.2 ist hier beispielhaft auch das Konto 2600 VORST aufgeführt:*

S	2600 VORST		H	S	4800 UST		H
VE	…	1) UST	**27.000,00**	1) VORST	**27.000,00**	FO	89.335,00
VE	…			2) BK	62.335,00		

1.2.1 4800 UST   an   2600 VORST   27.000,00 €

Erklärung: Das Konto 2600 VORST weist im Monat Juni einen Saldo von 27.000,00 € auf. „KITESURF" hat also für gekaufte Waren Vorsteuer im Wert von 27.000,00 € bezahlt. Für die Ermittlung der Umsatzsteuerzahllast wird der Saldo mit dem obigen Buchungssatz auf das Konto 4800 UST übertragen.

1.2.2 4800 UST   an   2800 BK   62.335,00 €

Erklärung: Über das Konto 4800 UST kann die Umsatzsteuerzahllast ermittelt werden. Die von Kunden erhaltene Umsatzsteuer stellt eine Verbindlichkeit gegenüber dem Finanzamt dar. Die beim Einkauf bezahlte Vorsteuer hingegen kann „KITESURF" vom Finanzamt zurückfordern, da das Unternehmen kein Endverbraucher ist.

Verbindlichkeit gegenüber dem Finanzamt	89.335,00 €
– Forderung gegenüber dem Finanzamt	27.000,00 €
= Umsatzsteuerzahllast	62.335,00 €

Das Konto 4800 UST wird im Soll ausgeglichen (Eintrag 2), das Geschäftskonto mindert sich im Haben.

1.3 Z. B.: • Grundnahrungsmittel
    • Bücher

Weitere Beispiele: Übernachtungen in Hotels, Eintritte für Museen, Bahntickets

Erklärung: Der ermäßigte Steuersatz soll die Verbraucher entlasten. Er gilt für den (auch kulturellen) Grundbedarf.

1.4.1 B

Erklärung: Gewerbesteuer wird im Konto 7000 GWST erfasst. Besteuert wird der Gewinn des Unternehmens.

1.4.2 C

Erklärung: Die Lohnsteuer der Mitarbeiter wird zunächst vom Unternehmen einbehalten und ist bis zum 10. des folgenden Monats an das Finanzamt zu überweisen. Es ist für das Unternehmen also ein „durchlaufender Posten"

1.4.3 A

Erklärung: Grunderwerbsteuer fällt beim Erwerb eines Grundstücks an. Sie zählt zu den Anschaffungsnebenkosten und ist auf dem entsprechenden Anlagenkonto zu **aktivieren**.

1.5 7030 KFZST   an   4400 VE   790,00 €

Erklärung: *7030 KFZST:* Die Kraftfahrzeugsteuer (nicht zu verwechseln mit der Kfz-Versicherung!) stellt einen Aufwand dar → Buchung im Soll.
Hinweis: Es handelt sich bei der KFZ-Steuer, wie der Name besagt, um eine Steuer. Eine zusätzliche Umsatzsteuer fällt nicht an.

Aufgabe 1	Abschlussprüfung 2017/Nachtermin, A4

Elias Rodler produziert in seinem Unternehmen E-Bikes Elias Rodler e. K., kurz „EBER", im Stammwerk in München E-Bikes. Sie sind Mitarbeiter*in des Unternehmens.

Elias Rodler verfolgt regelmäßig die Entwicklung der Arbeitskosten innerhalb der Europäischen Union (EU) in Fachzeitschriften:

Gesetzlicher Mindestlohn

Erstmals gilt in Deutschland ab dem 1. Januar 2015 ein gesetzlicher Mindestlohn von 8,50 Euro pro Arbeitsstunde. Der Mindestlohn ist ein festgeschriebenes Arbeitseinkommen, das einem Beschäftigten als Minimum zusteht. Damit wird eine angemessene Lohnuntergrenze für Arbeitnehmerinnen und Arbeitnehmer sichergestellt. Eine neunköpfige Mindestlohnkommission beschließt alle zwei Jahre neu, ob die Höhe des Mindestlohns nach oben angepasst wird oder nicht. Am 28. Juni 2016 hat diese Kommission eine Erhöhung auf 8,84 Euro zum 1. Januar 2017 festgelegt.

Betrachtet man die Lohndiskussion aus Arbeitgebersicht, zeigt sich bei den durchschnittlichen Arbeitskosten pro Stunde in der EU ein sehr unterschiedliches Bild. So zahlten Arbeitgeber in Dänemark im Vergleich zu Bulgarien 2015 für eine Arbeitsstunde im Durchschnitt über das Zehnfache.

Im Jahr 2015 entfielen von den Arbeitskosten in der EU durchschnittlich auf Bruttoverdienste 76 Prozent und auf die Lohnnebenkosten 24 Prozent.

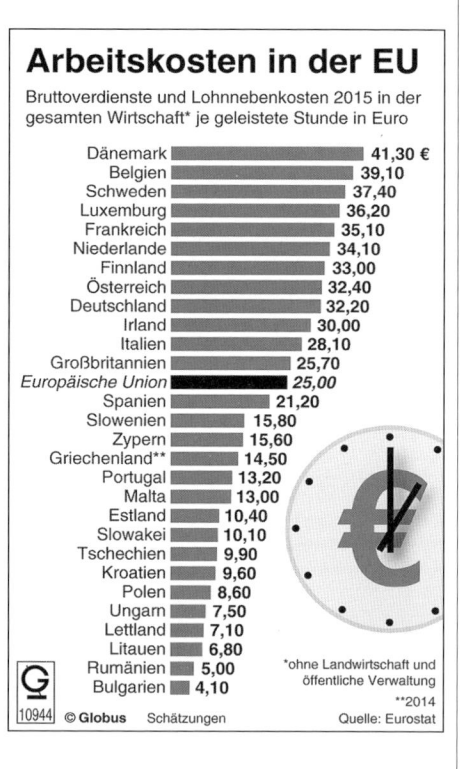

Arbeitskosten in der EU

Bruttoverdienste und Lohnnebenkosten 2015 in der gesamten Wirtschaft* je geleistete Stunde in Euro

Dänemark	41,30 €
Belgien	39,10
Schweden	37,40
Luxemburg	36,20
Frankreich	35,10
Niederlande	34,10
Finnland	33,00
Österreich	32,40
Deutschland	32,20
Irland	30,00
Italien	28,10
Großbritannien	25,70
Europäische Union	*25,00*
Spanien	21,20
Slowenien	15,80
Zypern	15,60
Griechenland**	14,50
Portugal	13,20
Malta	13,00
Estland	10,40
Slowakei	10,10
Tschechien	9,90
Kroatien	9,60
Polen	8,60
Ungarn	7,50
Lettland	7,10
Litauen	6,80
Rumänien	5,00
Bulgarien	4,10

*ohne Landwirtschaft und öffentliche Verwaltung
**2014

10944 © **Globus** Schätzungen   Quelle: Eurostat

© *picture-alliance/dpa-infografik*

1.1 Bearbeiten Sie mithilfe der Infografik und des Textes folgende Aufgaben:

1.1.1 Geben Sie den Grund für die Einführung des Mindestlohns an.

1.1.2 Geben Sie auf Ihrem Lösungsblatt jeweils unter Angabe des Kennbuchstabens an, ob die Aussagen A bis D richtig oder falsch sind:

A	Der Mindestlohn wird regelmäßig alle zwei Jahre erhöht.
B	Ab Januar 2017 wird der Mindestlohn um 0,34 Euro pro Arbeitssunde steigen.
C	Die Arbeitskosten je geleisteter Stunde unterscheiden sich innerhalb der EU-Länder sehr stark.
D	Die Arbeitskosten in der EU werden in einem Kreisdiagramm dargestellt.

1.1.3 Elias Rodler stellt fest, dass die Arbeitskosten in Deutschland vergleichsweise hoch sind. Begründen Sie mithilfe der Grafik, dass er Recht hat.

1.1.4 Berechnen Sie, um wie viel Prozent die Arbeitskosten je Stunde in Portugal geringer sind als in Deutschland.

1.1.5 Berechnen Sie die Höhe des durchschnittlichen Bruttoverdiensts in Deutschland je geleisteter Stunde in Euro.

Aufgabe 2	Abschlussprüfung 2021 / Nachtermin, A2

Tobi Ried Tischkicker e. K., kurz „TORI", produziert in seinem Unternehmen in Würzburg Tischkicker. Sie sind Mitarbeiter*in des Unternehmens.

Tobi Ried möchte seinen Mitarbeitern die Möglichkeit geben, von zu Hause aus zu arbeiten. Hierfür informiert er sich mithilfe einer Grafik:

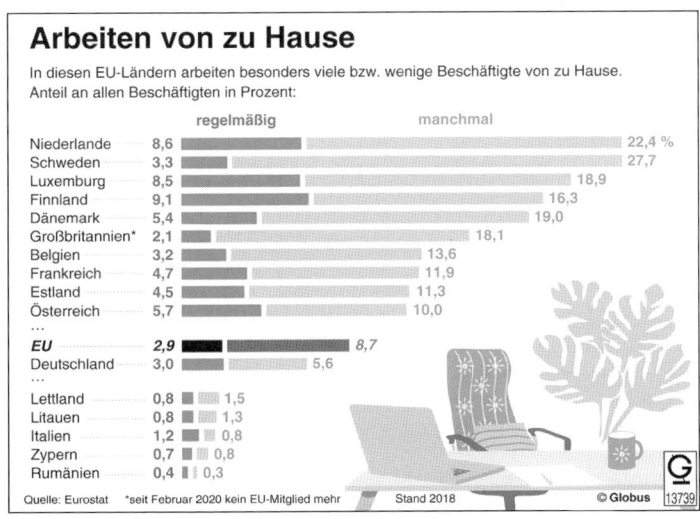

© *picture-alliance/dpa/dpa-infografik GmbH*

2.1 Zu dieser Grafik liegt Ihnen folgender Lückentext vor. Geben Sie auf Ihrem Lösungsblatt jeweils unter Angabe des Kennbuchstabens die zutreffenden Begriffe oder Daten für die Textlücken (A) bis (D) an.

> Der prozentuale Anteil der Beschäftigten in den jeweiligen europäischen Ländern, die regelmäßig oder manchmal die Möglichkeit des Homeoffice nutzen, werden in Form eines ... (A) ... diagramms dargestellt.
>
> Die Länder Niederlande und ... (B) ... sind Spitzenreiter – hier nutzen insgesamt 31 Prozent regelmäßig oder manchmal das flexible Arbeiten von zu Hause aus.
>
> Im Ländervergleich rangiert Deutschland weiter unten. Nur ... (C) ... Prozent der dort arbeitenden Bevölkerung arbeitet regelmäßig von zu Hause aus.
>
> Die Daten wurden von ... (D) ... erhoben.

2.2 Aus der Personalabteilung von „TORI" liegt Ihnen folgender Auszug aus dem Gehaltsjournal für den Monat März vor:

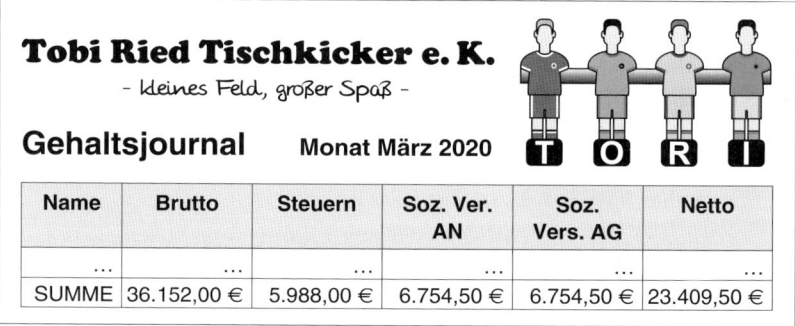

Tobi Ried Tischkicker e. K.
– kleines Feld, großer Spaß –
Gehaltsjournal   Monat März 2020

Name	Brutto	Steuern	Soz. Ver. AN	Soz. Vers. AG	Netto
...	...	...	...	...	...
SUMME	36.152,00 €	5.988,00 €	6.754,50 €	6.754,50 €	23.409,50 €

2.2.1 Bilden Sie die Buchungssätze für die Erfassung des Personalaufwands, wenn die Auszahlung der Gehälter per Banküberweisung erfolgt.

2.2.2 Nennen Sie den Zweig der Sozialversicherung, für den „TORI" die höchsten Beiträge entrichten muss.

2.2.3 Geben Sie eine Steuer an, die vom Bruttogehalt abgezogen wird.

Lösungsvorschlag

1.1.1 Der Mindestlohn wurde eingeführt, um eine angemessene Lohnuntergrenze für Arbeitnehmer*innen sicherzustellen.

Erklärung: Die Antwort findet sich im ersten Absatz des Textes.

1.1.2 A: falsch
B: richtig
C: richtig
D: falsch

Erklärung: *Zu A:* Es wird alle zwei Jahre beschlossen, *ob* die Höhe des Mindestlohns angepasst wird (siehe 2. Absatz).
Zu B: Der Mindestlohn betrug seit 2015 8,50 € (1. Absatz) und soll im Januar 2017 auf 8,84 € erhöht werden (2. Absatz).
Zu C: Die Information kann sowohl dem Text als auch dem Balkendiagramm entnommen werden.
Zu D: Es handelt sich um ein Balkendiagramm. Balkendiagramme eignen sich, um, wie hier, einen Vergleich darzustellen. Kreisdiagramme eignen sich insbesondere zur Darstellung von Prozentanteilen.

1.1.3 Z. B.: Die Arbeitskosten in Deutschland liegen mit 32,20 Euro je Stunde deutlich über dem EU-weiten Durchschnitt von 25,00 Euro.

Hinweis: Als Vergleich könnten auch die Osteuropäischen Länder (z. B. Bulgarien, Rumänien) herangezogen werden.

Erklärung: In Deutschland sind insbesondere die sogenannten Lohnnebenkosten (v. a. Ausgaben für die Sozialversicherungen) sehr hoch.

1.1.4 Unterschied in Prozent: $\dfrac{(32,20-13,20)\cdot 100}{32,20}=59,01$

Die Arbeitskosten sind in Portugal um 59,01 % niedriger als in Deutschland.

Erklärung: Die Arbeitskosten sind in Portugal um 19,00 Euro niedriger als in Deutschland. Ausgangswert (Grundwert) für die Berechnung des Prozentsatzes sind die Arbeitskosten in Deutschland.
32,20 € = 100 %
19,00 € = x %
Achten Sie darauf, dass Sie das Ergebnis richtig runden: 59,006 → 59,01!

1.1.5 Durchschnittlicher Bruttoverdienst 2015 in Euro: $\dfrac{32,20\cdot 76}{100}=24,47$

Der durchschnittliche Bruttoverdienst in Deutschland beträgt 24,47 Euro pro Stunde.

Erklärung: Hier müssen Sie Informationen aus dem Text (Anteil des Brutto-verdienstes 76 %) und der Grafik (durchschnittliche Arbeitskosten 32,20 €) verknüpfen.

$$100\,\% \; = \; 32{,}20\;€$$
$$76\,\% \; = \; \phantom{32{,}2}x\;€$$

2.1 A: Balken
B: Schweden
C: 3
D: Eurostat

Erklärung:

Zu A: Balkendiagramme (waagrechte „Balken") eignen sich, wie auch Säu-lendiagramme, für die Darstellung eines Vergleichs. Weitere Diagrammarten sind Kreis- und Liniendiagramme.

Zu B: Hier werden jeweils die Werte für die Niederlande (8,6 % + 22,4 %) und Schweden (3,3 % + 27,7 %) addiert.

Zu C: Hier geht es um die „regelmäßige" Arbeit von zu Hause aus, also nur um den dunklen Balken.

Zu D: Eurostat ist die Statistikbehörde der Europäischen Union.

2.2.1

> **TIPP** Bei Buchung der Löhne und Gehälter sind **immer beide Buchungssätze** anzugeben!

6200 LG	36.152,00 €	an	2800 BK	23.409,50 €
			4830 VFA	5.988,00 €
			4840 VSV	6.754,50 €
6400 AGASV		an	4840 VSV	6.754,50 €

Erklärung: *6200 LG:* Die Bruttogehälter stellen für „TORI" einen Aufwand (Aufwandskonto) dar → Buchung im Soll.

2800 BK: Die Auszahlung der Gehälter mindert das Bankguthaben (Aktiv-konto) → Buchung im Haben.

4830 VFA: Steuern werden zunächst vom Arbeitgeber einbehalten. Sie stellen Verbindlichkeiten (Passivkonto) dar → Buchung im Haben.

4840 VSV: Sozialversicherungen werden ebenfalls zunächst vom Arbeitgeber einbehalten und stellen Verbindlichkeiten dar → Buchung im Haben.

6400 AGASV: Der Arbeitgeberanteil zur Sozialversicherung stellt einen Aufwand dar → Buchung im Soll.

2.2.2 Rentenversicherung

Erklärung: Der Beitrag zur Rentenversicherung beträgt 18,6 % (2022) und wird von Arbeitnehmer und Arbeitgeber jeweils zur Hälfte getragen.

2.2.3 Z. B.: Lohnsteuer

Erklärung: Die Höhe der Lohnsteuer ist abhängig von der Höhe des Arbeits-entgelts, vom Familienstand und der Anzahl der Kinder.

Aufgabe 1

*Mira Singer hat sich mit ihrem Unternehmen Mira Singer Lautsprecherboxen e. Kfr.,
kurz „M-BOX", mit Sitz in Bamberg auf die Produktion mobiler Lautsprecherboxen
spezialisiert. Sie sind Mitarbeiter*in des Unternehmens.*

1.1 Mira Singer möchte die Unternehmensphilosophie von „M-BOX" neu
formulieren. Erstellen Sie einen aussagekräftigen Entwurf, der drei unterschiedliche Kriterien beinhaltet.

1.2 „M-BOX" ist nach dem Einliniensystem organisiert. Erstellen Sie ein ein-
faches Organigramm mit **drei Hierarchieebenen**, das diese Form der
Aufbauorganisation veranschaulicht.

1.3 Nennen Sie einen Vorteil und einen Nachteil des Einliniensystems.

Aufgabe 2

Mira Singer hat die Abteilungsleiter von „M-BOX" zu einem Meeting eingeladen,
um die Strategie für das kommende Quartal zu besprechen. Gemeinsam wurde
vereinbart, dass im Einkaufsbereich die Kosten für Werkstoffe um durchschnittlich
5 % gesenkt werden sollen. In der Fertigung soll die Produktion um 10 % gesteigert
werden. Für den Absatz der erhöhten Produktion ist der Vertrieb verantwortlich,
dessen Werbebudget um 8 % angehoben wird.

2.1 Erläutern Sie, welcher Hierarchieebene die von Frau Singer zum Meeting
eingeladenen Mitarbeiter angehören.

2.2 Nennen Sie den Fachbegriff für die von Frau Singer angewandte Führungstechnik.

2.3 Geben Sie je einen Vor- und Nachteil dieser Führungstechnik an.

Aufgabe 3

3.1 Der Unternehmerlohn soll unter anderem die Verzinsung des Eigenkapitals
abdecken. Erläutern Sie, was dies bedeutet.

3.2 Das Konto 3001 P von „M-Box" weist zum Jahresende folgende
Eintragungen aus:

S		3001 P		H
1) KA	1.500,00	2) GR		57.000,00
3) BK	8.200,00	FP		17.000,00

3.2.1 Geben Sie den Geschäftsfall zu Eintrag 1) an.

3.2.2 Geben Sie den Geschäftsfall zu Eintrag 2) an.

3.3.3 Geben Sie den Buchungssatz zu Eintrag 3) an.

3.3.4 Geben Sie den Buchungssatz zum Abschluss des Kontos 3001 P an.

Lösungsvorschlag

1.1 **Vorschlag:** Im Zentrum unserer unternehmerischen Tätigkeit steht das Ziel, innovative und qualitativ hochwertige Produkte zu entwickeln. Unsere Kunden können sicher sein, dass in der Fertigung höchste Umweltstandards eingehalten werden und ausschließlich nachhaltige Werkstoffe zum Einsatz kommen. Als Familienunternehmen sind wir uns der besonderen Verantwortung gegenüber unseren Mitarbeiterinnen und Mitarbeitern bewusst, mit denen wir einen vertrauensvollen und fairen Umgang pflegen.

Erklärung: Die Unternehmensphilosophie zeigt das Leitbild des Unternehmens auf. Darin werden Werte festgehalten, denen sich ein Unternehmen besonders verpflichtet fühlt. Im Entwurf hier wird insbesondere auf die Produktqualität, den Umweltschutz und den Umgang mit den Mitarbeiterinnen und Mitarbeitern eingegangen.

1.2

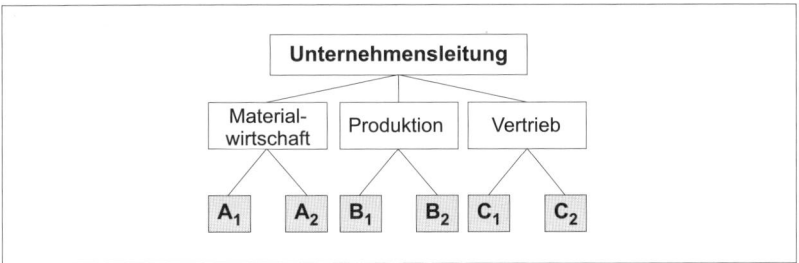

Erklärung: Das Einliniensystem zeigt eine Möglichkeit auf, wie Aufgaben und Zuständigkeiten in einem Unternehmen zugewiesen werden können. Es ist gekennzeichnet durch eine klare hierarchische Ordnung, bei der jeder Mitarbeiter einen Vorgesetzten hat.

1.3 *Vorteil:* Das Einliniensystem hat eine einfache, leicht verständliche Struktur. Die Kommunikationswege sind klar festgelegt.
Nachteil: Die Kommunikationswege sind lang. Das erschwert die Zusammenarbeit zwischen den Mitarbeitern und belastet die Vorgesetzten.

2.1 Die Mitarbeiter gehören der zweiten Hierarchieebene an. Sie nehmen Anweisungen der Unternehmensleitung entgegen, haben aber selbst Personalverantwortung für die Mitarbeiter in ihren Abteilungen.

2.2 Management by Objectives
Erklärung: Mit den Abteilungsleitern wurden klare Ziele (engl.: objectives) für die Abteilungen vereinbart.

2.3 *Vorteil:* Die Mitarbeiter entscheiden selbst, wie sie die Ziele erreichen können. Daraus ergibt sich im Idealfall, dass alle Mitarbeiter gemeinsam auf das Ziel hinarbeiten und so der Teamgeist gestärkt wird.

Nachteil: Sind die Ziele sehr hoch gesetzt, kann ein starker Leistungsdruck entstehen. In Stresssituationen steigt die Gefahr von Fehlentscheidungen.

3.1 Ein Unternehmer setzt eigenes Kapital in seinem Unternehmen ein – Kapital, das er auch in Aktien oder andere Anlagen hätte investieren können. Für das eingesetzte Kapital erwartet er eine angemessene Rendite bzw. Verzinsung.

3.2.1 Mira Singer hat aus der Unternehmenskasse 1.500,00 € für private Zwecke entnommen.

Erklärung: *3001 P:* Der Geschäftsfall 1) wurde im Passivkonto 3001 P im Soll gebucht → Minderung von P (bzw. EK).
2880 KA: Im Gegenkonto Kasse (Aktivkonto) wird der Vorgang im Haben erfasst → Minderung des Kassenbestandes des Unternehmens.

3.2.2 Mira Singer hat ein Grundstück im Wert von 57.000,00 € geerbt. Sie bringt es in ihr Unternehmen ein.

Erklärung: *3001 P:* Der Geschäftsfall 2) wurde im Passivkonto 3001 P im Haben gebucht → Mehrung von P. *0500 GR:* Im Gegenkonto erfolgt die Buchung im Soll → Mehrung des Bestandes an Grundstücken.

3.3.3 3001 P   an   2800 BK   8.200,00 €

Erklärung: *3001 P:* Der Geschäftsfall 3) wurde im Passivkonto 3001 P auf der Sollseite gebucht → Minderung von P. *2800 BK:* Im Gegenkonto Bank wird der Vorgang im Haben erfasst → Minderung des Bankguthabens.

3.3.4 3001 P   an   3000 EK   64.300,00 €

Erklärung: *3001 P:* Während des GJ erfolgten Privateinlagen im Wert von 74.000,00 € und Privatentnahmen im Wert von 9.700,00 €. Beim Abschluss wird der Saldo von 64.300,00 € im Soll gebucht, um das Konto auszugleichen.
3000 EK: Es erfolgten mehr Privateinlagen als -entnahmen, das Passivkonto EK nimmt zu → Buchung im Haben.

Aufgabe 1 Abschlussprüfung 2020 / Nachtermin, A6

Michael Niemayr Gartenzwerge e. K., kurz „MINIE", produziert im Stammwerk in Freyung Gartenzwerge. Sie sind Mitarbeiter*in des Unternehmens.

Das Unternehmen „MINIE" möchte in eine neue leistungsfähigere Spritzgießmaschine investieren. Hierzu liegt folgende Telefon-Gesprächsnotiz vor:

Telefon-Gesprächsnotiz

Datum: **5.6.2019** Uhrzeit: **9:15**

Firma: **Zirngibl GmbH**

Gesprächspartner: **Herr Zirngibl**

Telefon: **0923/0786663** Telefax:

E-Mail: **info@zirngibl.maschine.wy**

Betreff:

Spritzgießmaschine SX301,	Listenpreis	32.400,00 €
	Sofortrabatt	15 %
Transport der Maschine	1.300,00 €	netto
Installation der aktuellen Software	netto	950,00 €

Service u. Instandhaltung durch Firma Schnellspanner – Vertragsabschluss für Kundendienst erforderlich

---

1.1 Der Kauf der Spritzgießmaschine „SX301" bei der „Zirngibl GmbH" erfolgt zu den Konditionen in der Gesprächsnotiz.

1.1.1 Berechnen Sie die Anschaffungskosten.

1.1.2 Begründen Sie, warum die Kosten für die Finanzierung der Spritzgießmaschine wie z. B. Zinsen oder Disagio nicht zu den Anschaffungsnebenkosten zählen.

1.1.3 Die Rechnung der „Zirngibl GmbH" geht ein. Bilden sie den Buchungssatz.

1.2 „MINIE" schließt mit der „Schnellspanner KG" einen Vertrag für den jährlichen Kundendienst und die Instandhaltung ab. Das Geschäftsbankkonto wird mit der ersten fälligen Zahlung in Höhe von 749,70 € (USt-Anteil: 119,70 €) belastet.
Bilden Sie den Buchungssatz.

1.3 *hier gestrichen*

1.4 Der Abschreibungsplan für die neue Spritzgießmaschine „SX301" liegt vor:

Datum	Abschreibungsbetrag	Restbuchwert
31. 12. 2019	2.896,25 €	26.893,75 €
31. 12. 2020	4.965,00 €	21.928,75 €
31. 12. 2021	4.965,00 €	16.963,75 €
31. 12. 2022	4.965,00 €	11.998,75 €
31. 12. 2023	4.965,00 €	7.033,75 €
31. 12. 2024	4.965,00 €	2.068,75 €
31. 12. 2025	2.068,75 €	0,00 €

1.4.1 Erklären Sie, warum der Abschreibungsbetrag im Jahr 2019 von den übrigen Jahren abweicht.

1.4.2 Bilden Sie den Buchungssatz für die Erfassung der Abschreibung, der gemäß der Tabelle am 31.12.2019 zu erstellen ist.

Aufgabe 2	Abschlussprüfung 2017 / Nachtermin, A5

Elias Rodler produziert mit seinem Unternehmen E-Bikes Elias Rodler e. K., kurz „EBER", im Stammwerk in München E-Bikes. Sie sind Mitarbeiter*in des Unternehmens.

Elias Rodler plant aufgrund der langfristig guten Auftragslage, die Produktionskapazität auszuweiten. Hierfür soll das Betriebsgelände erweitert werden.

2.1 Ein Teil seines Gartengrundstückes im Wert von 330.000,00 € soll zukünftig betrieblich genutzt werden und geht daher ins Betriebsvermögen ein.
Bilden Sie den Buchungssatz.

2.2 Zudem erwirbt „EBER" ein weiteres noch unbebautes Baugrundstück im Münchner Umland zu einem Kaufpreis von 540.000,00 €.
In diesem Zusammenhang betrachtet Elias Rodler folgende Infografik:

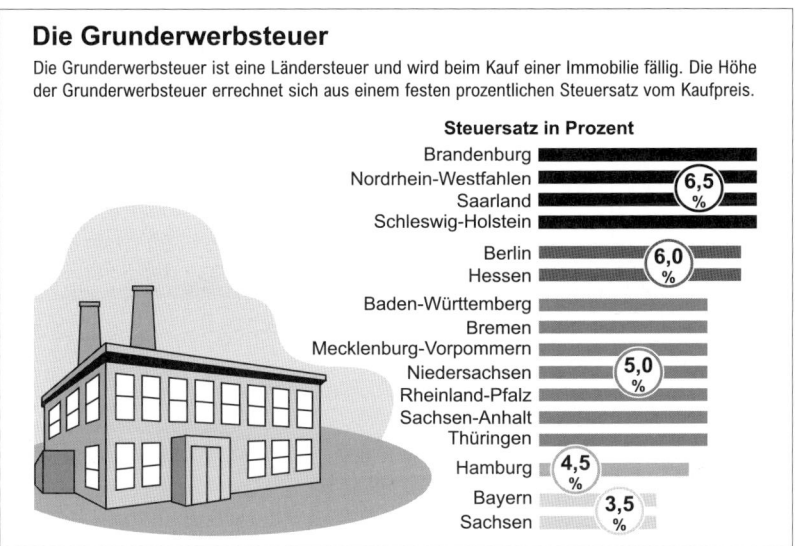

Die Grunderwerbsteuer

Die Grunderwerbsteuer ist eine Ländersteuer und wird beim Kauf einer Immobilie fällig. Die Höhe der Grunderwerbsteuer errechnet sich aus einem festen prozentlichen Steuersatz vom Kaufpreis.

Steuersatz in Prozent

Brandenburg
Nordrhein-Westfahlen — **6,5 %**
Saarland
Schleswig-Holstein

Berlin — **6,0 %**
Hessen

Baden-Württemberg
Bremen
Mecklenburg-Vorpommern
Niedersachsen — **5,0 %**
Rheinland-Pfalz
Sachsen-Anhalt
Thüringen

Hamburg — **4,5 %**

Bayern — **3,5 %**
Sachsen

Datenquelle: Bundesfinanzministerium; © picture-alliance/dpa-infografik (Grafik bearbeitet)

2.2.1 Berechnen Sie die Höhe der zu entrichtenden Grunderwerbsteuer für das erworbene Baugrundstück.

2.2.2 Der Bescheid zur Grunderwerbsteuer geht bei „EBER" ein.
Bilden Sie den Buchungssatz.

2.2.3 Geben Sie an, wie sich die Grunderwerbsteuer auf den Unternehmenserfolg auswirkt.

2.2.4 Den Kauf des Grundstücks muss Elias Rodler beurkunden lassen.
Geben Sie an, von wem diese Beurkundung durchgeführt wird.

Mira Singer hat sich mit ihrem Unternehmen Mira Singer Lautsprecherboxen e. Kfr., kurz „M-BOX", mit Sitz in Bamberg auf die Produktion mobiler Lautsprecherboxen spezialisiert. Sie sind Mitarbeiter*in des Unternehmens.

3.1 Buchen Sie den Eingang der folgenden Rechnung:

Büro-Hoppe e. K. • Berggasse 2 • 96049 Bamberg

Mira Singer Lautsprecherboxen e. Kfr.
Gewerbestraße 12
96049 Bamberg

Registergericht Bamberg: HRB 305
Steuernummer: 1381/10669
USt-IdNr.: DE0221 19203

Tel.: 0951 15164 - 5
Fax: 0951 15164 - 9

Rechnung Nr. 2208/85
(Bei Zahlung bitte angeben!)

Bamberg, 09.11.2022
Kunden-Nr: 22452

Pos.	Menge	Art.-Nr.	Artikel	Einzelpreis	Gesamtpreis
1	3	174	PC	1.324,00 €	3.972,00 €
2	3	859	PC Monitor	699,00 €	2.097,00 €
				Warenwert netto	6.069,00 €
				Umsatzsteuer 19 %	1.153,11 €
				Rechnungsbetrag	**7.222,11 €**

3.2 Der Beitrag für die Betriebshaftpflichtversicherung wird vom Geschäftsbankkonto abgebucht, 2.130,00 €.
Bilden Sie den Buchungssatz.

3.3 Das Konto 0890 GWG weist zum 31.12. einen Saldo von 8.312,00 € aus.
Bilden Sie den Buchungssatz für die Abschreibung.

Lösungsvorschlag

1.1.1

Listenpreis netto	32.400,00 €	100 %
− Rabatt	4.860,00 €	15 %
	27.540,00 €	85 %
+ Transportkosten	1.300,00 €	
+ Softwareinstallation	950,00 €	
Anschaffungskosten	29.790,00 €	

Erklärung: Beim Kauf von Maschinen zählen Transport- und Installationskosten (netto) zu den Anschaffungsnebenkosten. Sie werden auf dem entsprechenden Aktivkonto, hier 0700 MA, **aktiviert**.
Achtung: Der Sofortrabatt von 15 % (Preisminderung) bezieht sich hier nur auf den Listenpreis!

1.1.2 Zu den Anschaffungsnebenkosten zählen nur Kosten, die anfallen, um das Anlagegut in einen betriebsbereiten Zustand zu versetzen.

Erklärung: Finanzierungskosten wie Zinsen und Disagio werden auf dem Konto 7510 ZAW erfasst.

1.1.3

0700 MA	29.790,00 €			
2600 VORST	5.660,10 €	an	4400 VE	35.450,10 €

Erklärung: *0700 MA:* Die Anschaffungskosten für die Spritzgießmaschine (inkl. Anschaffungsnebenkosten) werden auf dem Aktivkonto (Sachanlagen) erfasst → Buchung im Soll.
2600 VORST: Beim Einkauf fällt Vorsteuer an → Buchung im Soll.
4400 VE: Beim Kauf auf Rechnung erhöhen sich die Verbindlichkeiten (Passivkonto) → Buchung im Haben.

1.2

6160 FRI	630,00 €			
2600 VORST	119,70 €	an	2800 BK	749,70 €

Erklärung: *6160 FRI:* Instandhaltungsmaßnahmen (hier: ein regelmäßiger Kundendienst) sollen die Anlagen in einem ordnungsgemäßen Zustand halten. Die Aufwendungen erhöhen sich → Buchung im Soll.
2600 VORST: Für die Dienstleistung fällt Vorsteuer an → Buchung im Soll.
2800 BK: Das Konto wird belastet → Buchung im Haben.

1.3 *hier gestrichen*

1.4.1 Für das Jahr 2019 erfolgt eine zeitanteilige Abschreibung, da die Maschine nicht im Januar angeschafft wurde.

Erklärung: Im Anschaffungsjahr hängt der Abschreibungsbetrag vom Zeitpunkt des Kaufs ab. Wird eine Maschine z. B. im März gekauft, kann im Anschaffungsjahr der Wertverlust nur anteilig von März bis Dezember (10 Monate) angesetzt werden.
Hier wurde die Maschine offensichtlich im Juni gekauft (Juni – Dezember).

$$\frac{4.965,00 \,€ = 12 \text{ Monate}}{2.896,25 \,€ = x \text{ Monate}} \qquad x = \frac{2.896,25 \cdot 12}{4.965,00} = 7 \text{ Monate (Jun. – Dez.)}$$

1.4.2 6520 ABSA an 0700 MA 2.896,25 €

Erklärung: *6520 ABSA:* Eine Abschreibung stellt einen Werteabfluss (Aufwand) dar → Buchung im Soll.
0700 MA: Die Maschine (Aktivkonto) verliert durch die Nutzung an Wert → Buchung im Haben.

2.1 0500 GR an 3001 P 330.000,00 €

Erklärung: Das Grundstück wird in das Vermögen des Unternehmens überführt, es handelt sich um eine Privateinlage. Der Wert der Grundstücke (0500 GR) erhöht sich im Soll, auch das Passivkonto 3001 P mehrt sich.

2.2.1 540.000,00 € · 3,5 % = 18.900,00 €

Erklärung: Die beim Erwerb von Grundstücken zu zahlende Grunderwerbsteuer ist in den Bundesländern unterschiedlich. Das Unternehmen „EBER" hat seinen Sitz in München. In Bayern beträgt die Grunderwerbsteuer 3,5 % vom Wert des Grundstücks.

2.2.2 0500 GR an 4400 VE 18.900,00 €

Erklärung: Die Grunderwerbsteuer (nicht zu verwechseln mit der Grundsteuer!) zählt zu den Anschaffungsnebenkosten und wird auf dem Anlagenkonto aktiviert.

2.2.3 Die Grunderwerbsteuer wird aktiviert und ist somit erfolgsneutral.

Erklärung: Die Grundsteuer wird auf dem Bestandskonto 0500 GR erfasst und nicht auf einem Aufwandskonto. Somit hat die Steuer keine Auswirkung auf den Erfolg des Unternehmens.

2.2.4 Die Beurkundung des Grundstückkaufs wird von einem Notar durchgeführt.

Erklärung: Beim Immobilienkauf ist die Beurkundung durch einen Notar gesetzlich vorgeschrieben, um für mehr Rechtssicherheit zu sorgen.

3.1 0860 BM 6.069,00 € an 4400 VE 7.222,11 €
2600 VORST 1.153,11 €

Erklärung: Der Nettowert der PCs (Einzelpreis) liegt über 800,00 €, sie werden also auf 0860 BM erfasst. Der Nettowert der Monitore (Einzelpreis) liegt zwischen 250,01 € und 800,00 € – da die Monitore **nicht selbstständig nutzbar** sind (ohne den PC), werden diese ebenfalls auf dem Anlagenkonto 0860 BM erfasst.

3.2

TIPP Beachte: Bei Aufwendungen für Versicherungen fällt **keine Umsatzsteuer** an!

6900 VBEI   an   2800 BK   2.130,00 €

Erklärung: *6900 VBEI:* Der Aufwand für Versicherungen steigt → Buchung im Soll.

2800 BK: Das Geschäftsbankkonto wird belastet → Buchung im Haben.

3.3   6540 ABGWG   an   0890 GWG   8.312,00 €

Erklärung: *0890 GWG:* Die Bestände auf 0890 GWG werden am Ende des Anschaffungsjahres vollständig abgeschrieben. Das Aktivkonto mindert sich → Buchung im Haben.

6540 ABGWG: Die Abschreibung der GWG stellt einen Werteabfluss dar, die Aufwendungen erhöhen sich → Buchung im Soll.

Aufgabe 1

Mira Singer hat sich mit ihrem Unternehmen Mira Singer Lautsprecherboxen e. Kfr., kurz „M-BOX", mit Sitz in Bamberg auf die Produktion mobiler Lautsprecherboxen spezialisiert. Sie sind Mitarbeiter*in des Unternehmens.

Ihnen liegt folgender Beleg vor:

MERKLE Kunststoffformteile e. K.

Merkle Kunststoffformteile e. K., Badstraße 23, 90762 Fürth Mira Singer Lautsprecherboxen e. Kfr. Gewerbestraße 12 96049 Bamberg	Inhaber: Eduard Merkle Amtsgericht Fürth HRA 483 Tel.: 09911 332 783 01 Fax: 09911 332 783 07

Rechnung Nr. 735/22
(Bei Zahlung bitte angeben!)

Fürth, 18.04.2022

Ihr Auftrag vom: 11.04.2022   Auftrags-Nr.: 735/22   Kunden-Nr.: 32692

Für die Lieferung vom 16.04. erlauben wir uns Ihnen zu berechnen:

Artikel	Artikel-Nr.	Einzelpreis (EUR)	Stück	Gesamtpreis (EUR)
Gehäuse für Surround 360	32 843	69,00	200	13.800,00
Gehäuse für BOOM-BOX	33 974	49,00	100	4.900,00
		Warenwert netto		18.700,00
		USt 19 %		3.553,00
		Rechnungsbetrag		22.253,00

Bei Zahlung bis zum 28.04.2022 gewähren wir 3 % Skonto.
Zahlung fällig „rein netto" am 18.05.2022

Die Ware bleibt bis zur vollständigen Bezahlung Eigentum von
Merkle Kunststoffformteile e. K.
Vielen Dank für Ihren Auftrag.

Frankenbank Fürth   DE43 9945 6600 0000 0432 45   BIC: FBUKDUENX2

1.1 Bilden Sie den Buchungssatz zur Rechnung Nr. 735/22.

1.2 „M-BOX" kann die Rechnung innerhalb der Skontofrist oder am Ende des Zahlungsziels begleichen. Das Geschäftsbankkonto weist derzeit einen Sollsaldo auf.

1.2.1 Berechnen Sie die Ersparnis für „M-BOX", wenn zur Begleichung der Rechnung Nr. 735/22 am 27.04.2022 ein Kontokorrentkredit für 20 Tage in Anspruch genommen wird. Das Kreditinstitut berechnet 10 % p. a. Sollzinsen.

1.2.2 Bilden Sie den Buchungssatz für die Begleichung der Rechnung Nr. 735/22 am 27.04.2022 per Banküberweisung.

1.2.3 Geben Sie auf Ihrem Lösungsblatt unter Angabe des Kennbuchstabens an, ob die Aussagen A bis C richtig oder falsch sind.

A	Aufgrund der Laufzeit zählt der Lieferantenkredit zu den kurzfristigen Krediten.
B	Ein Lieferantenkredit wird auch von Banken gewährt.
C	Wenn „M-Box" deutlich vor Ende der Skontofrist die Rechnung begleicht, darf es mehr als 3 % Skonto abziehen.

Martin Meck-May, Inhaber des Unternehmens „MeHo", hat sich in seinem Werk in Kempten auf die Herstellung von Hoverboards spezialisiert. Sie sind Mitarbeiter*in des Unternehmens.

„MeHo" wird aufgrund der guten Auftragslage im nächsten Monat wesentlich mehr Hoverboards produzieren als ursprünglich geplant.

2.1 Dazu liegt Ihnen folgender Beleg vor:

Thorsten Klinger Akkuzentrale GmbH
Tillystr. 2, 93053 Regensburg

Thorsten Klinger Akkuzentrale GmbH • 93053 Regensburg	Thorsten Klinger Akkuzentrale GmbH Registergericht Regensburg: HRB 254
Meck-May Hoverboards e. K. Dr.-Alban-Str. 85 87435 Kempten	Tel.: 1941 69094 Fax: 1941 690941 USt-IdNr.: DE 242272997 Bankverbindung: Stadtbank Regensburg BIC: STBKREF2DER IBAN: DE16 6055 0000 0088 6445 50

Rechnung Nr. 213   Regensburg, 20. Juni 2017

Position	Gegenstand	Stück	Einzelpreis (€)	Betrag (€)
1	Akku 36V 4400 mAH Li-Ion Akku Modell IOSZT/24P – SW098 High Power Battery Pack	500	113,00	56.500,00
	Nettobetrag			56.500,00
	Fracht und Verpackung			135,00
	19 % Umsatzsteuer			10.760,65
	Rechnungsbetrag			**67.395,65**

Vielen Dank für Ihren Auftrag.
Liefer-/Ausführungsdatum entspricht dem Rechnungsdatum.
Bei Zahlung bis zum 30. Juni 2017 gewähren wir 3 % Skonto.
Die Rechnung ist fällig am 20. August 2017.

Bitte geben Sie bei Schriftverkehr und Zahlungen immer Ihre Rechnungsnummer an.

2.1.1 Bilden Sie den Buchungssatz.

2.1.2 Die Rechnung enthält Informationen zu den Zahlungsbedingungen. Geben Sie auf Ihrem Lösungsblatt jeweils unter Angabe des Kennbuchstabens an, ob folgende Aussagen A bis C richtig oder falsch sind.

A	Ohne Angabe des Zahlungsziels „Die Rechnung ist fällig am 20. August 2017" wäre die Rechnung sofort nach Eingang fällig.
B	Gibt „MeHo" die Online-Überweisung zur Bezahlung der Rechnung am 02.07.2017 in Auftrag, so ist ein Skontoabzug von 3 % möglich.
C	Die Angabe der Rechnungsnummer im Verwendungszweck einer Überweisung erleichtert dem Empfänger der Zahlung die Zuordnung des Geldbetrages.

2.1.3 Bilden Sie den Buchungssatz für die Begleichung der Rechnung am 18. August 2017 per Online-Überweisung.

2.1.4 Durch den Rechnungsausgleich wird das Geschäftsbankkonto von „MeHo" überzogen. Geben Sie den Fachbegriff für diese Art von Kredit an.

2.2 Um hohe Überziehungszinsen zu vermeiden, holt „MeHo" zwei Kreditangebote mit einer Laufzeit von 210 Tagen ein:

2.2.1 Begründen Sie rechnerisch, bei welcher Bank der Kredit aufgenommen werden sollte.

2.2.2 Der Kredit wird bei der MONEYDirekt Bank aufgenommen.
Bilden Sie den Buchungssatz für die Gutschrift des Kredits auf dem Geschäftsbankkonto.

Lösungsvorschlag

1.1 6010 AWF 18.700,00 €
2600 VORST 3.553,00 € an 4400 VE 22.253,00 €

Erklärung: Bei den Gehäusen handelt es sich um Fremdbauteile.

1.2.1 **Kosten für den Lieferantenkredit:** Nettoskonto

Rechnungsbetrag	22.253,00 €	100 %
– Bruttoskonto	667,59 €	3 %
Bankkredit	21.585,41 €	97 %

Nettoskonto in Euro: $667,59 : 1,19 = 561,00$

Kosten für den Kontokorrentkredit: Zinsen

Zinsen in Euro: $\dfrac{21.585,41 \cdot 10 \cdot 20}{100 \cdot 360} = 119,92$

Nettoskonto	561,00 €
– Zinsen	119,92 €
Ersparnis	**441,08 €**

Erklärung: Hier müssen die Kosten des Kontokorrentkredits und des Lieferantenkredits verglichen werden. Ein Lieferer kann bei Auslieferung der Ware die sofortige Zahlung verlangen. Unter Geschäftsleuten ist es üblich, ein Zahlungsziel einzuräumen. Der Lieferer gewährt dem Kunden einen Lieferantenkredit. Dafür verlangt er Zinsen, den Skonto. Der Lieferantenkredit ist in der Regel sehr teuer. Deshalb will „M-BOX" die Rechnung innerhalb der Skontofrist bezahlen, auch wenn dafür der Kontokorrentkredit in Anspruch genommen werden muss („Sollsaldo" bedeutet, dass das Konto „im Minus" ist).

Vorgehen bei der Berechnung:

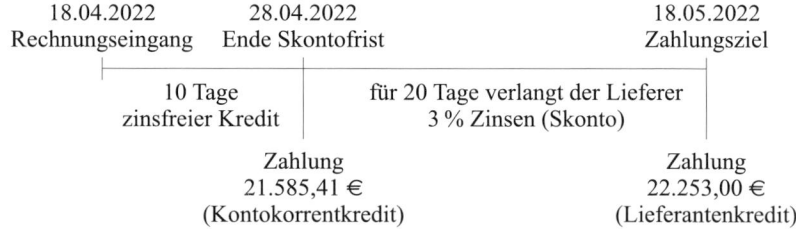

Kosten des Lieferantenkredits: Nettoskonto (Die gezahlte Vorsteuer kann vom Finanzamt zurückgefordert werden, stellt also keine Ersparnis dar.)
Kosten des Kontokorrentkredits: Bei Zahlung innerhalb der Skontofrist kann vom Rechnungsbetrag der Skonto abgezogen werden – zu überweisen sind also 21.585,41 €. Für diesen Betrag sind **Zinsen** zu entrichten. Um Kontokorrent- und Lieferantenkredit vergleichen zu können, muss derselbe Zeitraum (hier: 20 Tage) angesetzt werden.

1.2.2 4400 VE   22.253,00 €   an   2800 BK   21.585,41 €
                                                             6012 NF   561,00 €
                                                             2600 VORST   106,59 €

Erklärung: *4400 VE:* Durch die Begleichung der Rechnung mindern sich die Verbindlichkeiten (Passivkonto) → Buchung im Soll.
2800 BK: Das Aktivkonto Bank mindert sich, wenn „M-BOX" die Rechnung bezahlt → Buchung im Haben.
6012 NF: Skonto ist ein nachträglicher Preisnachlass und wird hier auf dem Unterkonto NF erfasst. Der Aufwand mindert sich → Buchung im Haben.
2600 VORST: Durch den Skontoabzug mindert sich die zu bezahlende Vorsteuer (Aktivkonto) → Buchung im Haben.

1.2.3

TIPP **Beachte:** Für die Skontofrist ist das **Rechnungsdatum** entscheidend (hier: 18.04.2022), nicht das Lieferdatum (hier: 16.04.2022)!

A: richtig
B: falsch
C: falsch

Erklärung: *Zu A:* Ein Lieferer gewährt in der Regel einen Kredit über 30 bis 90 Tage (= Zahlungsziel). Es handelt sich also um einen kurzfristigen Kredit.
Zu B: Wie der Name sagt: Ein Lieferantenkredit wird vom Lieferer gewährt.
Zu C: Es ist egal, ob „M-Box" die Rechnung am ersten oder zehnten Tag nach Rechnungseingang bezahlt, der gewährte Skonto beträgt 3 %.

2.1.1 6010 AWF   56.500,00 €
           6011 BZKF   135,00 €
           2600 VORST   10.760,65 €   an   4400 VE   67.395,65 €

Erklärung: *6010 AWF:* Die Akkus sind Fremdbauteile, sie werden unverändert in das Endprodukt eingebaut. Der Aufwand steigt → Buchung im Soll.
6011 BZKF: Kosten für Fracht und Verpackung werden auf einem Unterkonto von AWF erfasst → Buchung im Soll.
2600 VORST: Beim Kauf wird Vorsteuer fällig → Buchung im Soll.
4400 VE: Kauf auf Ziel, das Passivkonto mehrt sich → Buchung im Haben.

2.1.2 A: richtig
           B: falsch
           C: richtig

Erklärung: *Zu A:* Ein Verkäufer kann die sofortige Bezahlung der gelieferten Ware verlangen. Unter Geschäftsleuten ist es jedoch üblich, ein Zahlungsziel einzuräumen (hier: 60 Tage vom 20. Juni bis 20. August).
Zu B: Die Skontofrist endet bereits am 30. Juni (siehe Zahlungsbedingungen im Beleg) und nicht am 02. Juli.
Zu C: Es ist davon auszugehen, dass „MeHo" einer von vielen Kunden von Thorsten Klinger ist und auch regelmäßig bei ihm einkauft.

2.1.3 4400 VE an 2800 BK 67.395,65 €

Erklärung: „MeHo" überweist kurz vor Ende des Zahlungsziels und muss den vollen Rechnungsbetrag bezahlen.

2.1.4 Kontokorrentkredit

Erklärung: Ein Kontokorrentkredit ermöglicht es einem Unternehmen, das Geschäftsbankkonto jederzeit bis zu einer bestimmten Kreditlinie zu überziehen. Es handelt sich dabei aber um einen sehr teuren Kredit!

2.2.1 Effektiver Zinssatz MONEYDirekt Bank:

Kreditbetrag	80.000,00 €	100,00 %
− Disagio	760,00 €	0,95 %
Auszahlungsbetrag	79.240,00 €	99,05 %

Zinsen in Euro: $\dfrac{80.000,00 \cdot 2,75 \cdot 210}{100 \cdot 360} = 1.283,33$

Zinsen	1.283,33 €
+ Disagio	760,00 €
Kreditkosten	2.043,33 €

Effektiver Zinssatz (in Prozent): $\dfrac{2.043,33 \cdot 100 \cdot 360}{79.240,00 \cdot 210} = 4,42$

Der Kredit sollte bei der MONEYDirekt Bank aufgenommen werden, da dort die effektive Verzinsung mit 4,42 % geringer als bei der Allgäu Bank ist.

Erklärung: Hier ist ein Kreditvergleich mithilfe der effektiven Verzinsung gefordert. Dabei werden die tatsächlichen Kreditkosten berücksichtigt, also neben den Zinsen (Nominalzins) auch das Disagio (vorausbezahlter Zins). Die Berechnung erfolgt in drei Schritten:
1. Berechnung des Auszahlungsbetrags: Vom Kreditbetrag (80.000,00 €) zieht die Bank im Voraus Disagio ab (hier: 0,95 %). Es werden also nur 79.240,00 € ausbezahlt.
2. Berechnung der Kreditkosten: Zinsen für 210 Tage + Disagio
3. Berechnung des effektiven Zinssatzes
Ergebnis: Der effektive Zinssatz der MONEYDirekt Bank ist niedriger, obwohl der Nominalzins bei dieser Bank höher ist.

2.2.2 2800 BK 79.240,00 €
7510 ZAW 760,00 € an 4200 KBKV 80.000,00 €

Erklärung: *2800 BK:* Gutschrift des Auszahlungsbetrags auf dem Geschäftskonto (Aktivkonto) → Buchung im Soll.
7510 ZAW: Das Disagio ist ein vorausbezahlter Zins, der Aufwand steigt → Buchung im Soll.
4200 KBKV: Die Laufzeit für den Kredit (Passivkonto) liegt bei unter einem Jahr, es ist also ein kurzfristiger Kredit → Buchung im Haben.

Aufgabe 1   Abschlussprüfung 2021 A2

Jens Umprecht Trampoline e. K., kurz „JUMP", produziert im Stammwerk in München Trampoline. Sie sind Mitarbeiter*in des Unternehmens.

Jens Umprecht interessiert sich für eine Geldanlage in Aktien.

1.1   Ihm liegt eine Infografik mit zugehörigem Lückentext vor.
Bearbeiten Sie dazu die Aufgaben auf nebenstehender Seite:

Das Börsenjahr 2019

Dax-Schlusskurse in Punkten
D J F M A M J J A S O N D

14 000   16.12.
                                            13 408

28.12.2018 **10 559**
12 000
                                            30.12.
                                            13 249

10 000   3.1.2019
          10 417

Kursentwicklung vom 28.12.2018 bis 30.12.2019 in %

MTU Aero Engines	+ 60,7 %
Adidas	+ 58,9
RWE	+ 44,3
Deutsche Post	+ 42,2
SAP	+ 38,4
Münch. Rückvers.	+ 38,0
Linde	+ 37,7
Deutsche Börse	+ 33,5
VW	+ 26,9
Allianz	+ 24,7
HeidelbergCement	+ 21,7
Vonovia	+ 21,2
Bayer	+ 20,2
Siemens	+ 19,7
Fresenius	+ 18,4
Merck	+ 17,1
Infineon	+ 17,0
Beiersdorf	+ 17,0
Fresenius Med. Care	+ 16,5
BASF	+ 11,5
Eon	+ 10,3
Daimler	+ 7,5
BMW	+ 3,5
Deutsche Bank	- 0,7
Deutsche Telekom	- 1,7
Henkel	- 3,4
Covestro	- 4,0
Continental	- 4,5
Lufthansa	- 16,7
Wirecard	- 19,1

Quelle: Deutsche Börse
© Globus
13656

picture-alliance/dpa/dpa-infografik GmbH

Der DAX legt zu

Das Börsenjahr 2019 hat den Anlegern kräftige Gewinne beschert. Am Jahresende schloss der ____ **(A)** ____ , abgekürzt DAX, mit einem deutlichen Plus gegenüber dem Vorjahr.

Der Fachbegriff für die Art des Diagramms, das die Kursentwicklung in Prozent darstellt, lautet: ____ **(B)** ____ .

Ein Großteil der Unternehmen konnte positive Kursentwicklungen verzeichnen. Im Gegensatz dazu haben genau sieben Unternehmen eine ____ **(C)** ____ Kursentwicklung hinnehmen müssen.

Am besten schnitt im Jahr 2019 die Aktie des DAX-Neulings MTU Aero Engines ab. Das Münchner Unternehmen produziert und wartet Triebwerke für die Luftfahrt. MTU Aero Engines erzielte ein Kursplus von ____ **(D)** ____ Prozent.

1.1.1 Notieren Sie auf Ihrem Lösungsblatt jeweils unter Angabe des Kennbuchstabens die zutreffenden Begriffe bzw. Werte für die Textlücken (A) bis (D).

1.1.2 Berechnen Sie den prozentualen Anstieg des DAX-Schlusskurses vom 03.01.2019 bis 30.12.2019.

1.2 Aufgrund einer positiven Kursentwicklung hat sich „JUMP" für den Kauf von 500 Aktien der „Flipp AG" entschieden. Die Banklastschrift beträgt 19.675,00 €.
Bilden Sie den Buchungssatz für den Aktienkauf.

1.3 Im März benötigt Jens Umprecht liquide Mittel.
Bilden Sie den Buchungssatz zu vorliegendem Beleg:

ABRECHNUNG WERTPAPIERVERKAUF		Oberbayern-Bank
	Auftragsnummer	399477
	Verwahrungsart	Girosammeldepot
Jens Umprecht Trampoline e. K.	Börse	Frankfurt
Sprunggasse 5	ISIN	DE000472965
80339 München	**Schlusstag/-zeit**	**03.03.2020 um**
		12:21:59 Uhr

Sehr geehrter Kunde,

folgende Werte (Depot-Nr.: 3270443) wurden von uns in Ihrem Auftrag verkauft:

Wertpapierbezeichnung	Flipp AG	
Stückkurs	40,50 Euro	
Stückzahl	500	
Kurswert	**20.250,00 Euro**	
Spesen	**202,50 Euro**	**(1 % des Kurswerts)**
Gutschrift	**20.047,50 Euro**	

Verrechnung über Bankverbindung:
IBAN: DE325 7076 5010 0043 2456 00; Valuta: 04.03.2020

Bitte prüfen Sie diese Abrechnung auf Vollständigkeit und Richtigkeit.
Kapitalerträge sind einkommensteuerpflichtig.
Dieser Beleg wurde maschinell erstellt und ist ohne Unterschrift gültig.

*Martin Meck-May, Inhaber des Unternehmens „MeHo", hat sich in seinem Werk in
Kempten auf die Herstellung von Hoverboards spezialisiert. Sie sind Mitarbeiter*in
des Unternehmens.*

Martin Meck-May plant, freie liquide Mittel seines Unternehmens „MeHo" anzulegen.

2.1 Hierfür informiert er sich über verschiedene Geldanlagemöglichkeiten:

Aktien und alternative Geldanlagen

Der Börseneinbruch zu Jahresbeginn bescherte Aktienanlegern kräftige Kursverluste. Längerfristig können Aktiensparer dennoch auf vergleichsweise gute Renditen blicken. Gerade die aktuellen Kursschwankungen machen wieder deutlich, dass Aktienanlagen als langfristige Geldanlage zu sehen sind, um von kurzfristigen Börsenentwicklungen unabhängig zu sein.

Mit sehr niedrigen Renditen mussten sich im vergangenen Jahr weiterhin Anleger begnügen, die auf Nummer sicher gehen wollen. Sparbriefe, Tagesgeld und Spareinlagen verzinsten sich im abgelaufenen Jahr in der Regel mit deutlich weniger als einem Prozent. Auch der Goldpreis hat sich auf Jahresfrist nur wenig verändert. Eine Traumrendite von 200 Prozent konnte 2016 mit sogenannten Bitcoins erzielt werden. Ende des Jahres lag der Wert eines Bitcoins bei 2.300,00 Euro. Die 2009 eingeführte Digitalwährung war eigentlich nicht als Geldanlage gedacht und gilt als hochspekulativ.

2.1.1 Berechnen Sie die Kurssteigerung des DAX im Jahr 2016 von seinem Tiefststand bis zu seinem Höchststand in Prozent.

2.1.2 Berechnen Sie den Wert eines Bitcoins Anfang 2016 in Euro.

2.1.3 Martin Meck-May betrachtet zwei Geldanlagemöglichkeiten genauer:

    A: Tagesgeld   B: Aktien

    Geben Sie unter Angabe der Kennbuchstaben je einen Nachteil dieser Geldanlagemöglichkeiten auf Ihrem Lösungsblatt an.

2.2 Martin Meck-May entscheidet sich für die Geldanlage in Aktien und kauft am 12.04.2017 für „MeHo" 200 Aktien der Windkraft AG.
In diesem Zusammenhang liegt Ihnen folgendes T-Konto vor:

S	1500 WP	H

```
01.01.   8000 EBK*   3.200,00 €
12.04.   2800 BK     4.747,00 €
```

* Anmerkung der Redaktion: Dieser Buchungseintrag bedeutet, dass der Anfangsbestand (01. Jan.) 3.200,00 € betrug.

2.2.1 Berechnen Sie den Stückkurs der Windkraft-Aktie am 12.04.2017 (Spesen 1 % vom Kurswert).

2.2.2 Als Aktionär der Windkraft AG hat „MeHo" das Recht auf einen Teil des möglichen Gewinns der Aktiengesellschaft.
Nennen Sie den Fachbegriff für die Gewinnausschüttung an die Aktionäre.

2.2.3 Martin Meck-May befürchtet aufgrund eines Managementfehlers im Unternehmen der Windkraft AG einen anhaltenden Kursrückgang der Windkraft-Aktie.
Bilden Sie den Buchungssatz zu folgendem Beleg:

🏛 **ALLGÄU Bank**   *– Mi schaffe des –*   **Wertpapier-Verkauf**

Martin Meck-May
Meck-May Hoverboards e. K.
Dr.-Alban-Straße 85
87435 Kepten

Börse: Frankfurt
Auftragsdatum: 4. Juni 2017
Valuta: 5. Juni 2017
Auftragsnummer: 38572/17
ISIN: DE000837251
Verwendungsart: Girosammeldepot

Sehr geehrter Herr Meck-May,

in Ihrem Auftrag verkauften wir 200 Aktien der Windkraft AG, Depot-Nr.: 76578:

Kurs: 19,30 €	Kurswert	3.860,00 €
	Spesen (1 % des Kurswerts)	38,60 €
	Gutschrift	**3.821,40 €**

Die Verrechnung erfolgt über Konto mit IBAN: DE83 7009 1600 0005 3323 20
Bitte überprüfen Sie diese Abrechnung auf Vollständigkeit und Richtigkeit.
Diese Meldung wird nicht unterschrieben. Kapitalerträge sind einkommensteuerpflichtig.

Michael Niemayr Gartenzwerge e. K., kurz „MINIE", produziert im Stammwerk in Freyung Gartenzwerge. Sie sind Mitarbeiter*in des Unternehmens.

Das Unternehmen „MINIE" möchte liquide Mittel gewinnbringend anlegen.

3.1   Bearbeiten Sie die Aufgaben zur folgenden Infografik:

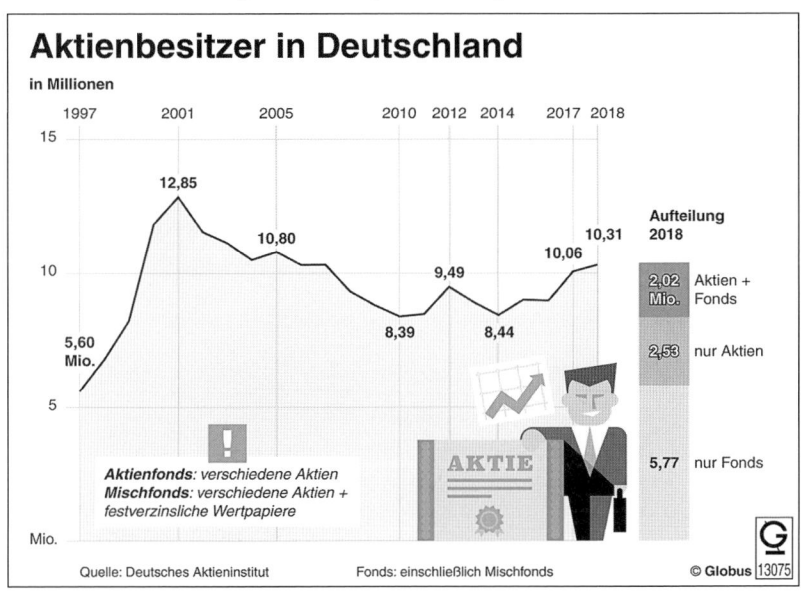

© *picture-alliance / dpa-infografik*

3.1.1   Geben Sie an, mit welcher Diagrammart die zahlenmäßige Entwicklung der Aktienbesitzer dargestellt wird.

3.1.2   Berechnen Sie den Rückgang der Anzahl der Aktienbesitzer vom Jahr 2001 bis 2018 in Prozent.

3.1.3   Berechnen sie den prozentualen Anteil der Anleger, die im Jahr 2018 ausschließlich in Aktien investiert haben.

3.1.4   Nennen Sie die beiden Anlagekriterien des magischen Dreiecks der Geldanlage, die bei einem Aktienkauf vorrangig erfüllt werden können.

3.2   Im Februar 2019 kauft „MINIE" 500 Aktien des Unternehmens „Zwerck AG" zum Stückkurs von 24,90 € per Banküberweisung. Die Spesen betragen 1 % vom Kurswert.
Bilden Sie den Buchungssatz.

3.3   Zur teilweisen Finanzierung eines Geschäftswagens verkauft „MINIE" die Aktien.

Bilden Sie den Buchungssatz zu vorliegendem Beleg.

Stadtbank Freyung		**Wertpapier-Verkauf**	
Auftragsdatum: 15. Oktober 2019		Börse Frankfurt	
Wertpapierbezeichnung	Zwerck AG (ISIN DE000A3EDD0)		
Stückzahl: 500	Kurs: 28,00 €	Kurswert	14.000,00 €
Kapitalerträge sind steuerpflichtig.		Spesen 1 % v. Kurswert	140,00 €
		Gutschrift	**13.860,00 €**

Michael Niemayr Gartenzwerge e. K. **Schneewittchenstraße 7** **94078 Freyung**	Handelsdatum: 16.10.2019
	Wert: 16.10.2019
	Verrechnung über Konto 664488
	Depotnummer 8/98754
Der Beleg ist ohne Unterschrift gültig.	Verwahrart: Girosammeldepot

Lösungsvorschlag

1.1.1 (A) Deutsche Aktienindex
(B) Balkendiagramm
(C) negative
(D) 60,70

Erklärung:
Zu A: Der Deutsche Aktienindex (DAX) gibt die Wertentwicklung der 40 größten deutschen Aktiengesellschaften wieder.
Zu B: Im Balkendiagramm sind die „Balken" waagrecht, im Säulendiagramm senkrecht angeordnet. Beide Diagrammarten eignen sich für die Darstellung eines Vergleichs, hier die Kursentwicklung von DAX-Unternehmen.
Zu C: Die unteren sieben AGs in der Infografik weisen sinkende Kurse, also eine negative Entwicklung auf.
Zu D: MTU Aero Engines ist als das Unternehmen mit der besten Kursentwicklung ganz oben im Diagramm aufgeführt.

1.1.2 Anstieg in Prozent: $\dfrac{(13.249 - 10.417) \cdot 100}{10.417} = 27{,}19$

Der prozentuale Anstieg des DAX-Schlusskurses beträgt 27,19 %.

Erklärung: Der Anstieg (Prozentwert) des DAX betrug im Jahr 2019 2.832 Punkte. Ausgangswert (Grundwert) für die Berechnung der Kursentwicklung ist der Wert am 03.01.2019.
10.417,00 = 100 %
 2.832,00 =   x %

1.2

> **TIPP** Bei Aktiengeschäften fällt keine Umsatzsteuer an!

1500 WP   an   2800 BK   19.675,00 €

Erklärung: *1500 WP:* Der Bestand an Wertpapieren (Aktivkonto) nimmt zu → Buchung im Soll.
2800 BK: Das Bankguthaben (Aktivkonto) mindert sich → Buchung im Haben.

1.3 2800 BK   20.047,50 €   an   1500 WP   19.675,00 €
                                                                      5650 EAWP   372,50 €

Erklärung:

Banklastschrift beim Kauf der Aktien:	19.675,00 €
Bankgutschrift beim Verkauf:	20.047,50 €

Gewinn	372,50 €	→ Ertragskonto 5650 EAWP

2800 BK: Durch die Gutschrift mehrt sich das Aktivkonto → Buchung im Soll.

1500 WP: Der Bestand an Wertpapieren (Aktivkonto) mindert sich durch den Verkauf → Buchung im Haben.

5650 EAWP: Beim Verkauf der Aktien konnte ein Gewinn erzielt werden → Erträge mehren sich im Haben.

2

> **TIPP** Lesen Sie vor Beantwortung der Fragen aufmerksam den Text und erfassen Sie den Sachverhalt im Liniendiagramm.

2.1.1 Kurssteigerung des DAX in Prozent:

$$\frac{(11.481 - 8.753) \cdot 100}{8.753} = 31,17$$

Die Kurssteigerung des DAX vom Tiefst- zum Höchststand beträgt 31,17 %.

Erklärung: Die Aufgabe bezieht sich auf das Liniendiagramm. Ausgangswert (Grundwert) ist der DAX-Kurs vom 11.02. (Tiefststand). Die Differenz zwischen Tiefst- und Höchststand beträgt 2.728 Punkte:

8.753 = 100 %
2.728 =   x %

2.1.2 Wert eines Bitcoins Anfang 2016 in Euro:

$$\frac{2.300,00 \cdot 100}{(100 + 200)} = 766,67$$

Der Wert eines Bitcoins lag Anfang 2016 bei 766,67 €.

Erklärung: Die zur Bearbeitung erforderlichen Informationen finden Sie im letzten Absatz des Textes: Nach einer Steigerung von 200 % lag der Wert eines Bitcoins am Ende des Jahres 2016 bei 2.300,00 €.
(100 % am Jahresanfang + 200 % = 300 % am Jahresende)

300 % = 2.300,00 €
100 % =   x €

2.1.3 A: geringe Rentabilität (Rendite)
B: geringe Sicherheit

Erklärung: *A:* Auf einem Tagesgeldkonto wird Geld, das momentan nicht benötigt wird, aufbewahrt. Man kann jederzeit auf das Geld zugreifen, allerdings ist die Verzinsung (Rentabilität) gering.
B: Aktien können starken Kursschwankungen unterliegen.

2.2.1

Kurswert (200 Aktien)	4.700,00 €	100 %
+ Spesen	47,00 €	1 %
Banklastschrift	4.747,00 €	101 %

Stückkurs: 4.700,00 € : 200 = 23,50 €

Erklärung: Das Konto 1500 WP weist am 12.04. einen Aktienkauf in Höhe von 4.747,00 € aus (Buchung im Soll). Die Banklastschrift setzt sich aus dem Kurswert (100 %) und den beim Kauf der Aktien fälligen Spesen (1 %) zusammen. Zunächst ist mithilfe der Rückwärtskalkulation der Kurswert (100 %) für 200 Aktien zu berechnen. Im letzten Schritt wird der Stückkurs für eine Aktie ermittelt.

2.2.2 Dividende

Erklärung: Als Aktionär, also Mitinhaber einer Aktiengesellschaft, will man am Erfolg eines Unternehmens teilhaben. Auf der jährlich stattfindenden Hauptversammlung wird beschlossen, ob eine Dividende ausgeschüttet wird bzw. wie hoch die Dividende je Aktie ist.

2.2.3

2800 BK	3.821,40 €			
7460 VAWP	925,60 €	an	1500 WP	4.747,00 €

Erklärung:

Banklastschrift beim Kauf der Aktien:	4.747,00 €
Bankgutschrift beim Verkauf:	3.821,40 €

Verlust:	925,60 €	→ Aufwandskonto 7460 VAWP

3.1.1 Liniendiagramm

Erklärung: Ein Liniendiagramm eignet sich insbesondere, um Veränderungen im Zeitverlauf darzustellen.

3.1.2 Rückgang in Prozent: $\dfrac{(12,85-10,31)\cdot 100}{12,85}=19,77$

Erklärung: Ausgangswert (Grundwert) für die Berechnung ist die Anzahl der Aktienbesitzer im Jahr 2001 (12,85 Mio.). Die Anzahl ist bis 2018 um 2,54 Mio. zurückgegangen (12,85 − 10,31).

12,85 Mio. = 100 %
2,54 Mio. =   x %

3.1.3 Anteil in Prozent: $\dfrac{2,53\cdot 100}{10,31}=24,54$

Erklärung: Grundwert ist die Gesamtzahl der Aktienbesitzer im Jahr 2018. Prozentwert ist die Anzahl der Anleger, die nur in Aktien investieren.

10,31 Mio. = 100 %
2,53 Mio. =   x %

3.1.4 Rentabilität, Liquidität

Erklärung:
Rentabilität: Bei der Investition in Aktien besteht die Chance, durch Kurssteigerungen hohe Gewinne zu erzielen.

Liquidität: Der Begriff bedeutet „Flüssigkeit", also die Verfügbarkeit von flüssigen Mitteln. Die Liquidität bei Aktien ist hoch, da sie jederzeit in Bargeld umgewandelt werden können.

3.2

Kurswert	$(500 \cdot 24{,}90 \, €)$	12.450,00 €
+ Spesen	(1 % vom Kurswert)	124,50 €
Banklastschrift		12.574,50 €

1500 WP	an	28 BK	12.574,50 €

Erklärung: Beim Kauf von Aktien wird auf den Kurswert 1 % Spesen aufgeschlagen. Dabei handelt es sich um Gebühren der Bank und des Maklers.

3.3

2800 BK	13.860,00 €	an	1500 WP	12.574,50 €
			5650 EAWP	1.285,50 €

Erklärung:

Banklastschrift beim Kauf der Aktien:	12.574,50 €	
Bankgutschrift beim Verkauf:	13.860,00 €	
Gewinn:	1.285,50 €	→ Ertragskonto
		5650 EAWP

Aufgabe 1:	Abschlussprüfung 2020 / Nachtermin, A4

Michael Niemayr Gartenzwerge e. K., kurz „MINIE", produziert im Stammwerk in Freyung Gartenzwerge. Sie sind Mitarbeiter*in des Unternehmens.

1.1 „MINIE" sendet dem Kunden „Gartenfreund KG" folgendes Schreiben zu:

Michael Niemayr Gartenzwerge e. K.

Michael Niemayr e. K. ✿ Schneewittchenstraße 7 ✿ 94078 Freyung

Gartenfreund KG
Gewerbestraße 2
97074 Würzburg

☎ 0931 – 8803
Fax: 0931 – 8807

Steuernummer:
200/400/73800
USt-IdNr.:
DE 06 221328

Zahlungserinnerung

Rechnungsnummer: 60008/19   vom: 15.06.2019

Sehr geehrte Damen und Herren,

wir mussten feststellen, dass die oben genannte Rechnung (Feuerschalen „Forever" mit Zahlungsziel 15.05.19) noch nicht beglichen ist.

Wir erlauben uns daher, Ihnen folgende Beträge zusätzlich in Rechnung zu stellen:

Mahngebühren	10,00 €
Verzugszinsen	2,42 €

Bitte überweisen Sie den neuen Forderungsbetrag in Höhe von 1.312,42 € umgehend auf untenstehendes Konto.

Sollten Sie die Überweisung bereits getätigt haben, so betrachten Sie dieses Schreiben bitte als gegenstandslos.

Mit freundlichen Grüßen

Michael Niemayr

Michael Niemayr

Bankverbindung: Stadtbank Freyung
IBAN: DE55 7405 0000 1230 88 ✿ BIC: BYLADEM2FRG

1.1.1 Bilden Sie den Buchungssatz zu obenstehendem Beleg.

1.1.2 „MINIE" verzichtet bei einigen Kunden auf eine sofortige Mahnung trotz Ablauf der Zahlungsfrist. Nennen Sie hierfür einen möglichen Grund.

1.1.3 Aus der Tageszeitung erfährt Michael Niemayr, dass ein Insolvenzverfahren über das Vermögen des Kunden „Gartenfreund KG" eröffnet wurde.
Bilden Sie den Buchungssatz.

1.2 Auch gegenüber dem Kunden „Lohser-Heimwerkermarkt" besteht eine zweifelhafte Forderung in Höhe von 666,92 €. Der Insolvenzverwalter des Kunden überweist auf das Geschäftsbankkonto von „MINIE" 200,00 €. Der Restbetrag ist verloren.
Bilden Sie den Buchungssatz.

1.3 Michael Niemayr möchte „MINIE" zukünftig durch Factoring gegen Forderungsausfälle absichern.
Geben Sie auf Ihrem Lösungsblatt jeweils unter Angabe des Kennbuchstabens an, ob folgende Aussagen A bis C richtig oder falsch sind.

A	Beim Factoring werden Forderungen an einen Factor gegen Entgelt abgetreten.
B	Das Mahnwesen beim Factoring muss „MINIE" trotzdem weiterhin übernehmen.
C	Factoring fördert die Kundenbindung.

Aufgabe 2 Abschlussprüfung 2019, A8

Erwin Schleicher Sneaker e. K., kurz „SCHLEICHER", hat sich in seinem Stammwerk in München auf die Herstellung von Sneaker spezialisiert. Sie sind Mitarbeiter*in des Unternehmens.

„SCHLEICHER" überwacht regelmäßig die Forderungen.

2.1 In der News-App entdeckt Erwin Schleicher folgende Infografik:

© picture-alliance/dpa-infografik, Grafik bearbeitet

2.1.1 Nennen Sie den Fachbegriff für die Art des Diagramms, mit der die Veränderung der Zahlungsmoral dargestellt wird.

2.1.2 Berechnen Sie die Anzahl der Inkassounternehmen, die eine Verschlechterung der Zahlungsmoral angaben.

2.1.3 Geben Sie den am häufigsten genannten Grund dafür an, dass Schuldner ihre Rechnungen nicht begleichen.

2.2 Durch Factoring kann „SCHLEICHER" das Ausfallrisiko weitergeben. Nennen Sie einen Nachteil von Factoring für „SCHLEICHER".

2.3 Ihnen liegt das Konto 2470 ZWFO des Unternehmens „SCHLEICHER" vor:

S		2470 ZWFO	H
EBK*	13.672,25 €	1. BK	2.528,75 €
2. FO	50.575,00 €		

* Anmerkung der Redaktion: Dieser Buchungseintrag bedeutet, dass der Anfangsbestand am 01. Jan. 13.672,25 € betrug.

2.3.1 Formulieren Sie den Geschäftsfall zum Kontoeintrag Nr. 1.

2.3.2 Das Insolvenzverfahren gegenüber unserem Großkunden „Newsport" (Kontoeintrag Nr. 2) ist abgeschlossen. Auf dem Geschäftsbankkonto geht eine Zahlung über 4.046,00 € ein, der Rest ist verloren. Bilden Sie den Buchungssatz.

2.4 „SCHLEICHER" belastet seinen Kunden „Kai N. Moos" mit Verzugszinsen in Höhe von 59,50 € und 10,00 € Mahngebühren. Bilden Sie den Buchungssatz.

Lösungsvorschlag

1.1.1 2400 FO   12,42 €   an   5710 ZE   2,42 €

                                                   5430 ASBE   10,00 €

Erklärung: Kommt ein Kunde in Verzug, kann der Gläubiger den Schuldner mit Verzugszinsen und, aufgrund des zusätzlichen Aufwands, mit Mahngebühren belasten.

5710 ZE: „MINIE" hat Anspruch auf Verzugszinsen, die Erträge steigen → Buchung im Haben.

5430 ASBE: „MINIE" kann darüber hinaus Mahngebühren verlangen (Kosten, die durch das Mahnverfahren entstehen), die Erträge steigen → Buchung im Haben.

2400 FO: Durch die Rechnungstellung erhöhen sich die Forderungen (Aktivkonto) → Buchung im Soll.

1.1.2 Verzicht auf Mahnung, um gute Kundenbeziehungen nicht zu gefährden.

Erklärung: Bei langjährigen und zuverlässigen Kunden empfiehlt es sich, mit der Forderung von Mahnzinsen und Gebühren etwas abzuwarten, um die Geschäftsbeziehung nicht zu belasten.

1.1.3 2470 ZWFO   an   2400 FO   1.312,42 €

Erklärung: Vermögensgegenstände sind gemäß HGB vorsichtig zu bewerten und vorhersehbare Risiken zu berücksichtigen. Wenn ein Unternehmer erfährt, dass bei einem Kunden ein Insolvenzverfahren eingeleitet wurde, muss er mit einem Ausfall der Forderung (ganz oder teilweise) rechnen. Aus einer einwandfreien Forderung wird also eine zweifelhafte Forderung.

1.2

Bruttoforderung	666,92 €
− Zahlungseingang	200,00 €
= Bruttoausfall	466,92 €
− Zu berichtigende Umsatzsteuer	74,55 €
= Nettoausfall	392,37 €

2800 BK   200,00 €
6950 ABFO   392,37 €
4800 UST   74,55 €   an   2470 ZWFO   666,92 €

Erklärung: *2470 ZWFO:* Das Insolvenzverfahren ist beendet und die gegenüber dem Kunden bestehende zweifelhafte Forderung (Aktivkonto) wird aufgelöst → Buchung im Haben.

2800 BK: Von der ursprünglichen Forderung (666,92 €) gehen 200,00 € auf dem Konto ein → Buchung im Soll.

6950 ABFO: Es fallen 466,92 € (brutto) aus. Abgeschrieben wird der Ausfall netto (392,37 €), also der uneinbringliche Teil der Forderung. Es entsteht ein Aufwand → Buchung im Soll.

4800 UST: Da „MINIE" nicht den vollständigen Forderungsbetrag erhält, muss die Umsatzsteuer korrigiert werden → Buchung im Soll. Ohne Korrektur würde „MINIE" zu viel Umsatzsteuer an das Finanzamt überweisen.

1.3 A: richtig
B: falsch
C: falsch

Erklärung: *Zu A:* Für Unternehmen stellt die Bearbeitung von Forderungen einen erheblichen Aufwand dar. Beim Factoring kauft der Factor Forderungen von Unternehmen und verlangt eine Gebühr. Für „MINIE" besteht der Vorteil u. a. darin, dass der offene Rechnungsbetrag sofort überwiesen wird (Erhöhung der Liquidität).
Zu B: Für das Unternehmen „MINIE" ist ein weiterer Vorteil, dass es sich nicht mehr um Mahnungen, Verzugszinsen etc. kümmern muss.
Zu C: Für Kunden kann es irritierend sein, wenn die Forderungen gegenüber einem Geschäftspartner von einem unbekannten Unternehmen verwaltet werden, das den Kunden gegenüber ggf. sehr fordernd auftritt.

2.1.1 Kreisdiagramm

Erklärung: Die Veränderung der Zahlungsmoral wird in Anteilen eines Ganzen dargestellt – hierfür eignen sich besonders Kreisdiagramme.

2.1.2 Anzahl der Inkassounternehmen: $\dfrac{560 \cdot 25}{100} = 140$

140 Inkassounternehmen gaben eine Verschlechterung der Zahlungsmoral an.

Erklärung: Grundwert (100 %) ist die Gesamtzahl der Inkassounternehmen.
100 % = 560 Inkassounternehmen
25 % =   x Inkassounternehmen

2.1.3 Überschuldung

Erklärung: Die Darstellung im Balkendiagramm eignet sich besonders für Vergleiche. Im rechten Diagramm ist sofort erkennbar, dass die Überschuldung die häufigste Ursache dafür ist, dass Rechnungen nicht bezahlt werden.

2.2 Z. B.: zusätzliche Kosten

Erklärung: Der Factor verlangt für die erbrachten Dienstleistungen und die Übernahme des Ausfallrisikos Gebühren.
Alternative Lösung: Factoring-Unternehmen treten gegenüber Schuldnern häufig sehr fordernd und unnachgiebig auf. Dieses Verhalten kann zu einer Belastung der Beziehungen zwischen „SCHLEICHER" und seinen Kunden führen.

2.3.1 Ein Kunde begleicht seine zweifelhafte Forderung über 2.528,75 € per Banküberweisung.

Erklärung: *2470 ZWFO:* Der Vorgang wird im Aktivkonto im Haben erfasst → die zweifelhaften Forderungen mindern sich.

2800 BK: Im Gegenkonto Bank (Aktivkonto) wird der Vorgang im Soll gebucht → das Bankguthaben mehrt sich.

Der Buchungssatz zu Eintrag 1 lautet:

2800 BK   an   2470 ZWFO   2.528,75 €

2.3.2

> **TIPP** Die Nebenrechnung ist immer anzugeben.

Bruttoforderung	50.575,00 €
− Zahlungseingang	4.046,00 €
Bruttoausfall	46.529,00 €
− zu berichtigende Umsatzsteuer	7.429,00 €
Nettoausfall	39.100,00 €

2800 BK   4.046,00 €
6950 ABFO   39.100,00 €
4800 UST   7.429,00 €   an   2470 ZWFO   50.575,00 €

Erklärung: *2470 ZWFO:* Nachdem das Insolvenzverfahren beendet ist, kann die bestehende zweifelhafte Forderung gegenüber „Newsport" aufgelöst werden → Buchung im Haben.

2800 BK: Von der ursprünglichen Forderung (50.575,00 €) gehen nur 4.046,00 € auf dem Geschäftsbankkonto (Aktivkonto) ein → Buchung im Soll.

6950 ABFO: Es fallen 46.529,00 € (brutto) aus. Auf dem Aufwandskonto wird der Nettoausfall (39.100,00 €) erfasst → Buchung im Soll

4800 UST: Die Umsatzsteuer muss korrigiert/gemindert werden, da nur ein Teil der ursprünglichen Forderung eingeht. „SCHLEICHER" würde sonst zu viel Umsatzsteuer (Passivkonto) ans Finanzamt bezahlen → Buchung im Soll.

2.4   2400 FO   69,50 €   an   5710 ZE   59,50 €
                                                  5430 ASBE   10,00 €

Erklärung: Ein Schuldner kommt nach BGB spätestens dann in Zahlungsverzug, wenn er nicht innerhalb von 30 Tagen nach Fälligkeit einer Rechnung bezahlt hat. Der Gläubiger, in diesem Fall „SCHLEICHER", kann dann Verzugszinsen und Mahngebühren verlangen.

2400 FO: Das Aktivkonto mehrt sich → Buchung im Soll.

5710 ZE: Die Belastung des Schuldners mit Verzugszinsen bedeutet eine Mehrung der Erträge bei „SCHLEICHER" → Buchung im Haben.

5430 ASBE: Die Forderung von Mahngebühren bedeuten ebenfalls eine Zunahme der Erträge → Buchung im Haben.

Aufgabe 1	Abschlussprüfung 2021 / Nachtermin, A7

Tobi Ried Tischkicker e. K., kurz „TORI", produziert in seinem Unternehmen in Würzburg Tischkicker. Sie sind Mitarbeiter*in des Unternehmens.

Zum 31.12.2020 sind im Unternehmen „TORI" noch einige Arbeiten zu erledigen.

1.1 Bilden Sie jeweils den Buchungssatz für die folgenden vorbereitenden Abschlussbuchungen.

1.1.1 Das Konto 6031 BZKB weist einen Saldo in Höhe von 900,00 € aus.

1.1.2 Im Konto 2000 R ergibt sich ein Mehrbestand von 1.400,00 €.

1.1.3 Die Wertminderung einer CNC-Fräsmaschine, welche im Januar 2020 für 180.000,00 € netto angeschafft wurde (Nutzungsdauer: 15 Jahre), wird erfasst.

1.1.4 Am 01.08.2020 ging auf dem Geschäftsbankkonto von „TORI" für ein halbes Jahr im Voraus die Miete für eine Lagerhalle in Höhe von 27.000,00 € netto ein.

Aufgabe 2

Mira Singer hat sich mit ihrem Unternehmen Mira Singer Lautsprecherboxen e. Kfr., kurz „M-BOX", mit Sitz in Bamberg auf die Produktion mobiler Lautsprecherboxen spezialisiert. Sie sind Mitarbeiter*in des Unternehmens.

2.1 Bilden Sie die erforderliche Vorabschlussbuchung zu folgendem Beleg:

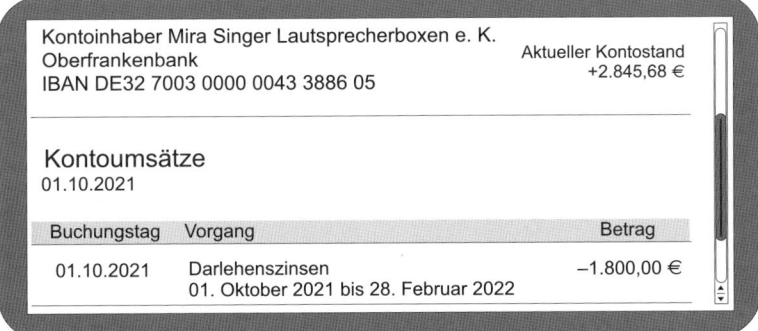

Kontoinhaber Mira Singer Lautsprecherboxen e. K.
Oberfrankenbank
IBAN DE32 7003 0000 0043 3886 05

Aktueller Kontostand
+2.845,68 €

Kontoumsätze
01.10.2021

Buchungstag	Vorgang	Betrag
01.10.2021	Darlehenszinsen 01. Oktober 2021 bis 28. Februar 2022	−1.800,00 €

2.2 Das Dach der Lagerhalle muss im Januar repariert werden. „M-BOX" liegt am 31.12. ein Kostenvoranschlag des Dachdeckers vor. Es ist mit Kosten von 12.300,00 € netto zu rechnen.

2.3 Mira Singer betrachtet das folgende Konto:

S	3000 EK		H
1) GUV	43.000,00 €	AB	492.000,00 €
SBK	449.000,00 €		
	492.000,00 €		492.000,00 €

2.3.1 Formulieren Sie den Geschäftsfall zum Konteneintrag 1).

2.3.2 Bilden Sie den Buchungssatz für den Abschluss des Kontos 3000 EK.

Lösungsvorschlag

1.1.1 6030 AWB   an   6031 BZKB   900,00 €

Erklärung: *6031 BZKB:* Werden während des Jahres Bezugskosten fällig, erhöht sich der Aufwand im Soll. Der Saldo wird entsprechend im Haben erfasst (Ausgleich des Kontos).
6030 AWB: Die Bezugskosten werden zum Jahresende auf das Hauptkonto übertragen und erhöhen den Aufwand für Betriebsstoffe → Buchung im Soll.

1.1.2 2000 R   an   6000 AWR   1.400,00 €

Erklärung: *2000 R:* Das Aktivkonto mehrt sich → Buchung im Soll.
6000 AWR: Während des Jahres wurden mehr Rohstoffe eingekauft (Buchung auf AWR im Soll) als verarbeitet. Die Aufwendungen müssen korrigiert werden → Buchung im Haben.

1.1.3 Abschreibung pro Jahr in Euro: $\dfrac{180.000,00}{15} = 12.000,00$

6520 ABSA   an   0700 MA   12.000,00 €

Erklärung: Die Fräsmaschine wurde im Januar angeschafft, es wird der Wertverlust für die gesamten 12 Monate erfasst.
6520 ABSA: Abschreibungen stellen einen Aufwand dar → Buchung im Soll.
0700 MA: Der Wert der Maschine (Aktivkonto) sinkt → Buchung im Haben.

1.1.4

> **TIPP** Es wird immer nur der Nettobetrag abgegrenzt!

Mietertrag: 27.000,00 €

01. 08. 2020		31. 12. 2020		31. 01. 2021
	5 Monate		1 Monat	
	22.500,00 €		4.500,00 €	

5400 EMP   an   4900 PRA   4.500,00 €

Erklärung: Anfang August 2020 ging die Lagerhallenmiete für die kommenden sechs Monate ein. Zum Bilanzstichtag am 31.12. besteht nun das Problem, dass Erträge für Januar des kommenden Geschäftsjahres auf 5400 EMP gebucht sind – die Bilanz wäre nicht korrekt. Also müssen Mieterträge, die das neue Jahr betreffen, abgegrenzt (wieder ausgebucht) werden. Einnahmen, die einen Ertrag für das kommende Geschäftsjahr darstellen, werden am 31.12. über das Passivkonto 4900 PRA abgegrenzt.
5400 EMP: Der Mietertrag für Januar wird korrigiert/ausgebucht → Buchung im Soll.
4900 PRA: Der abgegrenzte Betrag wird im Haben erfasst.

2.1 Zinsaufwand: 1.800,00 €

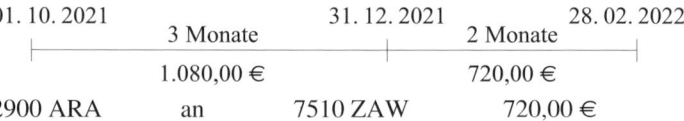

2900 ARA an 7510 ZAW 720,00 €

Erklärung: Anfang Oktober hat „M-BOX" Zinsen für die kommenden fünf Monate im Voraus bezahlt. Zum Bilanzstichtag am 31.12. besteht nun das Problem, dass Aufwendungen für Januar und Februar des kommenden Geschäftsjahres auf 7510 ZAW gebucht sind – die Bilanz wäre nicht korrekt. Also müssen Zinsaufwendungen, die das neue Jahr betreffen, abgegrenzt (wieder ausgebucht) werden.

7510 ZAW: Der Zinsaufwand für Januar und Februar wird korrigiert/ausgebucht → Buchung im Haben.

2900 ARA: Ausgaben, die einen Aufwand für das kommende Geschäftsjahr darstellen, werden am 31.12. über das Aktivkonto 2900 ARA abgegrenzt → Buchung im Soll.

2.2 6160 FRI an 3900 RST 12.300,00 €

Erklärung: *6160 FRI:* Der zu erwartende Aufwand muss erfasst werden → Buchung im Soll.

3900 RST: Rückstellungen sind Verbindlichkeiten, deren Höhe und Fälligkeit noch nicht feststehen. Das Passivkonto mehrt sich → Buchung im Haben.

2.3.1 Das Konto GUV wurde mit einem Verlust von 43.000,00 € abgeschlossen.

Erklärung: *3000 EK:* Der Geschäftsfall wurde im Haben gebucht, das Passivkonto mindert sich.

8020 GUV: Im Gegenkonto erfolgt die Buchung im Haben. Die Aufwendungen sind also höher als die Erträge.

2.3.2 3000 EK an 8010 SBK 449.000,00 €

Erklärung: *3000 EK:* Bei Passivkonten wird der Schlussbestand im Soll gebucht.

8010 SBK: Auf dem Schlussbilanzkonto werden alle Passivkonten im Haben erfasst.

Aufgabe 1

*Mira Singer hat sich mit ihrem Unternehmen Mira Singer Lautsprecherboxen e. Kfr.,
kurz „M-BOX", mit Sitz in Bamberg auf die Produktion mobiler Lautsprecherboxen
spezialisiert. Sie sind Mitarbeiter*in des Unternehmens.*

1   Am 31.12. liegt Ihnen die aufbereitete Bilanz von „M-BOX" vor.

Aktiva		Bilanz zum 31.12.	Passiva
Anlagevermögen	4.200.000,00 €	**Eigenkapital**	1.530.000,00 €
Umlaufvermögen		**Fremdkapital**	
Vorräte	2.400.000,00 €	langfristig	4.790.000,00 €
Forderungen	780.000,00 €	kurzfristig	1.480.000,00 €
flüssige Mittel	420.000,00 €		
	7.800.000,00 €		7.800.000,00 €

1.1   Die Unternehmensanalyse wird durchgeführt, um mit den errechneten Kennzahlen die Entwicklung des Unternehmens bewerten zu können.

1.1.1   Geben Sie an, welche Vergleichsmöglichkeit die Kennzahlen noch bieten.

1.1.2   Geben Sie an, welche Bilanzpositionen unter den *flüssigen Mitteln* zusammengefasst werden.

1.1.3   Erläutern Sie, welche Information die Kennzahl der Anlagendeckung II liefert.

1.1.4   Berechnen und beurteilen Sie die Kennzahl der Anlagendeckung II.

1.2   Aus dem Jahresabschluss von „M-BOX" sind weitere Werte bekannt.

Jahresüberschuss	240.000,00 €
Privateinlagen	135.000,00 €
Privatentnahmen	83.000,00 €

1.2.1   Berechnen Sie mithilfe der geeigneten Kennzahl, wie sich das Eigenkapital verzinst hat.

1.2.2   Bewerten Sie die ermittelte Kennzahl.

Martin Meck-May, Inhaber des Unternehmens „MeHo", hat sich in seinem Werk in Kempten auf die Herstellung von Hoverboards spezialisiert. Sie sind Mitarbeiter*in des Unternehmens.

Die aufbereitete Bilanz des Unternehmens „MeHo" weist zum 31.12.2017 folgende Werte aus:

Meck-May Hoverboards e. K.
Aufbereitete Bilanz
zum 31.12.2017

Aktiva	in EURO		Passiva
Anlagevermögen	2.440.000,00	**Eigenkapital**	628.500,00
Umlaufvermögen		**Fremdkapital**	
Vorräte	221.100,00	langfristig	1.910.000,00
Forderungen	290.400,00	kurzfristig	1.073.000,00
flüssige Mittel	660.000,00		
	3.611.500,00		3.611.500,00

2.1 Aufgrund von ausstehenden Reparaturen hat „MeHo" Rückstellungen gebildet.

2.1.1 Erklären Sie anhand von zwei Merkmalen, was man unter Rückstellungen versteht.

2.1.2 Geben Sie an, in welchem Posten der aufbereiteten Bilanz Rückstellungen erfasst sind.

2.2 Martin Meck-May befürchtet wegen aufgenommener Kredite eine Insolvenzgefahr für sein Unternehmen.

2.2.1 Ermitteln Sie hierfür die Kennzahl der Einzugsliquidität.

2.2.2 Beurteilen Sie diese Kennzahl.

2.3 Die aufgenommenen Kredite wirken sich auch auf die Kreditwürdigkeit von „MeHo" aus. Daher interessiert sich Martin Meck-May für die Kennzahl der Finanzierung (Eigenkapitalanteil).

2.3.1 Berechnen Sie diese Kennzahl.

2.3.2 Geben Sie an, wie sich eine Privateinlage auf die Kennzahl der Finanzierung auswirken würde.

2.4 Bilden Sie den Buchungssatz, der zum Abschluss des Kontos 3000 EK geführt hat.

Lösungsvorschlag

1.1.1 Die Unternehmensanalyse ermöglicht einen zwischenbetrieblichen Vergleich, also den Vergleich mit Unternehmen der gleichen Branche.

Erklärung: Der zwischenbetriebliche (externe) Vergleich ist wichtig, um Stärken und Schwächen im eigenen Unternehmen zu identifizieren. So kann z. B. ermittelt werden, ob die Kostenstruktur im eigenen Unternehmen vergleichbar mit der der Konkurrenz ist.

1.1.2 Bank und Kasse

Erklärung: Flüssige Mittel sind Finanzmittel, die sofort verfügbar sind.

1.1.3 Die Anlagendeckung II (Deckungsgrad II) zeigt an, inwieweit das langfristige Vermögen (AV) eines Unternehmens durch langfristiges Kapital (EK + langfr. FK) gedeckt ist.

Erklärung: Langfristiges Vermögen (AV) soll durch langfristiges Kapital gedeckt sein. Um finanziell stabil zu sein, sollte die Kennzahl über 100 % liegen.

1.1.4 $\text{Anlagendeckung II in Prozent} = \dfrac{(1.530.000,00 + 4.790.000,00) \cdot 100}{4.200.000,00} = 150,48$

Mit 150 % ist die Anlagendeckung II hervorragend.

Erklärung: Neben dem Anlagevermögen ist auch ein Großteil des Umlaufvermögens langfristig finanziert. Das Unternehmen „M-BOX" weist eine sehr stabile Finanzierung auf und wird auf absehbare Zeit nicht in Zahlungsschwierigkeiten geraten.

1.2.1

EK am 01.01.	1.238.000,00 €
+ Jahresüberschuss	240.000,00 €
+ Privateinlagen	135.000,00 €
– Privatentnahmen	83.000,00 €
= EK am 31.12.	1.530.000,00 €

$\text{Eigenkapitalrentabilität in Prozent} = \dfrac{240.000,00 \cdot 100}{1.238.000,00} = 19,39$

Erklärung: Die Kennzahl der Eigenkapitalrentabilität gibt an, wie sich das im Unternehmen eingesetzte Eigenkapital verzinst hat. Bei der Berechnung wird der Jahresüberschuss mit dem eingesetzten Kapital (EK am 01.01.) ins Verhältnis gesetzt.

1.2.2 Die Eigenkapitalrentabilität ist mit 19,39 % sehr gut. Sie liegt weit über der Kapitalmarktverzinsung und deckt auch das unternehmerische Risiko und den Unternehmerlohn ab.

2.1.1 Rückstellungen sind Verbindlichkeiten, die hinsichtlich Höhe und/oder Fälligkeit noch ungewiss sind.

Erklärung: Gebildet werden Rückstellungen in der Regel …
• für Instandhaltungsmaßnahmen, die im kommenden Geschäftsjahr ausgeführt werden, z. B. die Reparatur des Dachs der Lagerhalle oder einer Maschine. Es muss ein Kostenvoranschlag vorliegen.
• für laufende Prozesse. Die Höhe entspricht den zu erwartenden Kosten.

2.1.2 Rückstellungen sind im Posten kurzfristiges Fremdkapital erfasst.

Erklärung: Es wird damit gerechnet, dass die Rückstellungen im kommenden Geschäftsjahr aufgelöst werden können, da die Instandhaltungsmaßnahmen dann ausgeführt bzw. die Prozesse beendet sind.

2.2.1 Einzugsliquidität in Prozent = $\dfrac{(290.400,00 + 660.000,00) \cdot 100}{1.073.000,00} = 88,57$

Die Einzugsliquidität liegt bei 88,57 %.

Erklärung: Die Einzugsliquidität (Liquidität 2. Grades) gibt Auskunft über die Zahlungsfähigkeit eines Unternehmens. Forderungen und flüssige Mittel werden mit dem kurzfristigen Fremdkapital ins Verhältnis gesetzt. Optimal ist eine Einzugsliquidität von etwa 100 %. Das bedeutet, dass die kurzfristigen Schulden durch das verfügbare Vermögen abgedeckt sind und keine Zahlungsschwierigkeiten zu erwarten sind.

2.2.2 Die Einzugsliquidität ist schlecht, da sie unter dem Idealwert von 100 % liegt.

Erklärung: Die Einzugsliquidität liegt gut 11 Prozentpunkte unter dem Idealwert. „MeHo" kann evtl. seinen kurzfristigen Zahlungsverpflichtungen nicht vollständig nachkommen.

2.3.1 Finanzierung in Prozent (= Eigenkapitalquote): $\dfrac{628.500,00 \cdot 100}{3.611,500,00} = 17,40$

Die Finanzierung/Eigenkapitalquote beträgt 17,40 %.

Erklärung: Die Eigenkapitalquote gibt den Anteil des Eigenkapitals am Gesamtkapital an. Das Eigenkapital wird mit dem Gesamtkapital ins Verhältnis gesetzt. In Deutschland liegt die durchschnittliche EK-Quote bei etwa 30 %.

2.3.2 Die Kennzahl der Finanzierung/Eigenkapitalquote steigt.

Erklärung: Das Konto 3001 P ist ein Unterkonto von 3000 EK. Durch eine Privateinlage steigt das Eigenkapital und damit auch die Eigenkapitalquote.

2.4 3000 EK   an   8010 SBK   628.500,00 €

Erklärung: *3000 EK:* Das **Passivkonto** EK weist einen **Schlussbestand** von 628.500,00 € auf → Buchung im Soll.
8010 SBK: Die Schlussbestände der Passivkonten werden auf SBK im Haben erfasst.

Aufgabe 1 Abschlussprüfung 2020 / Nachtermin, A5

Michael Niemayr Gartenzwerge e. K., kurz „MINIE", produziert im Stammwerk in Freyung Gartenzwerge. Sie sind Mitarbeiter*in des Unternehmens.

Ihnen liegt ein unvollständiger Betriebsabrechnungsbogen als Tabellenblatt vor:

	A	B	C	D	E	F
1	**Betriebsabrechnungsbogen „MINIE" – 3. Quartal 2019**					
2	Kostenarten	Zahlen der KLR	I Material	II Fertigung	III Verwaltung	IV Vertrieb
3	Hilfsstoffe	63.478,00 €	9.780,00 €	48.876,00 €	– – –	4.831,00 €
4	Betriebsstoffe	12.226,00 €	1.240,00 €	9.240,00 €	915,00 €	831,00 €
5	Gehälter	50.340,00 €	5.400,00 €	9.850,00 €	28.750,00 €	6.340,00 €
6	Heizkosten	7.690,00 €	870,00 €	4.800,00 €	920,00 €	1.100,00 €
⋮	⋮	⋮	⋮	⋮	⋮	⋮
24	Kalk. Abschreibung	4.730,00 €	510,00 €	3.100,00 €	450,00 €	670,00 €
25	Kalk. U-Lohn	15.300,00 €	2.800,00 €	4.650,00 €	4.500,00 €	3.350,00 €

1.1 Die Gemeinkosten werden mithilfe des Betriebsabrechnungsbogens auf die jeweiligen Kostenstellen verteilt.
Nennen Sie einen geeigneten Verteilungsschlüssel für die Heizkosten.

1.2 Die kalkulatorische Abschreibung im Betriebsabrechnungsbogen weicht von der bilanzmäßigen Abschreibung ab. Erläutern Sie, wie es zu diesem Unterschied kommt.

1.3 Nennen Sie die Zuschlagsgrundlage für die Vertriebsgemeinkosten.

1.4 Die Verteilung der Gemeinkosten wird mithilfe eines Diagramms dargestellt.

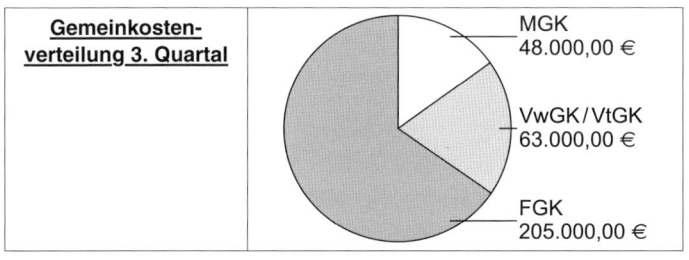

| Gemeinkosten-
verteilung 3. Quartal | MGK
48.000,00 € |
| VwGK/VtGK
63.000,00 € |
| FGK
205.000,00 € |

1.4.1 Geben sie auf Ihrem Lösungsblatt jeweils unter Angabe des Kennbuchstabens an, ob folgende Aussagen A bis C richtig oder falsch sind:

A	Das Kreisdiagramm eignet sich für die Darstellung einer Rangfolge.
B	Der Anteil der Materialgemeinkosten liegt bei über 25 %.
C	Die Lagerkosten der Fertigerzeugnisse zählen zu den Vertriebsgemeinkosten.

1.4.2 Berechnen Sie den Fertigungsgemeinkostenzuschlagssatz, wenn die Fertigungskosten 350.000,00 € betragen.

1.5 Für die Verpackung der Gartenzwerge kauft „MINIE" Luftpolsterfolie. Der Rechnungsbetrag beläuft sich auf 595,00 €.
Bilden Sie den Buchungssatz für den Rechnungseingang.

Aufgabe 2	Abschlussprüfung 2021 / Nachtermin, A5

Tobi Ried Tischkicker e. K., kurz „TORI", produziert in seinem Unternehmen in Würzburg Tischkicker. Sie sind Mitarbeiter*in des Unternehmens.

„TORI" fertigt unter anderem den hochwertigen Tischkicker „Triple".

2.1 Bei der Produktion eines Tischkickers „Triple" wird von folgenden Kosten ausgegangen:

Materialkosten	86,40 €
Fertigungslöhne	90,00 €
Sondereinzelkosten der Fertigung	23,00 €

Zudem sind die folgenden Zuschlagssätze bekannt:

Materialgemeinkosten	8 %
Fertigungsgemeinkosten	140 %
Verwaltungs- und Vertriebsgemeinkosten	5 %

2.1.1 Nennen Sie zwei Beispiele für Fertigungsgemeinkosten.

2.1.2 Berechnen Sie die Selbstkosten für einen Tischkicker „Triple".

2.2 Im nächsten Quartal betragen die Selbstkosten für einen Tischkicker „Triple" 338,00 €. „TORI" erhält eine Anfrage für den Verkauf eines Tischkickers „Triple" zum Listenpreis von 410,00 €. Außerdem werden dem Kunden 10 % Rabatt gewährt.
Berechnen Sie den verbleibenden Gewinn in Euro und in Prozent.

ÜA-84

2.3 „TORI" nimmt den Auftrag zu den gewünschten Konditionen an. Der Kunde wird frei Haus beliefert.
Bilden Sie den Buchungssatz zu folgendem Belegauszug:

Spedition HauRuck

München – Augsburg – Würzburg

Spedition HauRuck, Lupfweg 3, 80639 München

Rechnung

Tobi Ried Tischkicker e. K.
Elfergasse 5
97070 Würzburg

Auftragsnummer: 16574-20

München, 26. Mai 2020

Für die Belieferung Ihres Kunden erlaube ich mir folgenden Betrag in Rechnung zu stellen:

Ausgangsort	Zielort	Gegenstand	Gesamtpreis
Würzburg Elfergasse 5	Augsburg Hanseweg 24	Lieferung Tischkicker „Tripple"	70,00 €
		+ 19 % Umsatzsteuer	13,30 €
		Rechnungsbetrag	**83,30 €**

2.4 Um eine Gewinnsteigerung zu erreichen, plant „TORI" Multiplex-Platten bei einem neuen und preisgünstigeren Anbieter zu beziehen.

2.4.1 Erläutern Sie einen möglichen Nachteil dieser Entscheidung.

2.4.2 Bei „TORI" geht die Rechnung für den Kauf von Multiplex-Platten ein, Rechnungsbetrag 9.758,00 €.
Bilden Sie den Buchungssatz.

Lösungsvorschlag

1.1 Z. B.: Quadratmeter

Erklärung: Gemeinkosten können den Kostenträgern (Fertigerzeugnis) nur indirekt über einen Verteilungsschlüssel zugeordnet werden. Bei den Heizkosten ist zu erwarten, dass sie von der Fläche der Kostenstelle abhängen. Wenn also die Fertigungshalle eine Fläche von 1.000 m² aufweist und der Materialbereich 500 m², kann man davon ausgehen, dass die Heizkosten in der Fertigung doppelt so hoch sind.

1.2 Die bilanzielle Abschreibung geht von den Anschaffungskosten, die kalkulatorische Abschreibung vom Wiederbeschaffungswert aus.

Erklärung: Bilanzielle Abschreibungen erfolgen meist nach steuerlichen Gesichtspunkten: hohe Abschreibungen → geringer Gewinn → niedrige Steuern. Kalkulatorische Abschreibungen orientieren sich an den Wiederbeschaffungskosten, sie fließen in die Berechnung der Verkaufspreise ein.

1.3 Herstellkosten des Umsatzes

Erklärung: Die Kosten in der Kostenstelle Vertrieb (auch Verwaltung) hängen von den Kosten der umgesetzten/verkauften Erzeugnisse, also HKdU, ab.

1.4.1 A: falsch
B: falsch
C: richtig

Erklärung: *Zu A:* Ein Kreisdiagramm eignet sich zur Darstellung von Anteilen bzw. von prozentualen Verteilungen.
Zu B: Im Kreisdiagramm ist zu erkennen, dass die MGK weniger als ein Viertel der gesamten Gemeinkosten ausmachen.
Zu C: Fertigerzeugnisse werden vor dem Verkauf im Ausgangslager aufbewahrt. Die Lagerkosten sind der Kostenstelle IV, Vertrieb, zuzurechnen.

1.4.2

Fertigungslöhne	145.000,00 €
+ Fertigungsgemeinkosten	205.000,00 €
Fertigungskosten	350.000,00 €

Fertigungsgemeinkostenzuschlagssatz in Prozent:
$$\frac{205.000,00 \cdot 100}{145.000,00} = 141,38$$

Erklärung: Grundlage (Grundwert) für die Berechnung der FGK sind die Fertigungslöhne, die hier über die Rückwärtskalkulation berechnet werden.
145.000,00 € = 100 %
205.000,00 € =   x %

1.5

6040 AWVM	500,00 €			
2600 VORST	95,00 €	an	4400 VE	595,00 €

Erklärung: *6040 AWVM:* Durch den Kauf von Verpackungsmaterial (z. B. Karton, Luftpolsterfolie, Paletten) zur Verpackung von Fertigerzeugnissen erhöhen sich die Aufwendungen → Buchung im Soll.
2600 VORST: Es handelt sich um einen Einkauf, also fällt Vorsteuer an → Buchung im Soll.
4400 VE: Kauf auf Rechnung, das Passivkonto mehrt sich → Buchung im Haben.

2.1.1 Z. B.: Stromkosten in der Fertigung, Miete für die Produktionshalle

Erklärung: Gemeinkosten können, im Gegensatz zu den Einzelkosten, dem Kostenträger nur indirekt zugeordnet werden. Weitere Beispiele für Gemeinkosten sind Kosten für Heizung oder Versicherungsbeiträge.

2.1.2

Fertigungslöhne	90,00 €	100 %
+ Fertigungsgemeinkosten	126,00 €	140 %
+ Sondereinzelkosten der Fertigung	23,00 €	
Fertigungskosten	239,00 €	
Materialkosten	86,40 €	
+ Fertigungskosten	239,00 €	
Herstellkosten	325,40 €	100 %
+ Verwaltungs- und Vertriebsgemeinkosten	16,27 €	5 %
Selbstkosten	341,67 €	105 %

Erklärung: Für die Berechnung der Selbstkosten werden die Kosten der vier Kostenstellen addiert.
In dieser Aufgabe müssen zunächst die Kosten der Kostenstelle 2, Fertigung, ermittelt werden. Diese setzen sich zusammen aus Einzel-, Sondereinzel- und Gemeinkosten. Grundlage für die Berechnung der Fertigungsgemeinkosten sind die Fertigungslöhne. Die Materialkosten sind gegeben.
Material- und Fertigungskosten ergeben die Herstellkosten. Diese bilden den Grundwert für die Berechnung der Verwaltungs- und Vertriebsgemeinkosten.

2.2

> **TIPP** Lesen Sie die Aufgabenstellung sorgfältig und markieren Sie wichtige Informationen (Selbstkosten, Listenpreis, Rabatt). Falls Sie eine Angabe aus der Verkaufskalkulation vermissen (hier: Skonto), dann ist diese Position im Schema auf 0,00 € zu setzen. Geben Sie im Schema immer auch die Grundwerte für die Berechnung der Prozentwerte an – damit beugen Sie Fehlern bei der Berechnung von Gewinn, Rabatt und Skonto vor.

Selbstkosten	338,00 €	100,00 %
+ Gewinn	**31,00 €**	**9,17 %**
Barverkaufspreis	369,00 €	109,17 %
+ Kundenskonto	0,00 €	
Zielverkaufspreis	369,00 €	90,00 %
+ Kundenrabatt	41,00 €	10,00 %
Listenverkaufspreis	410,00 €	100,00 %

Gewinn in Prozent: $\dfrac{31,00 \cdot 100}{338,00} = 9,17$

Der Gewinn beträgt 31,00 € bzw. 9,17 %.

Erklärung: Hier sind die Selbstkosten und der Listenverkaufspreis bekannt. Die Aufgabe besteht darin, den Gewinn zu berechnen, es handelt sich um eine Differenzkalkulation.

Grundwert für den Gewinn sind die Selbstkosten:

338,00 € = 100 %
31,00 € =   x %

2.3

6140 AFR	70,00 €			
2600 VORST	13,30 €	an	4400 VE	83,30 €

Erklärung: Lieferung „frei Haus" bedeutet, dass der Verkäufer (hier: „TORI") die Kosten für den Transport übernimmt.

6140 AFR: Für „TORI" handelt es sich bei der Auslieferung der Tischkicker um eine Ausgangsfracht (Belieferung eines Kunden). Die Rechnung der Spedition stellt einen Aufwand dar → Buchung im Soll.

2600 VORST: Für die Dienstleistung fällt Vorsteuer an → Buchung im Soll.

4400 VE: Kauf auf Rechnung, das Passivkonto mehrt sich → Buchung im Haben.

2.4.1 Z. B.: Die Qualität der Multiplex-Platten bei dem neuen Lieferer könnte schlechter sein.

Weitere mögliche Nachteile: Der neue Lieferer ist unzuverlässig, die Lieferzeiten länger, der Service schlechter.

2.4.2

6000 AWR	8.200,00 €			
2600 VORST	1.558,00 €	an	4400 VE	9.758,00 €

Erklärung: *6000 AWR:* Die Multiplexplatten bilden den Hauptbestandteil eines Tischkickers, „TORI" erfasst sie als Aufwendungen für Rohstoffe.

Aufgabe 1   Abschlussprüfung 2021, A5

*Jens Umprecht Trampoline e. K., kurz „JUMP", produziert in München Trampoline.
Sind sind Mitarbeiter*in des Unternehmens.*

„JUMP" fertigt in seinem Zweigwerk in Augsburg den Aufstellpool „Alpsee". Dazu
liegt eine Grafik vor:

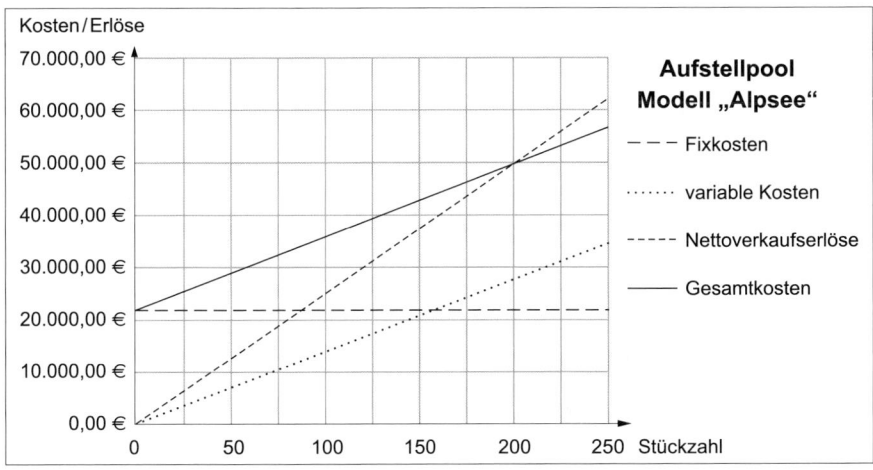

1.1   Bearbeiten Sie folgende Aufgaben mithilfe der Grafik.

1.1.1   Geben Sie die Gewinnschwellenmenge beim Modell „Alpsee" an.

1.1.2   Geben Sie auf Ihrem Lösungsblatt unter Angabe des Kennbuchstabens an, ob
folgende Aussagen richtig oder falsch sind.

A	Die Fixkosten steigen bei zunehmender Produktionsmenge.
B	Wenn 50 Stück des Modells „Alpsee" produziert werden, dann fallen keine variablen Kosten an.
C	Bei der Produktion von 100 Stück sind die Gesamtkosten höher als die Nettoverkaufserlöse.

1.2 Die Nachfrage nach hochwertigen Pools steigt. Deshalb wird zusätzlich das neue Modell „Wörthsee" produziert.

1.2.1 Berechnen Sie das gesamte Betriebsergebnis, wenn folgende Werte vorliegen:

	„Alpsee"	**„Wörthsee"**
Nettoverkaufspreis pro Stück	250,00 €	400,00 €
Variable Kosten pro Stück	140,00 €	210,00 €
Produktion ≙ Absatz	300 Stück	150 Stück
Kapazität	500 Stück	400 Stück
Fixkosten	38.000,00 €	

1.2.2 „JUMP" bietet das Modell „Wörthsee" bei der Bau- und Gartenmesse zur kurzfristigen Preisuntergrenze an.
Geben Sie die kurzfristige Preisuntergrenze an.

1.2.3 Berechnen Sie die Kapazitätsauslastung des Modells „Wörthsee" in Prozent.

1.3 Plakatwerbung soll die Markteinführung des Modells „Wörthsee" unterstützen. Die Druckerei stellt „JUMP" 1.600,00 € netto in Rechnung.
Bilden Sie den Buchungssatz für den Rechnungseingang.

Aufgabe 2 Abschlussprüfung 2021 / Nachtermin, A6

Tobi Ried produziert in seinem Würzburger Unternehmen Tobi Ried Tisch-kicker e. K., kurz „TORI", Tischkicker. Sie sind Mitarbeiter*in des Unternehmens.

Tobi Ried produziert im neu errichteten Zweigwerk die Dartscheiben „King" und „Premium". Um den Erfolg des Zweigwerks zu überwachen, stehen folgende Informationen zur Verfügung:

Fixkosten	Oktober	November	Dezember
Summe	101.500,00 €	110.600,00 €	122.870,00 €

produzierte u. verkaufte Mengen	Oktober	November	Dezember
King	1.400	1.500	700
Premium	2.500	2.400	2.100

Nettoverkaufspreis pro Stück	
King	103,00 €
Premium	75,00 €

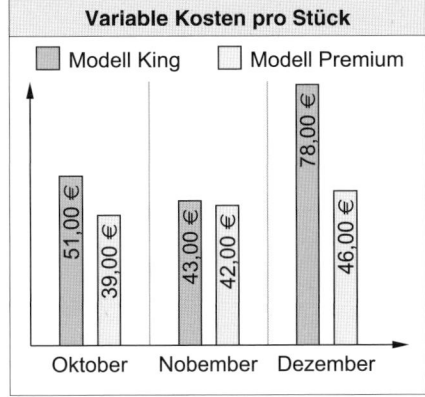

Variable Kosten pro Stück

Modell King   Modell Premium

King Oktober: 51,00 €, Premium Oktober: 39,00 €
King Nobember: 43,00 €, Premium Nobember: 42,00 €
King Dezember: 78,00 €, Premium Dezember: 46,00 €

2.1 Berechnen Sie das gesamte Betriebsergebnis im Monat Dezember 2020.

2.2 Um Gründe für den Betriebsverlust zu finden, analysiert Tobi Ried mit dem dargestellten Zahlenmaterial die Kosten im Zweigwerk.

2.2.1 Geben Sie auf dem Lösungsblatt unter Angabe des Kennbuchstabens an, ob die Aussagen A bis C richtig oder falsch sind.

A	Die variablen Kosten sind sowohl beim Modell „King" als auch beim Modell „Premium" monatlich gestiegen.
B	Betrachtet man die letzten drei Monate des Jahres 2020, so hat sich die Summe der Fixkosten verringert.
C	Durch die Umstellung auf eine Just-in-time Produktion könnte Tobi Ried die Lagerkosten im Zweigwerk senken.

2.2.2 Nennen Sie eine konkrete Möglichkeit für „TORI", die variablen Kosten zu senken.

2.3 Bei Modell „King" gehen die Verkaufszahlen massiv zurück. Deshalb plant „TORI", im neuen Jahr nur noch das Modell „Premium" herzustellen. Berechnen Sie die Stückzahl, die produziert und abgesetzt werden muss, um die Gewinnschwelle zu erreichen, wenn die Zahlen aus Dezember 2020 als Grundlage dienen.

2.4 Die Fixkosten im Januar des neuen Jahres sollen maximal 100.000,00 € betragen.
Berechnen Sie die Reduzierung in Prozent.

2.5 Für die Fahrt zu einem möglichen Neukunden liegt die Taxiquittung in Höhe von brutto 97,58 € (USt-Anteil 15,58 €) vor.
Bilden Sie den Buchungssatz.

Mira Singer hat sich mit ihrem Unternehmen Mira Singer Lautsprecherboxen e. Kfr., kurz „M-BOX", mit Sitz in Bamberg auf die Produktion mobiler Lautsprecherboxen spezialisiert. Sie sind Mitarbeiter*in des Unternehmens.

Im Zweitwerk in Forchheim produziert „M-BOX" Kopfhörer.

3.1 Es liegen die neuen Quartalszahlen zu den drei neuen Kopfhörermodellen vor.

	„X-Air"	„X-Move"	„X-Evo"
Nettoverkaufspreis/Stk.	34,99 €	23,99 €	49,00 €
variable Kosten/Stk.	27,30 €	25,20 €	32,40 €
Produktion/Absatz	6.500 Stk.	4.500 Stk.	7.000 Stk.
Kapazität	7.500 Stk.	7.000 Stk.	9.000 Stk.
fixe Kosten	125.000,00 €		

3.1.1 Mira Singer möchte nur Kopfhörer produzieren, die einen positiven Deckungsbeitrag aufweisen.
Überprüfen Sie mithilfe der Deckungsbeitragsrechnung, ob „M-BOX" das Sortiment der X-Serie bereinigen sollte.

3.1.2 Frau Singer möchte das Marketingbudget für die X-Serie erhöhen. Geben Sie eine begründete Empfehlung für ein Modell ab, das gefördert werden soll.

3.2 Für die Kopfhörermodelle der W-Serie liegen folgende Zahlen vor:

	„W-Jump"	„W-Exped"
NVP/Stk.	39,00 €	99,00 €
variable Kosten/Stk.	28,50 €	53,00 €
Fixkosten	240.000,00 €	

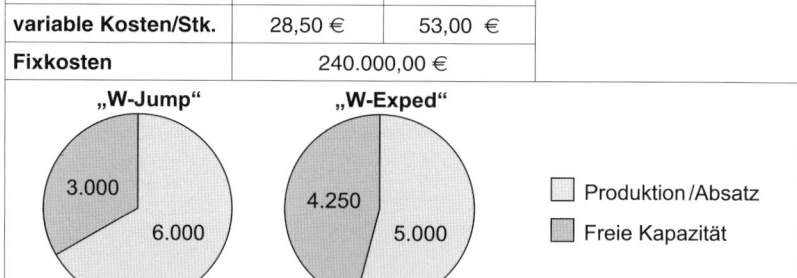

3.2.1 Berechnen Sie die Kapazitätsauslastung von „W-Exped" in Prozent.

3.2.2 „M-BOX" erhält die Anfrage eines Elektromarktes über 2.000 Kopfhörer des Modells W-Jump zu einem Nettoverkaufspreis von 32,90 €.
Geben Sie eine Empfehlung ab, ob „M-BOX" den Auftrag annehmen sollte.
Berechnen Sie hierfür das Betriebsergebnis ohne den Zusatzauftrag sowie das Betriebsergebnis inklusive Zusatzauftrag.

Lösungsvorschlag

1.1.1 200 Stück

Erklärung: Die Gewinnschwellenmenge ist die Absatzmenge, ab der die Kosten gedeckt sind und ein Unternehmen die Gewinnzone erreicht. Die Gewinnschwelle ist der Punkt, an dem sich die Linien der Gesamtkosten und der Nettoverkaufserlöse schneiden. Dies ist hier bei einer Menge von 200 Stück und Kosten/Erlösen von 50.000,00 € erreicht.

1.1.2 A: falsch
B: falsch
C: richtig

Erklärung: *Zu A:* Fixkosten sind Kosten, die unabhängig von der produzierten Menge anfallen. In der Grafik verlaufen die Fixkosten konstant bei ca. 22.000,00 €.
Zu B: Bei der Produktion von 50 Stück fallen variable Kosten in Höhe von 7.000,00 € an (s. Kurve variable Kosten).
Zu C: Bei 100 Stück liegen die Gesamtkosten bei ca. 36.000,00 €, die Nettoverkaufserlöse bei etwa 25.000,00 €.

1.2.1

> **TIPP** Bei folgenden Aufgabenstellungen der Deckungsbeitragsrechnung ist es sinnvoll, das hier verwendete Schema zu nutzen:
> • Berechnung des Betriebsergebnisses bei zwei Produkten
> • Bestimmung der langfristigen Preisuntergrenze
> • Annahme von Zusatzaufträgen zu Sonderbedingungen

	Modell „Alpsee" (300 Stück) in €	Modell „Wörthsee" (150 Stück) in €	Gesamt in €
Nettoverkaufserlöse – variable Kosten	75.000,00 42.000,00	60.000,00 31.500,00	
Deckungsbeitrag – Fixkosten	33.000,00	28.500,00	61.500,00 38.000,00
Betriebsergebnis			23.500,00

Erklärung:

Nettoverkaufserlöse: „Alpsee": 250,00 € · 300 Stück
„Wörthsee": 400,00 € · 150 Stück
variable Kosten: „Alpsee": 140,00 € · 300 Stück
„Wörthsee": 210,00 € · 150 Stück

Die Fixkosten beziehen sich auf die gesamte Produktion.

1.2.2 Die kurzfristige Preisuntergrenze beträgt 210,00 €.

Erklärung: Der Nettoverkaufspreis kann kurzfristig (z. B. um Marktanteile zu sichern) so weit gesenkt werden, dass nur die variablen Kosten gedeckt sind. Der Deckungsbeitrag liegt dann bei 0.

1.2.3 Auslastung in Prozent: $\dfrac{150 \cdot 100}{400} = 37,50$

Die Auslastung beträgt 37,50 %.

Erklärung: Ausgangswert für die Berechnung ist die Kapazität, also die maximale Menge, die produziert werden kann.
Kapazität: 400 Stück = 100 %
Produktion: 150 Stück =   x %

1.3   6870 WER   1.600,00 €
          2600 VORST   304,00 €   an   4400 VE   1.904,00 €

Erklärung: 6870 WER: Die Rechnung für Plakatwerbung stellt für „JUMP" einen Aufwand dar → Buchung im Soll.

2.1

> **TIPP** Befassen Sie sich vor Bearbeitung der Aufgabe ausführlich mit den umfangreichen Angaben (Tabellen, Diagramm).

	„King" 700 Stück in €	„Premium" 2.100 Stück in €	Gesamt in €
Nettoverkaufserlöse – variable Kosten	72.100,00 54.600,00	157.500,00 96.600,00	
Deckungsbeitrag – Fixkosten	17.500,00	60.900,00	78.400,00 122.870,00
Betriebsergebnis (= Verlust)			44.470,00

Erklärung:
Nettoverkaufserlöse: „King":   103,00 € · 700 Stück
                          „Premium":   75,00 € · 2.100 Stück
Variable Kosten
(gesamt, s. Diagramm):   „King":   78,00 € · 700 Stück
                          „Premium":   46,00 € · 2.100 Stück
Die Fixkosten stehen in der Tabelle und beziehen sich auf beide Produkte.

2.2.1 A: falsch
         B: falsch
         C: richtig

Erklärung: *Zu A:* Im Säulendiagramm ist zu erkennen, dass die variablen Kosten beim Modell „King" im November gefallen sind.
Zu B: Die Summe der Fixkosten ist von Monat zu Monat angestiegen.

Zu C: Lagerkosten zählen zu den Fixkosten. Bei einer Just-in-time-Produktion werden Werkstoffe dann geliefert, wenn sie in der Fertigung benötigt werden. Tobi Ried könnte mittelfristig Lagerkapazitäten abbauen und dadurch die Fixkosten senken.

2.2.2 Z. B.: günstigere Rohstoffe einkaufen

Erklärung: Rohstoffe zählen zu den variablen (veränderbaren) Kosten, da der Rohstoffeinsatz von der produzierten Menge abhängt – je mehr ein Unternehmen produziert, desto mehr Rohstoffe verbraucht es. Kann ein Unternehmen Rohstoffe günstiger beziehen, sinken die variablen Kosten.

2.3

> **TIPP** Bei der Gewinnschwellenmenge wird immer aufgerundet!

$$\text{Gewinnschwellenmenge:} \quad \frac{122.870,00}{(75,00-46,00)} = 4.236,90$$

Beim Modell „Premium" wird die Gewinnzone ab einer verkauften Menge von 4.237 Stück erreicht.

Erklärung: Die Gewinnschwellenmenge gibt an, ab welcher Absatzmenge (verkaufte Stückzahl) man in die Gewinnzone gelangt.

$$\text{Gewinnschwellenmenge:} \quad \frac{\text{fixe Kosten}}{\text{Deckungsbeitrag}/\text{Stück}}$$

2.4 Reduzierung in Prozent: $\dfrac{22.870,00 \cdot 100}{122.870,00} = 18,61$

Die Reduzierung der Fixkosten beträgt 18,61 %.

Erklärung: Ausgangswert sind hier die Fixkosten vom Dezember des alten Jahres (122.870,00 €). Diese sollen um 22.870,00 € reduziert werden:
122.870 = 100 %
22.870 = x %

2.5 6850 REK   82,00 €
2600 VORST   15,58 €   an   2880 KA   97,58 €

Erklärung: *6850 REK:* Zu den Reisekosten zählen u. a. Kosten für Übernachtungen, Flugtickets und Taxiquittungen. Sie stellen einen Aufwand dar → Buchung im Soll. *Achtung:* Es handelt sich hier nicht um eine Rechnung, sondern um eine Quittung → Konto 2880 KA!

3.1.1

	„X-Air"	„X-Move"	„X-Evo"
NVP/Stk.	34,99	23,99	49,00
– variable Kosten/Stk.	27,30	25,20	32,40
Deckungsbeitrag/Stk.	7,69	– 1,21	16,60

„X-Move" weist einen negativen Deckungsbeitrag von $-1{,}21$ € auf und sollte eliminiert werden (Eliminierung = Produktionsstopp).

Erklärung: Der Erlös des Modells „X-Move" deckt nicht einmal die variablen Kosten ab. D. h., durch die Produktion verschlechtert sich das Betriebsergebnis – bei einer Produktion von 4.500 Stk. um 5.445,00 €.

3.1.2 Z. B.: „M-BOX" sollte das Marketing beim Modell „X-Evo" ausweiten. Hier wird der mit Abstand höchste Deckungsbeitrag erzielt. Außerdem kann bei steigender Nachfrage die Produktion von „X-Evo" deutlich erhöht werden, da die Kapazität bei Weitem nicht ausgeschöpft ist.

Erklärung: Bei einer erfolgreichen Marketingkampagne kann bei „X-Evo" die Produktion um 2.000 Stk. auf 7.000 Stk. erweitert werden. Der Deckungsbeitrag würde sich dann um 116.200,00 € erhöhen. Die Produktion von „X-Air" könnte nur um 1.000 Stk. erhöht werden, was einem vergleichsweise niedrigem Deckungsbeitrag von 49.985,00 € entspricht.

3.2.1 Kapazitätsauslastung in Prozent: $\dfrac{5.000 \cdot 100}{(5.000 + 4.250)} = 54{,}05$

Die Kapazitätsauslastung des Modells „W-Jump" beträgt 54,05 %.

Erklärung: Grundwert ist die maximale Produktionsmenge, also die produzierte Menge + freie Kapazität.
9.250 = 100 %
5.000 = x %

3.2.2

	„W-Jump" in €	„W-Expend" in €	Gesamt in €	Mit Zusatz-auftrag in €
NVP/Stück	39,00	99,00		32,90
k_V /Stk.	28,50	53,00		28,50
DB/Stk.	10,50	46,00		4,40
DB gesamt	63.000,00	230.000,00	293.000,00	8.800,00
- Fixkosten			240.000,00	
Betriebsergebnis			53.000,00	61.800,00

Der Zusatzauftrag sollte angenommen werden, da sich das Betriebsergebnis um 8.800,00 € verbessert auf 61.800,00 €.

Erklärung: Das Angebot liegt weit unter dem sonst üblichen Nettoverkaufspreis (39,00 €). Trotzdem kann mit dem Auftrag ein positiver Deckungsbeitrag erzielt werden. Bei einem NVP von 32,90 € werden die variablen Kosten abgedeckt und zusätzlich kann mit jedem abgesetzten Kopfhörer das Betriebsergebnis um 4,40 € erhöht werden (insgesamt 8.800,00 €).

Aufgabe 1   Abschlussprüfung 2017 / Nachtermin, A2

Elias Rodler produziert mit seinem Unternehmen E-Bikes Elias Rodler e. K., kurz „EBER", im Stammwerk in München E-Bikes. Sie sind Mitarbeiter*in des Unternehmens.

Es liegen folgende, zum Teil unvollständige Belege und Informationen zur Bearbeitung vor. Bilden Sie jeweils den Buchungssatz.

1.1 Beleg 1:

 Münchner   München, 15.01.2016
Stadtentwässerung

Münchner Stadtentwässerung, Kanalgasse 1, 81671 München	**Sachbearbeiterin:** Frau Zahn

E-Bikes Elias Rodler e. K.
Rennbahn 108
80797 München

Durchwahl:	0089 17444-352
Fax:	0089 17440
E-Mail:	amt2@muenchen.de
Öffnungszeiten:	

PK-Nr.: 01 – 0475923402 / 001-010
Bei Zahlungen und Rückfragen bitte angeben!

Montag – Mittwoch	08:30 – 12:00 Uhr
Mittwoch	14:00 – 16:00 Uhr
Donnerstag, Freitag	08:30 – 14:30 Uhr

Sehr geehrte Damen und Herren,
die Landeshauptstadt München – Münchner Stadtentwässerung (MSE) – erlässt aufgrund der Entwässerungsabgabesatzung (EAS) folgenden

Bescheid über Schmutzwassergebühren

Abrechnungszeitraum: 01.01.2016 bis 31.12.2016
Verbrauchsort: Rennbahn 108, 80797 München
Gebührenschuldner*in: E-Bikes Elias Rodler e. K.

Beitragsermittlung	**Beträge in Euro**
Höhe der Schmutzwassergebühr	4.485,74
Forderung fällig am 18.02.2016	**4.485,74**

Schmutzwassergebühren unterliegen nicht der Umsatzsteuerpflicht.

Bankverbindung:
Sparbank München   IBAN: DE45 7905 3400 0000 1002 34   BIC: SBMCDEFSXXX

1.2 Eine Forderung gegenüber dem Kunden Gomringer GmbH, die mit Rechnung Nr. 8415 entstanden ist, wurde bereits vollständig abgeschrieben. In diesem Zusammenhang geht bei „EBER" folgender Beleg (Beleg 2) ein:

Handelsbank München			BIC: HANBDEMUIN1
Kontoauszug	IBAN: DE71 7906 9000 0001 2612 15		Auszug Nr. 14/16
14.03.2016 / 13:45 Uhr	E-Bikes Elias Rodler e. K.		Seite 1/1
Bu.-Tag Wert Bu.-Nr. Vorgang			Betrag (€)
14.03. 14.03. 417 Gomringer GmbH: Rechnungsnummer 8415			595,00 +

Kontokorrentkredit	€ 40.000,00	alter Kontostand	20.612,20 +
verfügbar	€ 61.207,20	neuer Kontostand	21.207,20 +

1.3 Für die Reparatur der Heizungsanlage, die im alten Jahr nicht mehr durchgeführt werden konnte, wurde am 31.12.2015 eine Rückstellung in Höhe von 700 € gebildet. In diesem Zusammenhang geht bei „EBER" folgender Beleg (Beleg 3) ein:

HWS-Ignatz Flötzinger e. K., Bachstr. 13, 80797 München

E-Bikes Elias Rodler e. K.
Rennbahn 108
80797 München

Registergericht München HRA 4637
Steuernummer: 255 / 362 / 38293
E-Mail: der.floetziger.machts.kl@r.de
Tel.: 0089 039 92 38

Rechnung Nr. 12 / 16
(Bei Zahlung bitte angeben!)

Rechnungsdatum: 15.03.2016
Auftrag vom: 28.12.2015
Kunden-Nr: 22452

Für die am 8. März 2016 erfolgte Reparatur der Heizungsanlage in der Produktionshalle Rennbahn 108, 80797 München, berechnen wir Ihnen:

Pos.	Menge	Artikel-Beschreibung	Einzelpreis	Gesamtpreis
1	1	Fahrtkosten pauschal	50,00 €	50,00 €
2	7	Arbeitsstunden zu je	65,00 €	455,00 €
		Gesamtbetrag netto		505,00 €
		Umsatzsteuer 19 %		95,95 €
		Rechnungsbetrag		**600,95 €**

Der Betrag ist ohne Abzug **fällig am 25.03.2016**.

Privatbank München   IBAN: DE63 8339 3820 0003 3928 27   BIC: PRBDEF3XXL

1.4   Beleg 4:

Sorgenfrei ist mit dabei!

KAPITOL

Versicherungen

Kapitol, Marktstraße 123, 60311 Frankfurt

E-Bikes Elias Rodler e. K.
Rennbahn 108
80797 München

Kundenbetreuung:
Mo – Fr: 07:30 – 20:00 Uhr
Telefon: 069 07362

Im Schadensfall:
24h-Hotline: 00800 09944

Frankfurt, 13.06.2016

Beitragsrechnung für Gebäudebrandversicherung Nr. **GB303 / 0605911**

Sehr geehrte Damen und Herren,

heute erhalten Sie Ihre aktuelle Beitragsrechnung zur Gebäudebrandversicherung.

Versicherungsort: Rennbahn 108, 80797 München
Zahlungsweise: jährlich

Versicherte Risiken / Beitrag

Gebäudebrandversicherung   1.895,00 €
Der Jahresbeitrag ist am **25.06.2016 fällig.**   **1.895,00 €**

Wie immer ist bei uns stets das *Sorgenfrei mit dabei!*

Jens Umprecht hat sich mit seinem Unternehmen Jens Umprecht Trampoline e. K., kurz „JUMP", in seinem Werk in München auf die Herstellung von Trampolinen spezialisiert. Sie sind Mitarbeiter*in des Unternehmens.

Bilden Sie jeweils den Buchungssatz für folgende drei Belege:

Beleg 1:

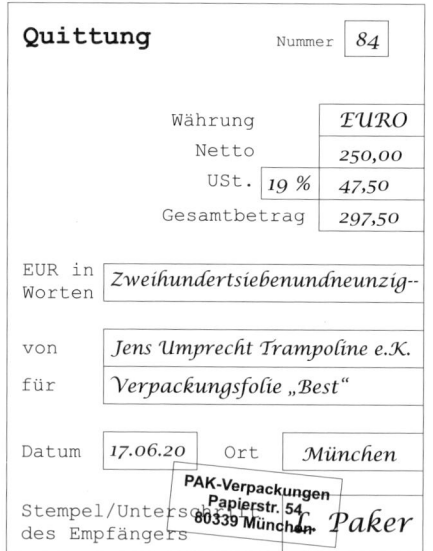

🏛 Oberbayern Bank

Kontoauszug	IBAN: DE32 7076 5010 0043 2456 00	Auszug Nr. 57/20
02.06.2020 / 08:20 Uhr	BIC: OBBMDEMUXX3	Seite 1/1
	Jens Umprecht Trampoline e. K.	

Bu.-Tag	Wert	Bu.-Nr.	Vorgang	Betrag (€)
01.06.	01.06.	164	Kontoführungsgebühren 06/2020	15,00 −

Kontokorrentkredit	€ 50.000,00	alter Kontostand	19.345,60 +
verfügbar	€ 69.330,60	neuer Kontostand	19.330,60 +

Beleg 2:

Quittung   Nummer *84*

	Währung	*EURO*
	Netto	*250,00*
	USt. 19 %	*47,50*
	Gesamtbetrag	*297,50*

EUR in Worten: *Zweihundertsiebenundneunzig--*

von: *Jens Umprecht Trampoline e.K.*

für: *Verpackungsfolie „Best"*

Datum: *17.06.20*   Ort: *München*

Stempel/Unterschrift des Empfängers

PAK-Verpackungen
Papierstr. 54,
80339 München   *Paker*

Beleg 3:

Bürobedarf Pfeiffer
Alles rund ums Büro
Isarweg 3, 80333 München

26.06.2020   09:52

A4 Kopierpapier 500 Blatt
65x   3,19 €   207,35 €

DIN-A4 Ordner
20x   2,46 €   49,20 €

	Summe	**256,55 €**

Netto	USt (19 %)	Brutto
215,59 €	**40,96 €**	**256,55 €**

Kartenzahlung Girocard
EUR 256,55

Vorgangs-Nr.: 81183
Terminal-ID: 65418616
TA-Nr.: 148382
IBAN: DE32 70``````````56 00
Girocard gültig bis: 12/21

Vielen Dank für Ihren Einkauf!

Bürobedarf Pfeiffer GmbH
USt-IdNr. DE 129282832
Registergericht München HRB 64952

Kiara Sturm hat sich mit ihrem Unternehmen „KITESURF" auf die Herstellung von Kite-Boards und Kite-Schirmen spezialisiert. Sie sind Mitarbeiter*in des Unternehmens.

„KITESURF" möchte entsprechend der Unternehmensphilosophie zu einem ökologischen Stromanbieter wechseln. In diesem Zusammenhang liest Kiara Sturm in der Tageszeitung folgende Pressemitteilung:

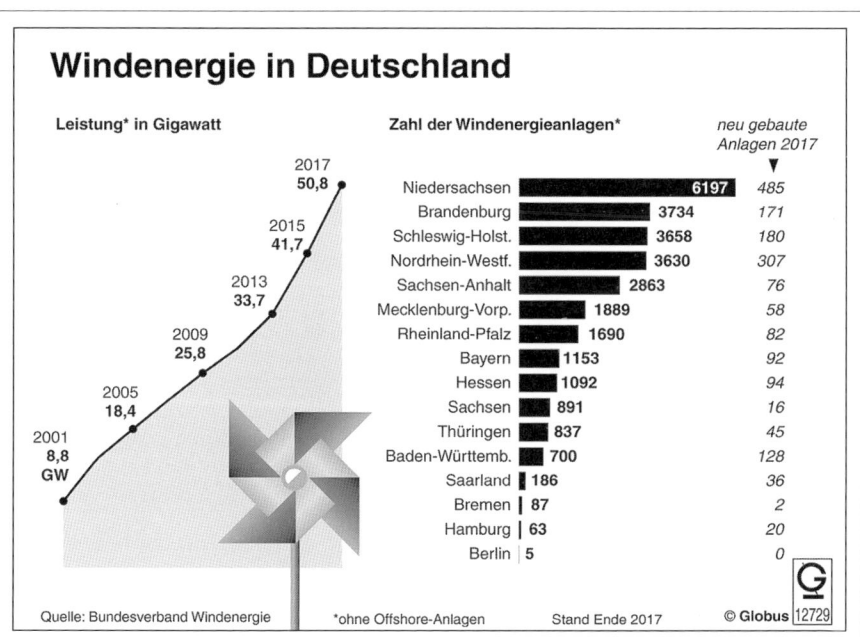

Windenergie in Deutschland

In Deutschland standen Ende 2017 rund 28.700 Windenergieanlagen. Zusammengerechnet hat die Windkraft einen Anteil von 16,2 Prozent an der gesamten Energieerzeugung (Leistung) in Deutschland. Neben den windgünstigen Küstenstandorten zählen zu den windreichen Standorten Hügellagen, die häufig bewaldet sind. Daraus können sich große Konflikte zwischen Naturschutz und Ausbau erneuerbarer Energien ergeben. Bei der Standortplanung spielen Brutgebiete von Vögeln oder Nahrungsräume von Fledermäusen ebenso eine Rolle wie wirtschaftliche Aspekte.

© *picture-alliance/dpa-infografik*

3.1 Bearbeiten Sie anhand der Infografik und des Textes folgende Aufgaben:

3.1.1 Begründen Sie, weshalb sich das Balkendiagramm hier besonders gut zur Veranschaulichung eignet.

3.1.2 Berechnen Sie den Anstieg der erzielten Energieerzeugung (Leistung) aus Windenergieanlagen von 2001 bis 2017 in Prozent.

3.1.3 Berechnen Sie die in Deutschland im Jahr 2017 insgesamt erzeugte Energie (Leistung) in Gigawatt.

3.1.4 Nennen Sie neben den Küstengebieten einen weiteren geeigneten Standort für die Errichtung von Windenergieanlagen.

3.1.5 Geben Sie auf Ihrem Lösungsblatt jeweils unter Angabe des Kennbuchstabens an, ob die Aussagen A bis C richtig oder falsch sind:

A	Die Errichtung einer Windkraftanlage läuft nicht immer konfliktfrei ab.
B	In Bayern stehen mehr Windenergieanlagen als in Hamburg.
C	Im Jahr 2017 wurden in Berlin fünf Windanlagen neu gebaut.

Lösungsvorschlag

1.1

> **TIPP** Ob die Gebühr umsatzsteuerpflichtig ist oder nicht, kann man der Aufgabenstellung entnehmen:
> - Achten Sie beim Geschäftsfall auf die Angabe des Betrages. Wird ein Netto- oder Bruttobetrag angegeben, fällt Vorsteuer an.
> - Achten Sie bei einem Beleg darauf, ob Umsatzsteuer ausgewiesen ist.

6730 GEB	an	4400 VE	4.485,74 €

Erklärung: Die im Beleg ausgewiesenen Schmutzwassergebühren werden auf dem Aufwandskonto 6730 GEB gebucht. Gebühren sind Abgaben, die für eine bestimmte Leistung des Staates zu zahlen sind.
Gebühren können umsatzsteuerpflichtig oder umsatzsteuerfrei (z. B. Kanalgebühr, Müllabfuhr, Kfz-Zulassung) sein. Im Geschäftsfall hier fällt keine Umsatzsteuer an!

1.2

2800 BK	595,00 €	an	5495 EFO	500,00 €
			4800 UST	95,00 €

Erklärung: Die Forderung gegenüber Gomringer GmbH wurde abgeschrieben, weil evtl. ein Insolvenzverfahren gegen den Kunden mangels Masse eingestellt wurde. Überraschend geht nun doch eine Zahlung des Kunden auf dem Geschäftsbankkonto von „EBER" ein.
5495 EFO: Das Ertragskonto (Erträge aus abgeschriebenen Forderungen) mehrt sich → Buchung im Haben.
4800 UST: Die bereits ausgebuchte UST muss erneut erfasst werden → Buchung im Haben.
2800 BK: Zunahme des Bankguthabens → Buchung im Soll.

1.3

3900 RST	700,00 €	an	4400 VE	600,95 €
2600 VORST	95,95 €		5490 PFE	195,00 €

Erklärung: Im neuen Geschäftsjahr geht die Rechnung für eine Instandhaltungsmaßnahme ein, für die eine Rückstellung gebildet wurde. Nun muss ermittelt werden, ob die Rückstellung zu hoch oder zu niedrig war.

Rückstellung	700,00 € (netto)	3900 RST
– tatsächlicher Aufwand	505,00 € (netto)	
= periodenfremder Ertrag	195,00 € (netto)	5490 PFE

5490 RST: Die Rückstellung (700,00 €) wird aufgelöst → Buchung im Soll.
2600 VORST: Die Vorsteuer wird gemäß Rechnung (95,95 €) erfasst → Buchung im Soll.
4400 VE: Durch den Rechnungseingang steigen die Verbindlichkeiten, laut Rechnung 600,95 € → Buchung im Haben.

5490 PFE: Die Erträge, in diesem Fall gehören sie zu einer anderen Periode, steigen um 195,00 € → Buchung im Haben.
Hinweis: Es handelt sich um einen komplexen Buchungssatz. Überprüfen Sie, ob die Summe der Sollseite mit der Summe der Habenseite übereinstimmt.

1.4

> **TIPP** Bei Versicherungsbeiträgen fällt keine Umsatzsteuer an.

6900 VBEI   an   4400 VE   1.895,00 €

Erklärung: Die Gebäudeversicherung stellt einen Aufwand dar und wird auf dem Aufwandskonto 6900 VBEI gebucht.

2 Beleg 1:
6750 KGV   an   2800 BK   15,00 €

Erklärung: *6750 KGV:* Im Kontoauszug von „JUMP" ist die Abbuchung von Kontoführungsgebühren ausgewiesen. Es handelt sich um einen Aufwand → Buchung im Soll.
2800 BK: Das Geschäftsbankkonto wird mit 15,00 € belastet → Buchung im Haben.

Beleg 2:
6040 AWVM   250,00 €
2600 VORST   47,50 €   an   2880 KA   297,50 €

Erklärung: *6040 AWVM:* Der Kauf von Verpackungsmaterial bedeutet für „JUMP" einen Aufwand → Buchung im Soll.
2600 VORST: Beim Einkauf fällt Vorsteuer an → Buchung im Soll.
2880 KA: Die Folie wird bar bezahlt (Quittung), der Kassenbestand mindert sich → Buchung im Haben.

Beleg 3:
6800 BMK   215,59 €
2600 VORST   40,96 €   an   2800 BK   256,55 €

Erklärung: Die Anschaffungskosten für das Kopierpapier und die DIN-A4-Ordner liegen pro Stück unter 250,00 € netto. Es handelt sich also um Kleingüter, die auf dem Konto 6800 BMK im Soll erfasst werden. Bei dem Einkauf fällt Vorsteuer an, die Artikel werden per Karte bezahlt.

3

> **TIPP** Die Teilaufgabe befasst sich mit der Auswertung von Diagrammen und Texten. Oft müssen dabei Informationen aus den verschiedenen Elementen miteinander kombiniert werden. Solche Aufgabenstellungen sind häufig Bestandteil der Abschlussprüfung. Vorgehen:
> • Erfassen Sie zuerst die Grafiken und Texte.
> • Worum geht es? (hier: Windenergie, erzeugte Leistung von 2001 bis 2017, Anzahl der Windenergieanlagen in den Bundesländern.)
> • Der Text liefert weitere Informationen zum Thema (hier: u. a. günstige Standorte für Windkraftanlagen, Konflikte).

3.1.1 Es stellt anschaulich eine Rangfolge der Bundesländer dar.

Erklärung: Durch die Darstellung der Daten zur Anzahl von Windradanlagen kann man auf einen Blick erkennen, dass in Niedersachsen die meisten, in Berlin die wenigsten Anlagen stehen.

3.1.2 Anstieg der Leistung in Prozent:

$$\frac{(50,8-8,8) \cdot 100}{8,8} = 477,27$$

Der Anstieg der Leistung von 2001 bis 2017 beträgt 477,27 Prozent.

Erklärung: Ausgangswert ist die Leistung im Jahr 2001 (8,8 GW). Der Anstieg der Leistung beträgt 42 GW (50,8 − 8,8):

$8,80 \text{ GW} = 100\,\%$
$42,00 \text{ GW} = \quad x\,\%$

3.1.3 Insgesamt erzeugte Leistung:

$$\frac{50,8 \cdot 100}{16,2} = 313,58$$

Die insgesamt erzeugte Leistung lag im Jahr 2017 in Deutschland bei 313,58 GW.

Erklärung: Die für diese Teilaufgabe erforderliche Information ist dem Text zu entnehmen: 2017 entsprach der Anteil der Windkraft an der Gesamtenergieerzeugung 16,2 %:

$16,20\,\% = 50,8 \text{ GW}$
$100,00\,\% = \quad x \text{ GW}$

3.1.4 Hügellagen

Erklärung: Die Antwort ist dem Text zu entnehmen.

3.1.5 A: richtig
B: richtig
C: falsch

Erklärung: *Zu A:* siehe Text
Zu B: siehe Balkendiagramm
Zu C: In Berlin stehen 5 Windkraftanlagen, neu gebaut wurde 2017 keine (siehe Angaben rechts neben dem Balkendiagramm).

Als Mitarbeiter*in im Unternehmen „Jonas Teich Gartenpools e. K.", kurz „J-POOL", bearbeiten Sie verschiedene betriebswirtschaftliche Aufgaben.

Informationen zum Unternehmen:

	Jonas Teich Gartenpools e. K.
	Frankfurter Straße 92
	97082 Würzburg
Inhaber:	Jonas Teich
Rechtsform:	Einzelunternehmen
Geschäftsjahr:	01. Januar bis 31. Dezember 20..
Zweck des Unternehmens:	Hauptwerk in Würzburg: Herstellung von Gartenpools Zweigwerk in Donauwörth: Produktion von Schlauchbooten
Unternehmens-philosophie:	Unser Bestreben ist die Förderung unserer Mitarbeiter. Dies ist der Schlüssel für die Entwicklung hochwertiger Produkte und zu einem wirtschaftlich erfolgreichen Unternehmen.

Werkstoffe:

Rohstoffe
Poolfolie, Aluminiumrohre, …

Fremdbauteile
Poolpumpen, Steckverbindung für Rohre, …

Hilfsstoffe
Schrauben, Farben, Teichfolienkleber, Einlaufdüse, …

Betriebsstoffe
Strom, Gas, Öl, …

Formale Vorgaben:

- Bei Buchungssätzen sind stets Kontennummern, Kontennamen (abgekürzt möglich) und Beträge anzugeben.
- Bei Berechnungen sind jeweils alle notwendigen Lösungsschritte und Nebenrechnungen darzustellen.
- Alle Ergebnisse sind in der Regel auf zwei Nachkommastellen gerundet anzugeben.
- Soweit nicht anders vermerkt, gilt ein Umsatzsteuersatz von 19 %.

1.0 Ihnen liegt folgender Beleg zur Bearbeitung vor:

Ruppert-Folien e. K.

Ruppert-Folien e. K. ⊙ Müllerstr. 12 ⊙ 81547 München

	Inhaber:	Norbert Ruppert
	Registergericht:	HRA 94593
	Steuernummer:	343/152/46621
	USt-IdNr.:	DE 382479937

Jonas Teich Gartenpools e. K.
Frankfurter Straße 92
97082 Würzburg

Tel.:	+49 (0)89 0338 705
Fax:	+49 (0)89 0338 724

Rechnungsnummer 843/22
(Bei Zahlung bitte angeben!)

Rechnungsdatum: 18.05.2022
(Bei Zahlungen bitte angeben!)

Ihr Auftrag vom:	12.05.2022	Auftrags-Nr.:	843/22
Lieferdatum:	16.05.2022	Kunden-Nr.:	65748001

Pos.	Menge	Liefer-bedingung	Artikel	Einzelpreis (EUR)	Gesamtpreis (EUR)
1	1.000 m²	①	RU-Poolfolie Premium	14,90	14.900,00
			Verpackung und Fracht		75,00

USt. 19 %	Rechnungsbetrag
2.845,25 €	**17.820,25 €**

Bei Zahlung bis zum 28.05.2022 gewähren wir 3 % Skonto auf den Rechnungsbetrag.
Zahlung fällig „rein netto" am 18.06.2022.

Die Ware bleibt bis zur vollständigen Bezahlung unser Eigentum.

Bankverbindung: Sparbank München
IBAN: DE22 7606 2150 0628 4910 00 – BIC: MUCBADADX

1.1.1 Geben Sie die fehlende Eintragung bei der Kennziffer ① an.

1.1.2 Bilden Sie den Buchungssatz zu obigem Beleg.

1.1.3 Das Geschäftskonto von „J-POOL" weist aktuell einen Sollsaldo auf. Trotzdem soll die Rechnung 843/22 innerhalb der Skontofrist beglichen werden. Weisen Sie nach, dass die Inanspruchnahme des Kontokorrentkredits günstiger ist als der Lieferantenkredit, auch wenn die Hausbank 11 % p. a. Sollzinsen berechnet.

1.1.4 Bilden Sie den Buchungssatz für die Begleichung der Rechnung von Ruppert-Folien am 27.05.2022 per Banküberweisung.

1.2 „J-POOL" benötigt im Geschäftsjahr **9.000 m²** Folie für die Produktion von Gartenpools. Die Vertriebsabteilung von „J-Pool" ist darauf bedacht, die optimale Bestellmenge zu ordern. Hierzu liegt folgende Grafik vor:

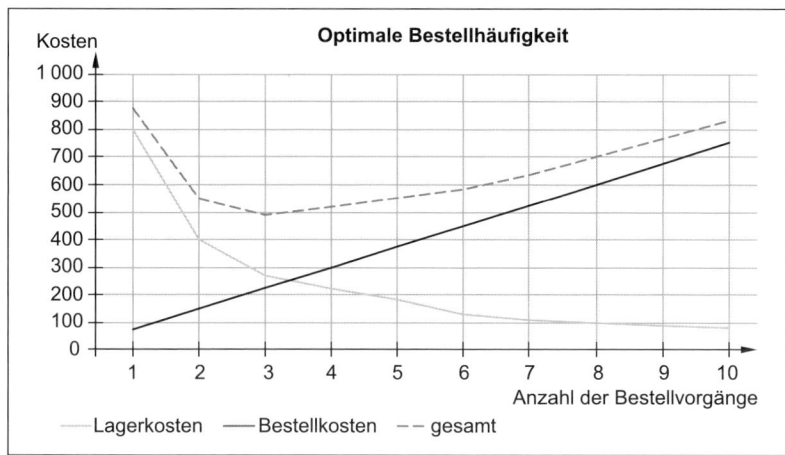

1.2.1 Geben Sie an, was unter der optimalen Bestellmenge zu verstehen ist.

1.2.2 Bewerten Sie den Einkauf (Rechnung 289/22) hinsichtlich der optimalen Bestellmenge mithilfe der Grafik (ohne Berechnung).

1.2.3 Berechnen Sie anhand der Grafik die optimale Bestellmenge für die Poolfolien.

| **Aufgabe 2** |

2.0 Die Kosten im Unternehmen „J-POOL" werden für jedes Quartal erfasst und bewertet, um bei Fehlentwicklungen schnell geeignete Maßnahmen einleiten zu können.

2.1 Die Grafik zeigt die Flächenverteilung in den vier Kostenstellen:

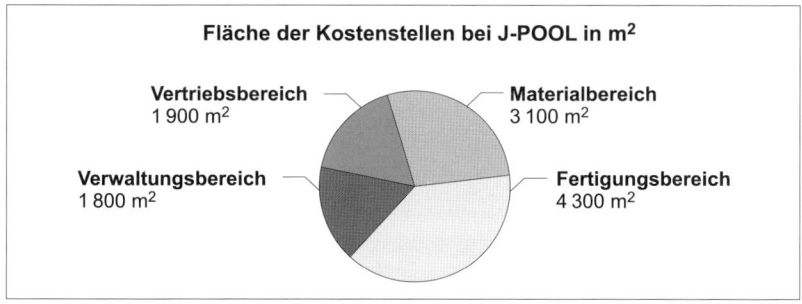

2.1.1 An Mietaufwendungen sind im 2. Quartal 96.015,00 € angefallen. Berechnen Sie die Mietkosten für das 2. Quartal im Materialbereich.

2.1.2 Geben Sie auf Ihrem Lösungsblatt jeweils unter Angabe des Kennbuchstabens die zutreffenden Begriffe (keine Abkürzungen) für die Textlücken (A) bis (C) an.

> In der Kosten- und Leistungsrechnung werden drei Kostenarten unterschieden. Die Mietkosten sind ein Beispiel für _____ **(A)** _____. Sie werden mithilfe des _____ **(B)** _____ auf die vier Kostenstellen verteilt. Sondereinzelkosten fallen nur im Fertigungsbereich an. Ein mögliches Beispiel für Sondereinzelkosten bei „J-POOL" ist _____ **(C)** _____.

2.2 Folgende Daten wurden für die Produktion des Modells der Luxuslinie „Adria-Wave" ermittelt:

Kosten:			
Materialkosten	554,80 €	Fertigungskosten	632,40 €
Zuschlagsätze:			
Materialbereich	22 %	Verwaltungsbereich	8,6 %
Fertigungsbereich	142 %	Vertriebsbereich	6,4 %

Berechnen Sie die Selbstkosten für einen Pool „Adria-Wave".

2.3 Das Sortiment wurde um das Modell „Karibik" erweitert.

2.3.1 Die Selbstkosten bei „Karibik" betragen 836,97 €. Berechnen Sie den Gewinn in Euro, wenn das Produkt zu einem Listenverkaufspreis von 899,00 € angeboten wird und ein Skonto von 2 % gewährt wird.

2.3.2 Frau Brand hat einen Gartenpool des Modells „Karibik" zu den obigen Bedingungen im Online-Shop gekauft. Ihnen liegt folgende Nachricht vor:

J-POOL   Jonas Teich Gartenpools e. K.

Gutschrift für Rücksendung eines Gartenpools, Modell *Karibik*

Sehr geehrte Frau Brand,

wir bitten Sie, den Schaden an dem Gartenpool *Karibik* (Poolfolie undicht) und die Unannehmlichkeiten durch die erforderliche Rücksendung zu entschuldigen. Selbstverständlich erhalten Sie eine Gutschrift über den Rechnungsbetrag.

Mit freundlichen Grüßen

Jonas Teich, Inhaber „J-POOL"

Bilden Sie den erforderlichen Buchungssatz.

2.4 Jonas Teich muss im Rahmen der Betriebsbuchführung *Leistungen* und *neutrale Erträge* unterscheiden.
Erläutern Sie die beiden Begriffe und ordnen Sie die Positionen *Mieterträge* und *Umsatzerlöse für eigene Erzeugnisse* entsprechend zu.

Aufgabe 3

3.0 Jonas Teich informiert sich in einem Wirtschaftsmagazin über die Entwicklungen auf dem Arbeitsmarkt:

Zahl der Erwerbstätigen stagniert

Im Corona-Jahr 2020 war die Zahl der Erwerbstätigen erstmals nach 14 Jahren um 370 000 Personen zurückgegangen. Damit endet in der Corona-Krise der seit 2006 dauernde Beschäftigungszuwachs. Allerdings wäre dieser Zuwachs vermutlich auch so bald zum Erliegen gekommen. Der Grund ist die zunehmende Alterung der Bevölkerung und damit eine Abnahme der Menschen im erwerbstätigen Alter. Inzwischen kann diese Lücke kaum noch gefüllt werden, obwohl die Menschen mehr arbeiten und auch ausländische Arbeitskräfte nach Deutschland kommen. Den größten Beschäftigungszuwachs gab es 2021 im Baugewerbe mit einem Plus von 31 000 Personen oder 1,2 % gegenüber 2020.

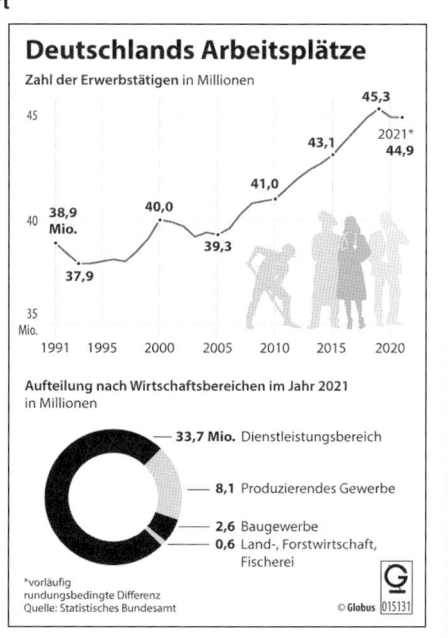

Dieser Anstieg gilt als Beleg für die weiter andauernde Baukonjunktur. Die meisten Menschen waren 2021 im Dienstleistungsbereich tätig (33,7 Millionen). Hier entwickelten sich die einzelnen Wirtschaftsbereiche allerdings sehr unterschiedlich. Während der Bereich „Öffentliche Dienstleister, Erziehung, Gesundheit" ein Plus von 2,2 % verbuchen konnte, kam es im Bereich „Handel, Verkehr, Gastgewerbe" zu einem Beschäftigungsrückgang von 1,8 %.

© *picture-alliance/dpa/dpa-infografik GmbH*

3.1 Bearbeiten Sie mithilfe der Infografik und des Textes folgende Aufgaben:

3.1.1 Geben Sie den Grund für den Rückgang der Erwerbstätigenzahlen von 2020 auf 2021 an.

3.1.2 Berechnen Sie den Anteil der 2021 im Dienstleistungsbereich Beschäftigten in Prozent.

3.1.3 Geben Sie auf Ihrem Lösungsblatt jeweils unter Angabe des Kennbuchstabens an, ob die Aussagen A bis C richtig oder falsch sind.

A	In Deutschland nimmt die Anzahl der Menschen im erwerbsfähigen Alter ab.
B	Die Zahl der Erwerbstätigen wird in einem Kreisdiagramm dargestellt.
C	2021 waren 600.000 Menschen im primären Sektor beschäftigt.

3.2 Wie viele andere Unternehmen hat auch „J-POOL" zunehmend Probleme, qualifizierte Facharbeiter zu finden.
Nennen Sie zwei freiwillige Lohnnebenkosten, die Jonas Teich seinen Mitarbeitern anbieten kann, um als Arbeitgeber attraktiv zu sein.

3.3 Ihnen liegt der folgende Auszug des Gehaltsjournals von „J-POOL" vor:

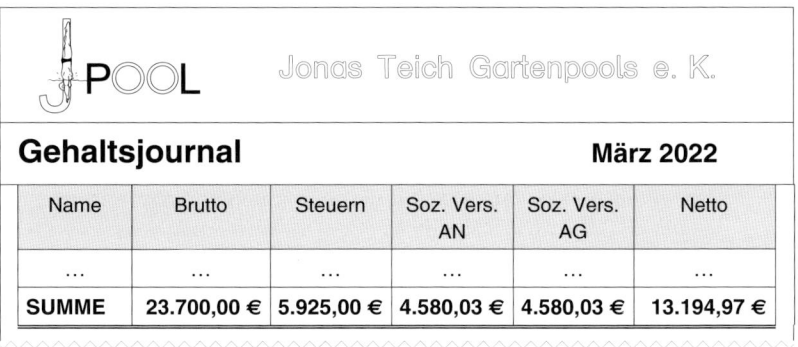

J∙POOL   Jonas Teich Gartenpools e. K.

Gehaltsjournal   **März 2022**

Name	Brutto	Steuern	Soz. Vers. AN	Soz. Vers. AG	Netto
…	…	…	…	…	…
SUMME	**23.700,00 €**	**5.925,00 €**	**4.580,03 €**	**4.580,03 €**	**13.194,97 €**

Bilden Sie die Buchungssätze für die Erfassung des Personalaufwands laut Summenzeile. Die Auszahlung erfolgt per Banküberweisung.

Aufgabe 4

4.0 „J-POOL" hat am 06.05.2022 flüssige Mittel in 600 ENERGEO-Aktien angelegt.

4.1 Die Hauptversammlung von ENERGEO hat eine Stückdividende von 1,40 € beschlossen. Bilden Sie den Buchungssatz für die Banküberweisung.

4.2 Am 12.08.2022 verkauft „J-POOL" die ENERGEO-Aktien wieder, da flüssige Mittel benötigt werden, um eine defekte Rohrbiegemaschine zu erneuern.

4.2.1 Nennen Sie den Fachbegriff für diese Art der Investition.

4.2.2 Ihnen liegt folgende Grafik vor:

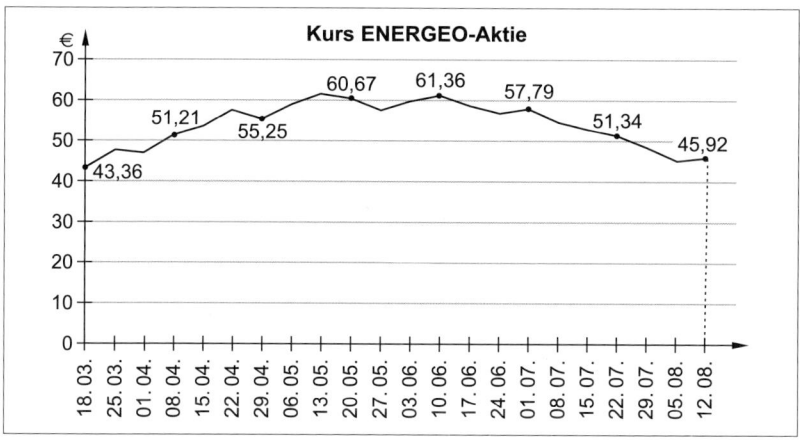

Bilden Sie den Buchungssatz für die Bankgutschrift, wenn die 600 ENER-GEO-Aktien mit 35.705,52 € zu Buche stehen und die Bank 1 % Spesen vom Kurswert berechnet.

4.2.3 Bewerten Sie die Kapitalanlage in die ENERGEO-Aktien im Hinblick auf die Ziele einer Geldanlage und den Anlagezeitraum.

4.3 Inzwischen ist die Rechnung für die neue Rohrbiegemaschine eingegangen. Folgende Aufstellung liegt Ihnen vor.

Daten für die neue Rohrbiegemaschine	
Verkäufer	Merkel Steel-Machines
1 Rohrbiegemaschine BendPro7, Listenpreis	24.000,00 €
Rabatt	12 %
Fracht (netto)	380,00 €
Aufstellung/Einweisung der Mitarbeiter (netto)	1.250,00 €
Umsatzsteuer	19 %

Bilden Sie den erforderlichen Buchungssatz.

Aufgabe 5

5.0 Das Unternehmen „J-POOL" ist nach dem Einliniensystem strukturiert. Jonas Teich hat festgestellt, dass die Abläufe im Unternehmen wenig effizient sind. Er überlegt, eine Hierarchieebene zu streichen.

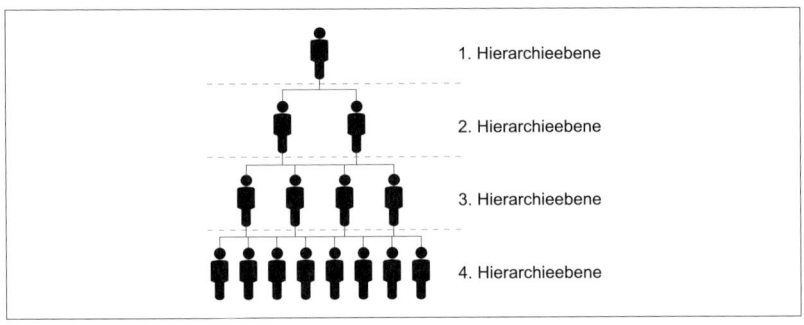

Leitungssystem von „J-POOL"

5.1 Machen Sie einen begründeten Vorschlag für eine Ebene, die aus Ihrer Sicht entfallen kann (1–4). Erläutern Sie einen Vorteil und einen Nachteil, der sich aus dieser Maßnahme ergeben kann.

5.2 Die Mitarbeiter in der Fertigung beschweren sich über den autoritativen Führungsstil ihres Abteilungsleiters.

5.2.1 Erläutern Sie diesen Führungsstil.

5.2.2 Beschreiben Sie eine mögliche negative Auswirkung des autoritativen Führungsstils auf die Mitarbeiter.

5.2.3 Eine Mitarbeiterin der Marketingabteilung beschreibt die Abläufe in ihrer Abteilung wie folgt:
„Wir setzen uns regelmäßig mit unserem Abteilungsleiter zusammen und besprechen, welche Ziele wir in der nächsten Periode erreichen wollen. Letztlich ist es dann uns überlassen, wie wir diese Ziele erreichen."

Nennen Sie den Fachbegriff für die hier beschriebene **Führungstechnik**.

5.3 Ihnen liegt folgender Kontoauszug vor:

WÜ€ank				BIC: WUBHLZSYY3
Kontoauszug			Konto 213 1533 44	Seite 1/1
14.08.2022 / 09:34 Uhr			Auszug-Nr. 25/22 IBAN: DE93 3800 0000 0213 1533 44	
			Jonas Teich Gartenpools e. K.	
Bu.-Tag	Wert	Bu.-Nr.	Vorgang	Betrag (€)
12.08.	12.08.	243	Überschreibung Grundstück Frankfurter Str. 92b (Erbschaft)	64.300,00 +
13.08.	13.08.	244	Einkommenssteuer J. Teich	11.295,00 −
Kontokorrentkredit: 50.000,00 €			alter Kontostand	5.352,58 +
verfügbar: 108.357,58 €			**neuer Kontostand**	**58.357,58 +**

Bilden Sie den Buchungssatz zu den Bu.-Nr. 243 und 244.

P-8

5.4 Jonas Teich bezahlt die Tankfüllung für sein Privatauto aus der Unternehmenskasse.
Erklären Sie, warum in diesem Fall die Umsatzsteuer nicht erfasst wird.

5.5 Für die Mitarbeit im eigenen Unternehmen wird für Jonas Teich ein „kalkulatorischer Unternehmerlohn" angesetzt. Erläutern Sie den Begriff.

Aufgabe 6

6.0 Zum 31.12.2022 sind im Unternehmen „J-POOL" noch folgende Arbeiten zu erledigen:

6.1 Das Konto 5001 EBFE weist folgende Eintragungen aus:

S	5000 EBFE	H
1) FO 8.300,00 €		
2) FO 3.400,00 €		
3) FO 850,00 €		

6.1.1 Formulieren Sie einen möglichen Geschäftsfall zu Eintrag 1).

6.1.2 Bilden Sie den Buchungssatz für den Abschluss des Kontos 5001 EBFE.

6.2 „J-POOL" hat die obere Etage seines Verwaltungsgebäudes an den Factoring-Anbieter „Schütz-Factor GmbH" vermietet.

6.2.1 Beschreiben Sie die Dienstleistung, die „Schütz-Factor" anbietet.

6.2.2 „J-POOL" überlegt, den Service von „Schütz-Factor" in Anspruch zu nehmen.
Nennen Sie einen Vorteil und einen Nachteil des Factoring.

6.2.3 „Schütz-Factor" hat die Miete in Höhe von 10.200,00 € netto für ein halbes Jahr im Voraus überwiesen. Der Betrag ging bei „J-POOL" am 01. November 2022 auf dem Geschäftsbankkonto ein.
Bilden Sie die erforderliche Vorabschlussbuchung.

6.3 Ihnen liegt folgender Auszug eines Belegs vor.

Dr. Lena Mickley
Rechtsanwaltskanzlei Mickley und Partner

Dr. L. Mickley, Rechtsanwältin, Margetshöchheimer Str. 153, 97299 Zell a. M.

Jonas Teich Gartenpools e. K.
Frankfurter Straße 92
97082 Würzburg

Kostenvoranschlag Nr. 4205 / 2022   Zell am Main, 21.12.2022

Sehr geehrter Herr Teich,
die Anwaltskosten für den laufenden Prozess gegen den Kunden
„Sauer Fun-Pools" werden sich voraussichtlich auf 8.320,00 €
netto belaufen.

Bilden Sie die Vorabschlussbuchung.

Aufgabe 7

7.0   Am Geschäftsjahresende 2022 liegt „J-TOOL" folgendes Tabellenblatt vor:

	A	B	C	D
1	Aktiva	aufbereitete Bilanz zum 31.12.2022		Passiva
2	I. Anlagevermögen	4.500.000,00 €	I. Eigenkapital	3.920.000,00 €
3	II. Umlaufvermögen		II. Fremdkapital	
4	Vorräte	1.600.000,00 €	langfristig	2.750.000,00 €
5	Forderungen	2.100.000,00 €	kurzfristig	2.150.000,00 €
6	flüssige Mittel	620.000,00 €		
7	Gesamtvermögen	8.820.000,00 €	Gesamtkapital	8.820.000,00 €
8				
9	Bilanzkennzahlen 2022		GUV-Rechnung	
10	Eigenkapitalquote	44,44 %		
11	Anlagendeckung I	87,11 %		
12	Eigenkapitalrentabilität	?		
13				
14				
15	Privateinlagen	Privatentnahmen		
16	0,00 €	0,00 €		
17				
18				
19				

GUV-Rechnung

Aufwendungen
Erträge

2.100.000,00 €
2.000.000,00 €
1.900.000,00 €
1.800.000,00 €
1.700.000,00 €
1.600.000,00 €
1.500.000,00 €

2020   2021   2022

7.1 Erläutern Sie, welche Information die Kennzahl der Anlagendeckung I liefert, und bewerten Sie diese Kennzahl zum 31.12.2022.

7.2 Eine wichtige Kennzahl ist auch die Eigenkapitalrentabilität.

7.2.1 Berechnen Sie die Kennzahl der Eigenkapitalrentabilität zum 31.12.2022.

7.2.2 Beurteilen Sie unter Angabe einer Begründung die Kennzahl der Eigenkapitalrentabilität.

7.2.3 Das Höhe des Eigenkapitals verändert sich durch das Betriebsergebnis. Geben Sie eine weitere Möglichkeit an, die Höhe des Eigenkapitals zu beeinflussen.

7.2.4 Bewerten Sie die Kreditwürdigkeit von „J-POOL" anhand der Eigenkapitalquote.

7.3 Geben Sie auf Ihrem Lösungsblatt unter Angabe des Kennbuchstabens an, ob die Aussagen A bis C richtig oder falsch sind.

A	Das Betriebsergebnis hat sich von 2020 bis 2022 kontinuierlich verbessert.
B	Die Darstellung der Aufwendungen und Erträge der vergangenen drei Geschäftsjahre ermöglicht „J-POOL" einen internen Betriebsvergleich.
C	In der aufbereiteten Bilanz sind in der Position Forderungen unter anderem die Bilanzposten 2470 ZWFO und 2600 VORST berücksichtigt.

7.4 Bilden Sie den Buchungssatz für den Abschluss des Kontos 8020 GUV am 31.12.2022.

Lösungsvorschlag

1.1.1 ① Lieferung ab Werk

Erklärung: Für den Kunden fallen 75,00 € netto für Fracht und Verpackung an.

1.1.2

6000 AWR	14.900,00 €	an	4400 VE	17.820,25 €
6001 BZKR	75,00 €			
2600 VORST	2.845,25 €			

Erklärung: Für „J-POOL" handelt es sich um eine Eingangsrechnung und damit um einen Zieleinkauf.
6000 AWR: Poolfolie ist der Hauptbestandteil der Gartenpools, sie ist ein Rohstoff. Die Aufwendungen steigen → Buchung im Soll.
6001 BZKR: Die Kosten für Verpackung und Fracht werden auf einem Unterkonto von AWR verbucht. Die Aufwendungen erhöhen sich → Buchung im Soll.
2600 VORST: Die beim Einkauf anfallende Vorsteuer wird vom gesamten Nettowert (AWR + BZKR) berechnet. Das Aktivkonto (= Forderung gegenüber dem Finanzamt) mehrt sich → Buchung im Soll.
4400 VE: Das Passivkonto mehrt sich → Buchung im Haben.

1.1.3 **1. Kosten des Lieferantenkredits:** Nettoskonto

Rechnungsbetrag	17.820,25 €	
– 3 % Skonto	534,61 €	**449,25 € Skonto netto**
Überweisungsbetrag	17.285,64 €	85,36 € VORST-Anteil

2. Kosten des Kontokorrentkredits: Zinsen

$$\text{Zinsen} = \frac{17.285,64 \cdot 11 \cdot 20}{100 \cdot 360} = 105,63 \text{ €}$$

3. Berechnung der Ersparnis

Kosten Lieferantenkredit	449,25 €
– Kosten Kontokorrentkredit	105,63 €
= Ersparnis	**343,62 €**

Die Ersparnis bei Inanspruchnahme des Kontokorrentkredits beträgt 343,62 €.

Erklärung: Der Lieferer (Ruppert-Folien) gewährt „J-POOL" einen Lieferantenkredit über 30 Tage. Die ersten 10 Tage sind zinsfrei, für die folgenden 20 Tage verlangt Ruppert-Folien 3 % Skonto. Der Lieferantenkredit ist ein sehr teurer Kredit, weshalb Jonas Teich die Rechnung innerhalb der Skontofrist bezahlen will. Dafür muss er allerdings sein Geschäftskonto überziehen. **Kosten des Lieferantenkredits:** Nettoskonto. Die beim Einkauf gezahlte Vorsteuer kann vom Finanzamt zurückgefordert werden, stellt also keine Ersparnis dar.

Kosten des Kontokorrentkredits: Zinsen. Bei Zahlung innerhalb der Skontofrist kann vom Rechnungsbetrag Skonto abgezogen werden – zu überweisen sind also 17.285,64 €. Um Kontokorrent- und Lieferantenkredit vergleichen zu können, muss derselbe Zeitraum (hier: 20 Tage) angesetzt werden.

1.1.4 4400 VE   17.820,25 €   an   2800 BK   17.285,64 €
                                                      6002 NR   449,25 €
                                                      2600 VORST   85,36 €   4

Erklärung: *4400 VE:* „J-POOL" begleicht die Rechnung, dadurch mindern sich die Verbindlichkeiten (Passivkonto) → Buchung im Soll.

2800 BK: „J-POOL" kann 3 % Skonto vom ursprünglichen Rechnungsbetrag abziehen. Durch die Bezahlung der Rechnung mindert sich das Geschäftskonto (Aktivkonto) → Buchung im Haben.

6002 NR: Der Skontoabzug stellt einen nachträglichen Preisnachlass dar, der auf dem Unterkonto NR erfasst wird. Die Aufwendungen für Rohstoffe mindern sich → Buchung im Haben.

2600 VORST: Durch den Skontoabzug mindert sich die zu zahlende Vorsteuer (Aktivkonto) → Buchung im Haben.

1.2.1 Die optimale Bestellmenge ist erreicht, wenn die Gesamtkosten aus Lagerkosten und Bezugskosten am niedrigsten sind.   1

Erklärung: Bestellt man häufiger und dafür kleinere Mengen, spart man Lagerkosten. Allerdings steigen dann die Bezugskosten, die bei jedem Bestellvorgang anfallen.

1.2.2 Bei einer Bestellmenge von 1.000 m² sind pro Jahr neun Bestellvorgänge nötig. In der Grafik wird deutlich, dass die Gesamtkosten bei drei Bestellvorgängen deutlich niedriger wären.   2

Erklärung: „J-Pool" benötigt 9.000 m² (siehe Angabe) Poolfolie pro Jahr. Das Minimum der Gesamtkosten liegt laut Grafik bei drei Bestellvorgängen.

1.2.3 $\dfrac{9.000}{3} = 3.000 \text{ m}^2$ (je Bestellung)

Die optimale Bestellmenge liegt bei 3.000 m².   1

Erklärung: Bei drei Bestellvorgängen zu je 3.000 m² sind die Gesamtkosten für die Poolfolie am niedrigsten.

2.1.1 anteilige Mietkosten Materialbereich: $\dfrac{3.100 \cdot 96.015,00}{11.100} = 26.815,00$ €

Die Mietkosten für den Materialbereich betragen 26.815,00 €.   2

Erklärung: Berechnungsgrundlage ist die Gesamtfläche.

11.100 m² = 96.000,00 €

  3.100 m² =   x €

P-13

2.1.2 (A) Gemeinkosten
(B) Betriebsabrechnungsbogen
(C) (z. B.) ein Konstruktionsplan für einen Pool   3

Erklärung: *zu A:* Gemeinkosten können den Kostenträgern (Fertigerzeugnissen) nur indirekt über Verteilungsschlüssel (z. B. Quadratmeter für Mietkosten) zugeordnet werden.
zu B: Der BAB ist ein Hilfsmittel, um die Gemeinkosten verursachungsgerecht auf die Kostenstellen zu verteilen. Hier: Je größer die angemietete Fläche für eine Kostenstelle, desto höher ist auch der Anteil der Mietkosten.
zu C: Sondereinzelkosten fallen selten oder nur einmalig an. Andere Beispiele wären die Erstellung eines Modells oder der Kauf von Spezialwerkzeug.

2.2

> **TIPP** **Vorgehen bei der Kostenträgerrechnung**
> • Erstellen Sie zuerst das Kalkulationsschema.
> • Tragen Sie die in der Aufgabenstellung gegebenen Werte ein.
> • Geben Sie bei den Gemeinkostenzuschlagsätzen an, welcher Wert der Grundwert ist (100 %).
> • Berechnen Sie die fehlenden Beträge.

Materialkosten	554,80 €	
+ Fertigungskosten	632,40 €	
= Herstellkosten	1.187,20 €	100 %
+ Verwaltungsgemeinkosten	102,10 €	8,6 % ⎫
+ Vertriebsgemeinkosten	75,98 €	6,4 % ⎬ 15 %
= Selbstkosten	**1.365,28 €**	115 %

3

Erklärung: Mithilfe der Kostenträgerstückrechnung sollen die Selbstkosten für einen Pool „Adria-Wave" berechnet werden. Da die Material- und Fertigungskosten je Stück angegeben sind, sind die Zuschlagsätze für den Material- und Fertigungsbereich hier nicht relevant.

2.3.1

Selbstkostenpreis	836,97 €	
+ Gewinn	**44,05 €**	
= Barverkaufspreis	881,02 €	98 %
+ Kundenskonto	17,98 €	2 %
= Zielverkaufspreis	899,00 €	100 %
+ Kundenrabatt	0,00 €	0 %
= Listenverkaufspreis	899,00 €	

Der Gewinn beträgt 44,05 €.   3

Erklärung: Hier wird mithilfe der Verkaufskalkulation (Differenzkalkulation) der Gewinn berechnet. Es empfiehlt sich folgendes Vorgehen: Schema erstellen – bekannte Werte eintragen – Grundwerte zuordnen – fehlende Beträge berechnen.

2.3.2   5000 UEFE   899,00 €   an   2400 FO   1.069,81 €
4800 UST   170,81 €   3

Erklärung: Aufgrund der Kundenrücksendung erfolgt eine **Stornobuchung**.
Der Listenverkaufspreis ist der Teilaufgabe 2.3.1 zu entnehmen.
5000 UEFE: Durch die Gutschrift an die Kundin mindern sich die Erlöse
→ Buchung im Soll.
4800 UST: Die Umsatzsteuer muss korrigiert werden → Buchung im Soll.
2400 FO: Die Forderungen mindern sich → Buchung im Haben.

2.4   Leistungen sind Erträge, die mit dem Betriebszweck (Produktion von Gartenpools) zusammenhängen. Hierzu zählen Umsatzerlöse für eigene Erzeugnisse. Neutrale Erträge haben nichts mit dem eigentlichen Betriebszweck zu tun, z. B. Mieterträge, oder sie sind periodenfremd oder außerordentlich.   2

Erklärung: In der Geschäftsbuchführung (GUV-Rechnung) werden **alle** Aufwendungen und Erträge erfasst. In der Betriebsbuchführung werden die Vorgänge erfasst, die mit dem Betriebszweck zu tun haben. Hier wird zwischen Leistungen (betriebsbezogen) und neutralen Erträgen (betriebsfremd, periodenfremd, außerordentlich) unterschieden.

3.1.1   Grund für den Rückgang war die Corona-Krise (bzw. die zunehmende Alterung der Gesellschaft).   1

Erklärung: Die Information findet sich im oberen Teil des Textes.

3.1.2   Anteil der im Dienstleistungsbereich Beschäftigten: $\dfrac{33,7 \cdot 100}{44,9} = 75,06$ 2

Im Jahr 2021 arbeiteten 75,06 % der Beschäftigten im Dienstleistungssektor.

Erklärung: Grundwert (100 %) ist die Gesamtzahl der Beschäftigten im Jahr 2021. Dieser Wert ist dem Liniendiagramm zu entnehmen (*alternativ:* Addition der Werte aus dem Ringdiagramm; Wert 45 Mio.). Die Zahl der im dritten Sektor Beschäftigten ist im Ringdiagramm angegeben.
44,9 Mio. = 100 %
33,7 Mio. =   x %

3.1.3   A: richtig   B: falsch   C: richtig   3

Erklärung: *zu A:* Die Information steht im mittleren Teil des Textes.
zu B: Die Zahl der Erwerbstätigen ist im oberen Diagramm – Liniendiagramm – dargestellt.
zu C: Der Arbeitsmarkt ist in drei Bereiche eingeteilt:
1. Primärer Sektor: Land-/Forstwirtschaft, Fischerei

2. Sekundärer Sektor: Industrie und Handwerk (Verarbeitung von Rohstoffen)
3. Tertiärer Sektor: Dienstleistungen
Im Ringdiagramm ist eine Beschäftigtenzahl von 0,6 Mio. im primären Sektor angegeben.

3.2 z. B. 13. Monatsgehalt, Urlaubsgeld   2

Erklärung: Lohnnebenkosten sind Aufwendungen, die für den Arbeitgeber zusätzlich zum regulären Lohn oder Gehalt anfallen. Zu den **gesetzlich** vorgeschriebenen Lohnnebenkosten gehören z. B. die Arbeitgeberbeiträge zur Sozialversicherung oder die Lohnfortzahlung im Krankheitsfall. Zu den **freiwilligen/tariflichen** Lohnnebenkosten zählen u. a. Beiträge des Arbeitgebers zu vermögenswirksamen Leistungen, übernommene Fortbildungskosten und Beiträge zur betrieblichen Altersvorsorge.

3.3

6200 LG	23.700,00 €	an	2800 BK	13.194,97 €
			4830 VFA	5.925,00 €
			4840 VSV	4.580,03 €
6400 AGASV		an	4840 VSV	4.580,03 €

7

Erklärung: *6200 LG:* Die Bruttogehälter stellen für „J-POOL" einen Aufwand dar → Buchung im Soll.
2800 BK: Die Nettogehälter werden an die Mitarbeiter ausgezahlt und mindern das Bankguthaben (Aktivkonto) → Buchung im Haben.
4830 VFA: Steuern werden zunächst von „J-POOL" einbehalten. Sie stellen Verbindlichkeiten dar → Buchung im Haben.
4840 VSV: Sozialversicherungen werden auch zunächst vom Arbeitgeber einbehalten und stellen Verbindlichkeiten dar → Buchung im Haben.
6400 AGASV: Der Arbeitgeberanteil zur Sozialversicherung stellt ebenfalls einen Aufwand dar → Buchung im Soll.
Achtung: Es sind immer beide Buchungen anzugeben!

4.1 Gesamtdividende: $600 \cdot 1,40 = 840,00$ €

2800 BK		an	5780 DDE	840,00 €

3

Erklärung: Die Dividende ist der Anteil am Gewinn, den ein Aktionär erhält. Die Höhe der Dividende wird auf der Hauptversammlung beschlossen.

4.2.1 Ersatzinvestition   1

Erklärung: Hier soll eine defekte Maschine ersetzt werden.
Weitere Investitionsarten sind z. B.:
• Erweiterungsinvestition z. B. zur Erweiterung der Produktionskapazität
• Rationalisierungsinvestition: z. B. Austausch einer Maschine, um Energie oder Personalkosten einzusparen

4.2.2

Kurswert	(600 · 45,92)	27.552,00 €
– Spesen		275,52 €
= Bankgutschrift		27.276,48 €
Bankgutschrift		27.276,48 €
– Banklastschrift		35.705,52 €
= Gesamtverlust		–8.429,04 €

2800 BK	27.276,48 €	an	1500 WP	35.705,52 €
7460 VAWP	8.429,04 €			

6

Erklärung: Der Stückkurs ist der Grafik zu entnehmen.
2800 BK: Durch die Bankgutschrift mehrt sich das Geschäftskonto → Buchung im Soll.
7460 VAWP: Der Verlust bedeutet eine Erhöhung des Aufwands → Buchung im Soll.
1500 WP: Der Verkauf der Aktien mindert den Aktienbestand (Aktivkonto) von „J-POOL" um die Banklastschrift beim Kauf (Aktivkonto) → Buchung im Haben.

4.2.3 Die Anlage in Aktien bietet die Chance auf eine **hohe Rendite**, birgt aber im Vergleich zu anderen Anlageformen ein **höheres Risiko**. „J-POOL" war mit dieser Investition nicht erfolgreich. Das Unternehmen hat das investierte Kapital **kurzfristig** benötigt und konnte nach dem Kursrückgang nicht auf eine Erholung der Kurse warten.

3

Erklärung: Die Ziele einer Geldanlage sind Sicherheit, Liquidität und Rendite. Allerdings können bei einer Geldanlage diese drei Ziele nie gleichzeitig erreicht werden, weswegen man auch vom „Magischen Dreieck" der Geldanlage spricht.

4.3

0700 MA	22.750,00 €	an	4400 VE	27.072,50 €
2600 VORST	4.322,50 €			

5

Erklärung: *0700 MA:* Die Anschaffungskosten (Listenpreis abzüglich Rabatt) für die Maschine inklusive der Anschaffungsnebenkosten (Fracht und Aufstellung/Einweisung) werden auf dem Aktivkonto (Sachanlagen) erfasst → Buchung im Soll.
2600 VORST: Beim Einkauf fällt Vorsteuer an → Buchung im Soll.
4400 VE: Beim Kauf auf Rechnung erhöhen sich die Verbindlichkeiten (Passivkonto) → Buchung im Haben.

5.1   z. B.: Bei „J-POOL" gibt es zwei mittlere Führungsebenen. Es könnte die 2. Führungsebene entfallen. Die vier Mitarbeiter der 3. Ebene wären dann der Unternehmensleitung direkt unterstellt.
Vorteil: Die Kommunikationswege zwischen den einzelnen Abteilungen verkürzen sich.
Nachteil: Für die Führungskraft der Ebene 1 steigt die Belastung, da sich die Zahl der Mitarbeiter, für die sie verantwortlich ist, erhöht.   2

Erklärung: Der Wegfall einer Hierarchieebene führt in der Regel zu schnelleren Entscheidungen und häufig auch zur Verringerung der Kosten (weniger „teure" Führungskräfte). Durch eine höhere Eigenverantwortung steigt oft die Motivation der Mitarbeiter. Zu den Nachteilen von flachen Hierarchien gehört, dass die Verantwortung für Abläufe und Aufgaben nicht immer klar zugeordnet ist und dass Fehlentwicklungen erst spät erkannt werden.

5.2.1   Ein autoritativer Führungsstil zeichnet sich dadurch aus, dass der Vorgesetzte seinen Mitarbeitern klare Aufgaben zuteilt, die Arbeitsabläufe vorgibt und sie regelmäßig kontrolliert.   1

Erklärung: Der autoritative Führungsstil unterscheidet sich deutlich vom kooperativen Führungsstil, bei dem die Unternehmensleitung die Mitarbeiter in Entscheidungen einbezieht.

5.2.2   Ein autoritativer Führungsstil kann zu unmotivierten Mitarbeitern führen, da sie nur Vorgaben ausführen und keine eigenen Ideen einbringen können.   1

Erklärung: Ein autoritativer Führungsstil kann sinnvoll sein, wenn schnelle Entscheidungen ohne lange Diskussionen erforderlich sind. Dieser Führungsstil wird v. a. in Ausnahmesituationen und Krisenzeiten angewendet.

5.2.3   Management by Objectives   1

Erklärung: Bei dieser Führungstechnik treffen Vorgesetzte gemeinsam mit ihren Mitarbeitern Zielvereinbarungen. Es ist dann weitgehend den Mitarbeitern überlassen, auf welchem Weg und mit welchen Maßnahmen sie die Ziele erreichen.

5.3   Bu.-Nr. 243:   0500 GR   an   3001 P   64.300,00 €

         Bu.-Nr. 244:   3001 P   an   2800 BK   11.295,00 €

                                                                                      4

Erklärung: Bu.-Nr. 243: *0500 GR:* Durch Überschreibung der Erbschaft mehrt sich der Wert der Grundstücke (Aktivkonto) im Firmenvermögen → Buchung im Soll.
3001 P: Die Mehrung des Eigenkapitals wird auf dem Unterkonto 3001 P erfasst (Passivkonto) → Buchung im Haben.
Bu.-Nr. 244: *3001 P:* Die Einkommenssteuer ist eine private Steuer. J. Teich bezahlt sie vom Geschäftsbankkonto, es handelt sich also um eine Privatentnahme → Buchung im Soll.
2800 BK: Das Geschäftsbankkonto mindert sich → Buchung im Haben.

5.4 Es handelt sich in diesem Fall um eine Privatentnahme. J. Teich handelt als Privatperson und damit als Endverbraucher. Die bezahlte Umsatzsteuer kann vom Finanzamt nicht zurückgefordert und darf nicht gebucht werden.   2

5.5 „Kalkulatorischer Unternehmerlohn" ist ein Begriff aus der Kosten- und Leistungsrechnung. Der Unternehmerlohn wird in der Geschäftsbuchführung (GUV-Rechnung) nicht erfasst, sondern nur in der Betriebsbuchführung. Er zählt deshalb zu den **Zusatzkosten**.   2

Erklärung: Im Rechnungskreis I (GUV-Rechnung) wird der Unternehmerlohn nicht erfasst. Er muss aber in die Kalkulation der Verkaufspreise einbezogen werden, damit diese nicht zu niedrig sind. Aus diesem Grund wird in der Kosten- und Leistungsrechnung (Rechnungskreis II) die Position „kalkulatorischer Unternehmerlohn" **zusätzlich** aufgenommen.

6.1.1 **TIPP** Achten Sie bei der Formulierung von Geschäftsfällen stets darauf, dass eindeutig daraus hervorgeht, ob es sich bei dem angegebenen Betrag um einen Netto- oder Bruttobetrag handelt.

Ein Kunde erhält aufgrund einer Mängelrüge eine Gutschrift über 8.300,00 € netto.   3

Erklärung: *5001 EBFE:* Eintrag 1) wurde auf dem Konto EBFE im Soll erfasst. → Es handelt sich um eine Minderung der Erträge. Auf EBFE werden nachträgliche Preisnachlässe (Nettowert) an den Kunden erfasst (Gutschriften wegen Mängelrüge, Skontoabzüge).
2400 FO: Im **Gegenkonto** FO wird der Vorfall im Haben erfasst. → Der Forderungsbestand hat sich gemindert.
Hinweis: Bei einem nachträglichen Preisnachlass an den Kunden muss die Umsatzsteuer im Soll korrigiert werden.

6.1.2 5000 UEFE   an   5001 EBFE   12.550,00 €
     3

Erklärung: *5001 EBFE:* Das Konto muss beim Abschluss ausgeglichen werden → Buchung im Haben.
5000 UEFE: Erlösberichtigungen mindern die Umsatzerlöse → Buchung im Soll.

6.2.1 „Schütz-Factor" kauft von anderen Unternehmen offene Forderungen auf und übernimmt die Verwaltung dieser Forderungen (Mahnwesen, Inkasso). 2

6.2.2 *Vorteil:* „J-POOL" erhöht durch den Verkauf der Forderungen seine Liquidität, da das Unternehmen den ausstehenden Rechnungsbetrag sofort erhält.
Nachteil: Das Factoring-Institut verlangt für die Dienstleistung eine Gebühr. 2

Alternativ: *Vorteil:* geringerer Verwaltungsaufwand für „J-POOL"
Nachteil: Factoringinstitute treten teilweise sehr fordernd auf, was die Kundenbeziehungen belasten kann.

6.2.3

> **TIPP** Es wird immer nur der Nettobetrag abgegrenzt.

Mietertrag für 6 Monate: 10.200,00 € netto

01.11.2022		31.12.2022		30. 04. 2023
	2 Monate		4 Monate	
Gutschrift	3.400,00 €		6.800,00 €	

5400 EMP   an   4900 PRA   6.800,00 €

3

Erklärung: Die Miete wurde am 01.11. für ein halbes Jahr im Voraus überwiesen. Zum Bilanzstichtag am 31.12. besteht nun das Problem, dass die Mieterträge für Januar bis April des kommenden Geschäftsjahres auf 5400 EMP gebucht sind – die Bilanz wäre nicht korrekt. Also müssen Mieterträge, die das neue Jahr betreffen, abgegrenzt (wieder ausgebucht) werden. Einnahmen, die einen Ertrag für das kommende Geschäftsjahr darstellen, werden am 31.12. über das Passivkonto 4900 PRA abgegrenzt.
5400 EMP: Die Mieterträge für Januar bis April werden korrigiert/ausgebucht → Buchung im Soll.
4900 PRA: Der abgegrenzte Betrag wird im Haben erfasst.

6.3

> **TIPP** Rückstellungen werden immer für Nettobeträge gebildet!

6770 RBK   an   3900 RST   8.320,00 €

2

Erklärung: *6770 RBK:* Die zu erwartenden Anwaltskosten müssen als Aufwand erfasst werden → Buchung im Soll.
3900 RST: Rückstellungen sind Verbindlichkeiten, deren Höhe und Fälligkeit noch nicht feststehen. Das Passivkonto mehrt sich → Buchung im Haben.

7.1 Die Kennzahl zeigt an, welcher Anteil des Anlagevermögens durch Eigenkapital finanziert ist; sie sollte bei über 60 % liegen. Mit 87,11 % ist die Anlagendeckung von „J-POOL" als sehr gut zu bewerten. 2

Erklärung: Durch die Kennzahl der Anlagendeckung soll überprüft werden, inwieweit das langfristige Vermögen (AV) auch langfristig finanziert ist. Hieraus lassen sich Rückschlüsse über die Zahlungsfähigkeit eines Unternehmens treffen. Das langfristige Vermögen (AV) sollte weitgehend durch das Eigenkapital finanziert sein (Anlagendeckung I).

7.2.1

EK 01.01.2021	3.720.000,00 €	
+ Gewinn	200.000,00 €	(2.100.000 – 1.900.000)
= EK 31.12.2021	3.920.000,00 €	

Eigenkapitalrentabilität: $\dfrac{200.000,00 \cdot 100}{3.720.000,00} = 5,38\,\%$ 2

Erklärung: Die EK-Rentabilität gibt an, wie sich das zu Beginn des Geschäftsjahres eingesetzte Kapital verzinst hat. Hier muss durch eine Rückwärtskalkulation zuerst das EK zum 01.01. berechnet werden, indem vom Schlussbestand der Gewinn subtrahiert wird. Der Gewinn kann dem Balkendiagramm (Aufwendungen/Erträge) entnommen werden.

EK am 01.01. $= 100\,\%$
Gewinn $=\ \ x\,\%$

7.2.2 Die Eigenkapitalrentabilität ist mit 5,38 % höher als die Kapitalmarktverzinsung. Allerdings sind bei dieser Rendite das unternehmerische Risiko und der Unternehmerlohn nicht ausreichend abgedeckt.   2

Erklärung: Das eingesetzte Eigenkapital ist einem hohen Risiko ausgesetzt, deswegen wird auch eine hohe Verzinsung erwartet. In der Regel wird eine EK-Rentabilität von über 10 % angestrebt.

7.2.3 Das Eigenkapital verändert sich noch durch Privateinlagen (/-entnahmen).   1

Erklärung: Durch Privateinlagen erhöht sich, durch Privatentnahmen vermindert sich das Eigenkapital.

7.2.4 Die Eigenkapitalquote beträgt 44,44 % und liegt damit deutlich über dem deutschen Durchschnitt von ca. 30 %. Es ist nicht davon auszugehen, dass „J-POOL" in Zahlungsschwierigkeiten gerät; das Unternehmen ist kreditwürdig.   2

Erklärung: Die Kennzahl ist wichtig für die Beurteilung der Zahlungsfähigkeit eines Unternehmens. Eine hohe Eigenkapitalquote bedeutet, dass ein Unternehmen solide finanziert ist. Das Unternehmen gilt als krisenfest, es ist kreditwürdig und unabhängig von Gläubigern.

7.3 A: falsch   B: richtig   C: richtig   3

Erklärung: *zu A:* Das Betriebsergebnis war 2022 niedriger als 2021 (siehe Differenz Aufwendungen und Erträge im Balkendiagramm).
zu B: Beim internen Betriebsvergleich (Zeitvergleich) werden Kennzahlen eines Unternehmens über mehrere Perioden verglichen.
zu C: Bei der aufbereiteten Bilanz werden gleichartige Positionen zusammengefasst.

7.4   8020 GUV   an   3000 EK   200.000,00 €

Erklärung: *8020 GUV:* Die Erträge sind höher als die Aufwendungen, das Konto GUV weist einen Gewinn auf → Buchung des Saldos im Soll.
3000 EK: Durch Gewinn mehrt sich das Passivkonto → Buchung im Haben.

Lilli Stoll Bio-Fashion e. Kfr., kurz „LILLI", stellt in ihrem Werk in Regensburg hochwertige und nachhaltig produzierte Bio-Mode her. Als Mitarbeiter*in bearbeiten Sie verschiedene betriebswirtschaftliche Aufgaben.

Informationen zum Unternehmen:

Lilli	**Lilli Stoll Bio-Fashion e. Kfr.** Im Gewerbepark 57 C 93059 Regensburg
Inhaber:	Lilli Stoll
Rechtsform:	Einzelunternehmen
Geschäftsjahr:	01. Januar bis 31. Dezember 20..
Zweck des Unternehmens:	Hauptwerk in Regensburg: Herstellung von Bio-Mode Zweigwerk in Deggendorf: Produktion von Outdoorkleidung
Unternehmensphilosophie:	Durch innovative und umweltschonende Produktionstechniken schaffen wir ein natürliches und langlebiges Produkt. Unser wirtschaftlicher Erfolg basiert auf dem Vertrauen und der Zufriedenheit unserer Kunden in aller Welt.

Werkstoffe:

Rohstoffe
Bio-Baumwolle, Leinen, Kunstfaserstoffe, …

Fremdbauteile
Reißverschlüsse, Etiketten, Applikationen, …

Hilfsstoffe
Garn, Bio-Farbe, Knöpfe, …

Betriebsstoffe
Strom, Gas, Öl, …

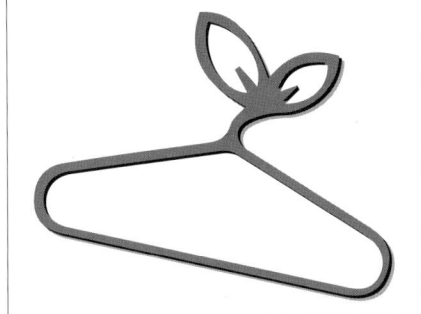

Formale Vorgaben:
- Bei Buchungssätzen sind stets Kontennummern, Kontennamen (abgekürzt möglich) und Beträge anzugeben.
- Bei Berechnungen sind jeweils alle notwendigen Lösungsschritte und Nebenrechnungen darzustellen.
- Alle Ergebnisse sind in der Regel auf zwei Nachkommastellen gerundet anzugeben.
- Soweit nicht anders vermerkt, gilt ein Umsatzsteuersatz von 19 %.

1.0 Bearbeiten Sie zu nachstehendem Beleg die folgenden Aufgaben:

Lilli Stoll Bio-Fashion e. Kfr.

Lilli Stoll Bio-Fashion e. Kfr., Gewerbepark 57 C, 93059 Regensburg

Fashion-Wear Textilhandelskette GmbH
Prinzenstraße 42
80335 München

Inhaberin:	Lilli Stoll
Registergericht:	HRA 253
Steuernummer:	117/282/10485
USt-IdNr.:	**DE 044349332**
Tel.:	0941 29473 002
Fax:	0941 29473 202

Rechnungsnummer 4922/22
(Bei Zahlung bitte angeben!)

Regensburg, 15.07.2022

Ihr Auftrag vom: 11.07.2022   Auftrags-Nr.: 4332/22   Kunden-Nr.: 6332

Am 14.07.2022 lieferten wir Ihnen frei Haus:

Pos.	Menge	Art.-Nr.	Artikel	Einzelpreis (EUR)	Gesamtpreis (EUR)
1	110	4930	Kollektion UrbanSummer Ladies	165,00	18.150,00
2	95	4931	Kollektion SummerFun Kids	89,00	8.455,00
3	75	4937	Kollektion UrbanSummer Men	140,00	10.500,00
			Rabatt 10 %		3.710,50

Warenwert	USt. 19 %	Rechnungsbetrag
33.394,50 €	**6.344,96 €**	**39.739,46 €**

Bei Zahlung bis zum 25.07.2022 gewähren wir 2,5 % Skonto.
Zahlung fällig „rein netto" am 15.08.2022

Die Ware bleibt bis zur vollständigen Bezahlung Eigentum von
Lilli Stoll Fashion e. Kfr.

Bankverbindung: DirektInvest Regensburg
IBAN: DE94 7832 0000 0031 9595 77   BIC: DIRGEKSEOF2

1.1 Geben Sie an, warum „LILLI" hier einen Sofortrabatt gewährt.

1.2 Erklären Sie die Bedeutung der in der Rechnung angegebenen UST-IdNr.

1.3 Bilden Sie den Buchungssatz zu der Rechnung Nr. 4922/22.

1.4 „LILLI" liegt ein weiterer Beleg vor:

Quittung		Währung		EUR
⭕ Nummer	11	Netto		170,00
		USt.	19 %	32,30
		Gesamtbetrag		202,30

Gesamtbetrag in Worten: Zweihundertzwei ------------------------------------

(Cent wie oben)

von: Lilli Stoll Bio-Fashion e. K.

für: Lieferung Sommerkollektion von Regensburg nach München

Ort: Regensburg Datum: 14. Juli 2022

⭕ Stempel/Unterschrift des Empfängers

Spedition Leo Müller GmbH
Industriestr. 45
94032 Passau

Leo Müller

Bilden Sie den Buchungssatz zu diesem Beleg.

1.5 Am 25.07.2022 geht bei „LILLI" eine Überweisung in Höhe von 38.745,97 € für die Rechnung Nr. 4922/22 ein.
Bilden Sie den Buchungssatz.

1.6 „LILLI" stellt fest, dass konkurrierende Unternehmen zunehmend neue Wege beim Vertrieb ihrer Waren gehen. Sie investieren in eigene Onlineshops mit virtuellen Showrooms zur Präsentation ihrer Kollektionen.
Bewerten Sie diese Form des Direktvertriebs anhand von zwei Aspekten.

Aufgabe 2

2.0 Die Marketingabteilung von „LILLI" diskutiert, wie die neue Produktlinie „Lucky Summer" zeitgemäß präsentiert werden kann. In einem Artikel einer Fachzeitschrift werden neue Entwicklungen analysiert.

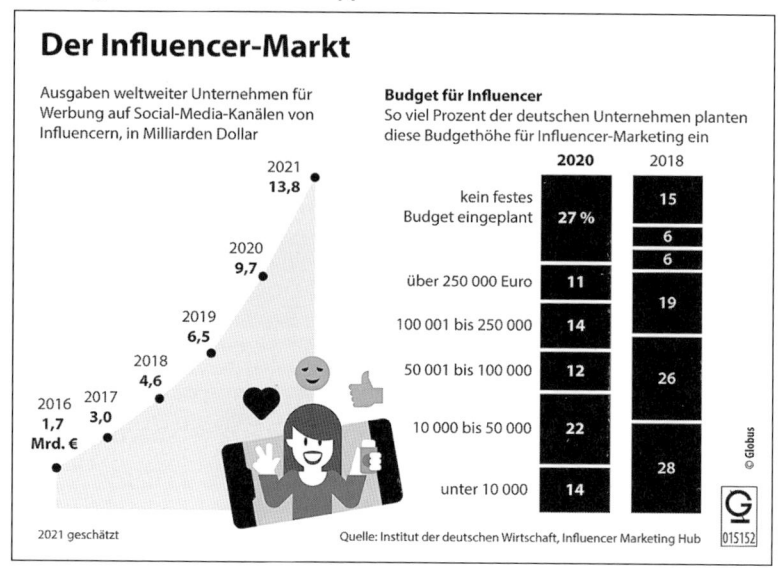

Der Influencer-Markt

Ausgaben weltweiter Unternehmen für
Werbung auf Social-Media-Kanälen von
Influencern, in Milliarden Dollar

2021 13,8

2020 9,7

2019 6,5

2018 4,6

2016 1,7 Mrd. €   2017 3,0

Budget für Influencer
So viel Prozent der deutschen Unternehmen planten
diese Budgethöhe für Influencer-Marketing ein

	2020	2018
kein festes Budget eingeplant	27 %	15
		6
		6
über 250 000 Euro	11	
100 001 bis 250 000	14	19
50 001 bis 100 000	12	26
10 000 bis 50 000	22	
		28
unter 10 000	14	

© Globus

2021 geschätzt

Quelle: Institut der deutschen Wirtschaft, Influencer Marketing Hub   015152

Immer mehr Unternehmen entdecken das Potenzial von Influencern für sich und ihre Produkte. Im Jahr 2021 gaben die Unternehmen weltweit fast 14 Milliarden Dollar für Influencer-Marketing aus. Das ist doppelt so viel wie vor zwei Jahren. Influencer sind berühmte Persönlichkeiten und Internetstars, die auf Instagram, Youtube und anderen sozialen Medien sehr viele Follower haben. Diese Reichweite macht sie für Unternehmen weltweit als Werbeträger interessant. Auch deutsche Firmen planen diesen digitalen Werbekanal mit immer höheren Kosten ein. Gaben im Jahr 2018 noch zwölf Prozent der Unternehmen an, mehr als 100.000 Euro für den Influencer-Markt einzuplanen, waren es zwei Jahre später schon 25 Prozent der Unternehmen. Diese Werbestrategie scheint erfolgreich zu sein. In einer Umfrage des Bundesverbands Digitale Wirtschaft (BVDW) gaben fast 22 Prozent der Menschen in Deutschland an, schon einmal ein Produkt gekauft zu haben, das sie zuvor bei einem Influencer gesehen hatten. Dass es genauso gut in die andere Richtung gehen kann, zeigte sich während einer Pressekonferenz der Europameisterschaft im Jahr 2021. Als Cristiano Ronaldo [*Nationalspieler von Portugal, Anm. der Redaktion*] zwei Coca-Cola-Flaschen beiseitestellte, brach der Aktienkurs des Unternehmens zeitweise ein.

© *picture-alliance/dpa/dpa-infografik GmbH*

2.1.1 Berechnen Sie den Anstieg der Werbeausgaben weltweiter Unternehmen für Influencer von 2016 bis 2021.

2.1.2 Geben Sie auf Ihrem Lösungsblatt jeweils unter Angabe des Kennbuchstabens an, ob die Aussagen A bis C gemäß Grafik und Text richtig oder falsch sind.

A	In Deutschland hat mehr als jeder Fünfte schon ein Produkt aufgrund einer Influencer-Empfehlung gekauft.
B	Die Zahl der Unternehmen, die bis 50.000 € für Influencer-Marketing ausgeben, ist von 2018 bis 2020 um ein Drittel gesunken.
C	Der Umsatz von Unternehmen, die Influencer-Marketing betreiben, hat sich von 2019 bis 2021 mehr als verdoppelt.

2.2 Die Marketing-Abteilung entscheidet sich, bei der Vorstellung der neuen Freizeit-Kollektion ebenfalls mit Influencern zusammenzuarbeiten.

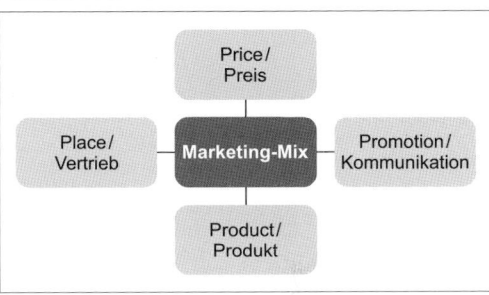

2.2.1 Nennen Sie den Bereich des Marketing-Mix, dem diese Maßnahme zuzuordnen ist.

2.2.2 Die Marketingabteilung möchte als Ergänzung zur Zusammenarbeit mit Influencern ein weiteres Marketinginstrument für die Freizeit-Kollektion einsetzen. Zur Wahl stehen Radio- oder Plakatwerbung.
Geben Sie eine begründete Empfehlung für eine der beiden Alternativen als Ergänzung zum Influencer-Marketing ab.

2.3 Lilli Stoll hat die Jeans-Kollektion „Blue Gorilla", die sich an die jugendliche Zielgruppe richtet, in das Lebenszyklusmodell eingeordnet.

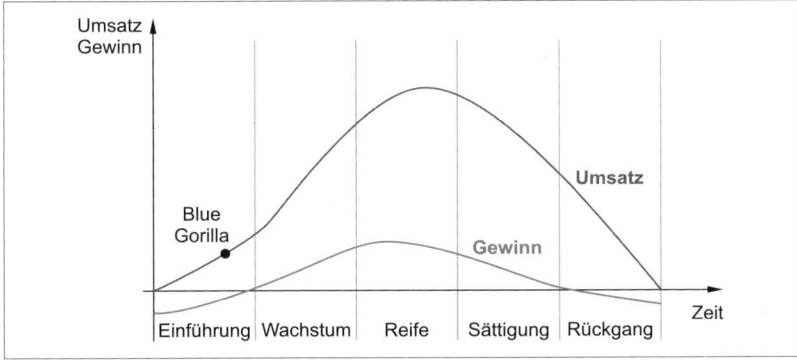

2.3.1 Schildern Sie die aktuelle Marktsituation für die Kollektion „Blue Gorilla".

2.3.2 Entwickeln Sie für „Blue Gorilla" eine für diese Phase im Lebenszyklus Erfolg versprechende Marketingstrategie.

2.4 Die folgende Tabelle zeigt die Umsätze und den Gewinn der Outdoorhose „Yeti" seit Markteinführung.

	2015	2016	2017	2018
Umsatz	45.000 €	90.000 €	120.000 €	135.000 €
Gewinn	−20.000 €	10.000 €	16.000 €	25.000 €

	2019	2020	2021	2022
Umsatz	145.000 €	151.000 €	147.000 €	140.000 €
Gewinn	32.000 €	35.000 €	33.000 €	28.000 €

2.4.1 Analysieren Sie die Zahlen und geben Sie an, welcher Phase im Produktlebenszyklus die Hose „Yeti" im Jahr 2022 zuzuordnen ist. Begründen Sie Ihre Entscheidung.

2.4.2 Für Lilli Stoll stellt sich die Frage, wie mit „Yeti" in der aktuellen Lebenszyklusphase (2022) weiter verfahren werden soll. Formulieren Sie eine mögliche unternehmerische Strategie.

Aufgabe 3

3.0 „LILLI" hat folgende Stellenanzeige aufgegeben:

 Lilli Stoll Bio-Fashion e. Kfr.

Mitarbeiter*in für die **Buchhaltung** (m/w/d) in Voll- oder Teilzeit

Ihre Aufgaben
- Eigenverantwortliche Bearbeitung der laufenden Buchhaltung und des Jahresabschlusses
- Abwicklung des Zahlungsverkehrs und Mahnwesens

Ihr Profil
- Eine erfolgreich abgeschlossene kaufmännische Berufsausbildung
- Fundierte Berufserfahrung in der Buchhaltung
- Sicherer Umgang mit MS-Office, insbesondere Excel

Ihr Vorteil – unser Führungsstil
Wir bringen unseren Mitarbeitern ein hohes Maß an Vertrauen und Respekt entgegen. Sie bringen Ihre Ideen ein und bearbeiten selbstständig und eigenverantwortlich die Ihnen übertragenen Aufgaben.

3.1.1 „LILLI" sucht Mitarbeiter außerhalb des eigenen Unternehmens. Nennen Sie zwei Vorteile der externen Personalbeschaffung.

3.1.2 Geben Sie an, welcher Führungsstil laut Stellenanzeige bei „LILLI" praktiziert wird.

3.2 Zwei der eingegangenen Bewerbungen waren besonders interessant. Die Personalabteilung hat entsprechende Kurzprofile zusammengestellt.

	Julina Graf	Leony Burkhardt
Name		
Wohnort	Regensburg	Hamburg
Familienstand	Verheiratet, zwei Kinder	Ledig, keine Kinder
Geburtsjahr	1973	1992
Ausbildung	Realschulabschluss 1989	Abitur 2009
	Ausbildung zur Industriekauffrau, Abschluss 1992	Studium: Betriebswirtschafts-lehre, Masterabschluss 2013
	Weiterbildung: Wirtschaftsfachwirtin 1996	Weiterbildung: Management-Studium in London 2015
Berufserfahrung	Stahl AG, Regensburg, 1992 bis 2002	System Technologies, London, 2015 bis 2017
	Sanitär Seubert, Regensburg, seit 2002	Irblich Consulting, München, 2017 bis 2019
		Pro-Bank, Hamburg, seit 2019
Besondere Kenntnisse	Englisch (Wort und Schrift)	Englisch, Französisch, Spanisch (Wort und Schrift)
	SAP	
	Office	Office, DATEV, SAP
Berufliche Schwerpunkte	Buchhaltung	Projektmanagement
	Marketing	Recruiting (Personalbeschaffung)
		Accounting (Buchhaltung)
Motivation für Bewerbung	Sucht heimatnahe und langfristige Anstellung	Sucht eine spannende Herausforderung

Fotos: Bewerberin 1: © Vittorio Gravino/iStockphoto; 2: © LarsZahnerPhotography/iStockphoto

Analysieren Sie beide Profile und entscheiden Sie sich für die aus Ihrer Sicht geeignetere Bewerberin unter Abwägung von drei wesentlichen Kriterien.

3.3 Nennen Sie die Entgeltform, die für Verwaltungsmitarbeiter üblich ist.

3.4 Von den Mitarbeiterinnen und Mitarbeitern, die bei „LILLI" in Teilzeit arbeiten, sind (wie auch im bundesdeutschen Durchschnitt) ca. 80 % Frauen.

3.4.1 Begründen Sie den hohen Frauenanteil.

3.4.2 Nennen Sie zwei negative Folgen der Teilzeitbeschäftigung für Arbeitnehmer.

3.5 Ihnen liegt der folgende Auszug des Gehaltsjournals vor:

Lilli Stoll Bio-Fashion e. Kfr.

Gehaltsjournal **März 2022**

Name	Brutto	Steuern	Soz. Vers. AN	Soz. Vers. AG	Netto
...	...	...	...	...	...
Max Dilbat III/1,0	3.200,00 €	248,33 €	637,60 €	637,60 €	2.314,07 €
...	...	...	...	...	...
SUMME	**23.700,00 €**	**5.925,00 €**	**4.580,03 €**	**4.580,03 €**	**13.194,97 €**

3.5.1 Geben Sie an, was bei Max Dilbat der Zusatz „III/1,0" bedeutet.

3.5.2 Bilden Sie den Buchungssatz für die Überweisung der Sozialversicherungsbeiträge für März 2022 an die Krankenkasse (Summenzeile).

Aufgabe 4

4.0 Lilli Stoll will das Produktionsverfahren rationalisieren und plant die Anschaffung einer Laser-Textilschneidemaschine. Zwei Maschinen der Unternehmen Laser-TEC und Textil-INNOvation sind in der Auswahl. Über die Kostenvergleichsrechnung soll die günstigere Alternative ermittelt werden.

4.1.1 Für das Angebot von Laser-TEC hat Frau Stoll jährliche Gesamtkosten von 20.943,72 € ermittelt.
Berechnen Sie auf Basis der vorliegenden Daten die **fixen Kosten** und die **Gesamtkosten** pro Jahr für die Maschine von Textil-INNOvation. Geben Sie mithilfe der Kostenvergleichsrechnung eine begründete **Kaufempfehlung** ab.

Kostenvergleichsrechnung Textil-INNOvation		
Anschaffungskosten 43.400,00 €	**Nutzungsdauer** 6 Jahre	**Kalkulatorische Zinsen** 5,5 %
Variable Kosten p. a.		**Fixe Kosten p. a.**
Personalkosten	3.750,00 €	
Materialkosten	2.100,00 €	... ...
Energiekosten	1.800,00 €	... ...
Sonstige variable Kosten	1.950,00 €	Sonstige fixe Kosten 2.770,00 €
Summe variable Kosten	**9.600,00 €**	**Summe fixe Kosten** ...
Gesamtkosten p. a.		...

4.1.2 „LILLI" will die Laser-Schneidemaschine durch eigene Mittel finanzieren. Im Gegensatz zu einer Aktiengesellschaft kann ein Einzelunternehmen keine „jungen Aktien" herausgeben.
Skizzieren Sie eine Möglichkeit der Eigenfinanzierung für „LILLI".

4.1.3 Nennen Sie einen Vorteil der Eigenfinanzierung von Anlagegütern.

4.2 Am 31.12. sind noch folgende Aufgaben zu erledigen:

4.2.1 „LILLI" hat die Maschine von Textil-INNOvation am 24. April 2022 zum oben angegebenen Preis gekauft. Bilden Sie den Buchungssatz für die Abschreibung der Maschine zum Ende des Anschaffungsjahres.

4.2.2 Das Konto GWG weist am 31.12. folgende Eintragungen aus.

S	0890 GWG	H
VE	1.320,00 €	
BK	730,00 €	
KA	560,00 €	

Bilden Sie den Buchungssatz zur Erfassung der Wertminderung der geringwertigen Wirtschaftsgüter (vorbereitende Abschlussbuchung).

4.2.3 Im Rohstofflager ergab die Inventur einen Mehrbestand von 3.640,00 €. Bilden Sie den erforderlichen Buchungssatz.

Aufgabe 5

5.0 Das Unternehmen „LILLI" produziert im Zweigwerk in Deggendorf Outdoorkleidung. Zu den Outdoorjacken „Everest" und „Zugspitze" liegen Ihnen folgende Informationen vor:

	A	B	C	D	E	F
1	**Produktions- und Kostenübersicht**					
2	**3. Quartal 2022**					
3						
4	**Kollektion**	**Kapazität** (in Stück)	**Produktion/ Absatz** (in Stück)	**Auslastung**	**Netto- verkaufserlös** (pro Stück)	**Variable Kosten** (pro Stück)
5	Everest	850	646	???	???	186,00 €
6	Zugspitze	1.400	1.148	82 %	290,00 €	123,00 €
7						
8	**Fixkosten gesamt**	208.300,00 €				

5.1.1 Berechnen Sie die Kapazitätsauslastung von „Everest".

5.1.2 Berechnen Sie den Nettoverkaufserlös **einer** Jacke „Everest", wenn das Betriebsergebnis 70.150,00 € beträgt.

5.1.3 Bei „Everest" gehen die Absatzzahlen stark zurück. „LILLI" plant deshalb, in der neuen Saison nur noch das Modell „Zugspitze" herzustellen. Berechnen Sie auf Basis der Zahlen des 3. Quartals 2022 die Stückzahl, die produziert und verkauft werden muss, um die Gewinnschwelle zu erreichen.

5.1.4 „LILLI" liegt eine Kundenanfrage für die Produktion von Trekkinghemden vor, mit der ein Deckungsbeitrag von 21.500,00 € erzielt werden kann. Allerdings sind keine freien Kapazitäten verfügbar.

Folgende Übersicht zu den drei aktuell produzierten Trekkinghemden liegt vor:

	Hemd Maui	Hemd Kohala	Hemd Nihoa
Nettoverkaufserlös	75,00 €	29,00 €	58,00 €
Variable Kosten	35,00 €	18,50 €	28,50 €
Produktion/Absatz (Stück)	750	1.300	1.000

Geben Sie mithilfe der DB-Rechnung eine Empfehlung ab, ob der Auftrag angenommen und dafür ein anderes Produkt eliminiert werden sollte.

5.2 Um die aktuelle Outdoor-Kollektion vorzustellen, nimmt „LILLI" an der Messe „Mountain Active" in Kempten teil.

5.2.1 In diesem Zusammenhang liegt Ihnen der folgende Beleg vor. Bilden Sie den erforderlichen Buchungssatz.

Allgäuer Hof GmbH

Allgäuer Hof GmbH, Adenauerring 43, 87436 Kempten

Lilli Stoll Bio-Fashion e. Kfr.
Im Gewerbepark 57C
93059 Regensburg

Inhaber: Lilli Stoll
Registergericht: HRB 493
Steuernummer: 573/114/73028
USt-IdNr.: DE 224384673
Tel.: 0831 99322 434
Mail: service@allgaeuerhof.de

Rechnung Nr. 4832 / 22   Kempten, 14.09.2022
(Bei Zahlung bitte angeben!)
Kunden-Nr.: 390023

Pos.	Menge	Leistung	Gesamtpreis
1	3	Übernachtung im Einzelzimmer inkl. Frühstück vom 12.09. bis 14.09.2022	720,00 €
		Umsatzsteuer 7 %	50,40 €
		Rechnungsbetrag	**770,40 €**

zahlbar sofort ohne Abzug

5.2.2 Ein Messeauftritt ist für ein Unternehmen in der Regel mit hohen Aufwendungen verbunden.

Erläutern Sie zwei Gründe, warum die Teilnahme an der Messe „Mountain Active" sich für „LILLI" trotzdem lohnen kann.

Aufgabe 6

6.0 Lilli Stoll erstellt zur Kontrolle der Forderungen regelmäßig eine Übersicht:

Kunde	Rechnungs-datum	Einwandfreie Forderung 2400 FO	Zweifelhafte Forderung 2470 ZWFO
…	…	…	…
Modehaus Weidinger	23.06.2022	13.542,20 €	
Fashion Studio Hausner	28.07.2022	7.639,80 €	
Boutique „Zapf hat's"	12.08.2022		11.483,50 €
…	…	…	…

6.1 Bilden Sie die Buchungssätze zu folgenden Vorgängen:

6.1.1 Das Modehaus Weidinger hat trotz mehrmaliger Mahnung nicht gezahlt.

6.1.2 Dem Fashion Studio Hausner werden wegen Zahlungsverzug 117,14 € Verzugszinsen und 20,00 € Mahngebühren in Rechnung gestellt.

6.2 Die Rechtsabteilung von „LILLI" gibt folgende Information an die Buchhaltung weiter:

> ### Insolvenzverfahren
>
> *2 IK 342/22*
> In dem Insolvenzverfahren über das Vermögen der Firma Boutique „Zapf hat's e. K.", Grabengasse 25, 94032 Passau, findet mit Genehmigung des Gerichts die Schlussverteilung statt. Für die festgestellten Forderungen in Höhe von 57.844,00 € steht ein Betrag von 19.666,96 € zur Verteilung zur Verfügung. […]
>
> Amtsgericht Passau – Insolvenzgericht – 09.11.2022

6.2.1 Berechnen Sie die Insolvenzquote.

6.2.2 Auf dem Geschäftsbankkonto von „LILLI" gehen 7.627,90 € der zweifelhaften Forderungen an „Zapf hat's" ein. Der Rest ist verloren. Bilden Sie den erforderlichen Buchungssatz.

6.3 Am 31.12.2022 liegt folgende Tabelle (Auszug) der zweifelhaften Forderungen vor:

	A	B	C	D	E	F
1	Kunde	ZWFO brutto (€)	ZWFO netto (€)	geschätzter Ausfall (%)	geschätzter Ausfall (€)	
2	...	...	...	...	...	
3	...	...	...	...	...	
4	...	...	...	...	...	
5	Zöllner	16.065,00 €	**(A)**	**(B)**	3.240,00 €	
6			Geschätzte Ausfälle gesamt		14.520,00 €	
7						

6.3.1 Berechnen Sie die fehlenden Werte (A) und (B) bei Kunde „Zöllner".

6.3.2 Bilden Sie den Buchungssatz für die erforderliche Vorabschlussbuchung.

Aufgabe 7

7.0 Für die Anschaffung eines Lieferwagens hat „LILLI" im Jahr 2019 einen Kredit aufgenommen.

Folgender Tilgungsplan für ein Darlehen liegt auszugsweise vor:

Tilgungsplan für Darlehen Nr. 232/2019

Darlehensbetrag: 69.000,00 €   Zinssatz p. a.: 2,60 %   Laufzeit: 6 Jahre

Jahr	Zinsen	Tilgung	Annuität	Restschuld
2019	1.794,00 €	11.500,00 €	13.294,00 €	57.500,00 €
2020	1.495,00 €	11.500,00 €	12.995,00 €	46.000,00 €
2021	1.196,00 €	11.500,00 €	12.696,00 €	34.500,00 €
2022	897,00 €	11.500,00 €	12.397,00 €	23.000,00 €
2023	...	...	...	...

7.1.1 Begründen Sie, um welche Art von Darlehen es sich handelt.

7.1.2 Bilden Sie den Buchungssatz für den **Schuldendienst** im Jahr 2022 (Banküberweisung).

7.1.3 Berechnen Sie Zinsen und Restschuld für das Jahr 2023.

7.1.4 Eine Alternative zur Kreditfinanzierung, gerade bei der Beschaffung von Fahrzeugen, stellt das Leasing dar.
Erläutern Sie zwei Vorteile dieser Finanzierungsform.

7.2 Um den geplanten Onlineshop einrichten zu können, stehen Investitionen für die Erweiterung des Lagers an. In diesem Zusammenhang liegen Lilli Stoll zwei Kreditangebote vor:

Gesprächsnotiz

Datum: 5.6.2022   Uhrzeit: 9:15

Firma: Hausbank: Direktinvest Regensburg

Gesprächspartner: Herr Edenhofner

Telefon: Kurzwahl #202   Telefax:

E-Mail: Edenhofner@Direktinvest.de

Betreff:

Kreditbetrag:	140.000,00 €
Laufzeit:	4 Jahre
Zinssatz:	4,5 % p.a.
Disagio:	1 %
Zinssatz effektiv:	4,78 %

⤺ Antworten	⤷ Weiterleiten	🗂 Archivieren	🖐 Junk	⊘ Löschen

Von: **24Hours OnlineBank**   **05.06.2022**   **11:17 Uhr**
Betreff: **Kreditangebot**

An: **„LILLI"**

Sehr geehrte Frau Stoll,

vielen Dank für Ihre Kreditanfrage.

Wir können Ihnen die gewünschte Kreditsumme (140.000,00 €, Laufzeit 4 Jahre) zu folgenden Bedingungen anbieten:
Zinssatz: 4,0 % p.a.
Disagio: 1,5 %

Wir freuen uns auf Ihre Rückmeldung.

Mit freundlichen Grüßen
Maxim Drummer, 24Hours OnlineBank

7.2.1   Erklären Sie, was man unter einem Disagio versteht.

7.2.2   Begründen Sie rechnerisch, bei welcher Bank der Kredit aufgenommen werden sollte.

Lösungsvorschlag

1.1 aufgrund der Menge (Mengenrabatt), *Alternativ:* Wiederverkäuferrabatt   1

Erklärung: Fashion-Wear kauft große Mengen und erhält dafür einen Rabatt. Häufig gibt es eine Rabattstaffel: Je größer die eingekaufte Menge, desto höher der gewährte Rabattsatz.
Alternativ: Fashion-Wear ist ein Händler, der die Waren weiterverkauft.

1.2 Die Umsatzsteueridentifikationsnummer wird für die Kontrolle des innergemeinschaftlichen Handels, also den Handel innerhalb der Europäischen Union, benötigt.   1

Erklärung: In den Ländern der EU gibt es unterschiedliche Umsatzsteuersätze. Liefert z. B. ein deutsches Unternehmen (UST-Satz 19 %) Waren in ein anderes EU-Land, z. B. Finnland, ist die Ausfuhr von der Umsatzsteuer befreit. Der finnische Käufer muss die Ware dann zum Umsatzsteuersatz in seinem Land (24 %) versteuern.

1.3   2400 FO   39.739,46 €   an   5000 UEFE   33.394,50 €
                                             4800 UST   6.344,96 €

                                                                        3

Erklärung: *2400 FO:* Durch den Zielverkauf nehmen die Forderungen (Aktivkonto) zu → Buchung im Soll.
5000 UEFE: Durch den Verkauf erhöhen sich die Erlöse → Buchung im Haben.
4800 UST: Beim Verkauf fällt Umsatzsteuer an (Passivkonto) → Buchung im Haben.

1.4   6140 AFR   170,00 €   an   2880 KA   202,30 €
          2600 VORST   32,30 €   3

Erklärung: „LILLI" liefert die Waren an Fashion-Wear „frei Haus", trägt also selbst die Kosten für die Auslieferung der Kollektionen an den Kunden.
6140 AFR: Die Kosten für die Spedition stellen für „LILLI" einen Aufwand dar → Buchung im Soll.
2600 VORST: Für die Dienstleistung fällt Vorsteuer an (Aktivkonto) → Buchung im Soll.
2880 KA: Bei dem Beleg handelt es sich um eine Quittung, „LILLI" hat also bar bezahlt. Der Kassenbestand mindert sich → Buchung im Haben.

1.5

Rechnungsbetrag	39.739,46 €	
– 2,5 % Skonto	993,49 €	834,87 € Skonto netto
Überweisungsbetrag	38.745,97 €	158,62 € VORST-Anteil

          2800 BK   38.745,97 €   an   2400 FO   39.739,46 €
          5001 EBFE   834,87 €
          4800 UST   158,62 €   5

Erklärung: Der Kunde Fashion-Wear bezahlt innerhalb der Skontofrist – hier ist ein Abgleich mit dem Rechnungsdatum im Beleg erforderlich. Den Skontobetrag (brutto) erhält man, indem vom Rechnungsbetrag (s. Beleg) der Überweisungsbetrag (s. Angabe 1.5) abgezogen wird.

2800 BK: Das Geschäftsbankkonto mehrt sich, wenn der Kunde bezahlt → Buchung im Soll.

5001 EBFE: Durch den Skontoabzug des Kunden müssen die Erlöse berichtigt werden → Buchung im Soll.

4800 UST: Durch den Skontoabzug mindert sich die zu bezahlende Umsatzsteuer (Passivkonto) → Buchung im Soll.

2400 FO: Durch die Begleichung der Rechnung mindern sich die Forderungen (Aktivkonto) → Buchung im Haben.

1.6 Ein virtueller Showroom bietet „LILLI" die Möglichkeit, die Kollektionen ansprechend und zeitgemäß zu präsentieren. Außerdem haben Kunden weltweit und jederzeit die Möglichkeit, sich über die Produkte von „LILLI" zu informieren. 2

Alternative Lösung: Virtuelle Showrooms bieten die Möglichkeit, neue und junge Kundengruppen anzusprechen, die sich v. a. über das Internet informieren. Durch einen eigenen Onlineshop wird der Einzelhandel umgangen, wodurch sich der Gewinn erhöht. Diese Form des Vertriebs erfordert allerdings zunächst Investitionen in die entsprechende Technik und einen höheren Aufwand durch Lagerhaltung und im Vertrieb.

2.1.1 Anstieg der Werbeausgaben: $\dfrac{(13,8 - 1,7) \cdot 100}{1,7} = 711,76$

Die Werbeausgaben für Influencer sind von 2016 bis 2021 um 711,76 % angestiegen. 2

Erklärung: Ausgangswert für die Berechnung sind die Werbeausgaben von 2016. Bis 2021 haben sich die Ausgaben um 12,1 Mrd. Dollar erhöht, das entspricht 711,76 Prozent.

1,7 Mrd. Dollar = 100 %
12,1 Mrd. Dollar = x %

2.1.2 A: richtig   B: richtig   C: falsch 3

Erklärung: *zu A:* Im Text ist erwähnt, dass in einer Umfrage fast 22 % der Menschen in Deutschland dies schon gemacht haben.

zu B: Hier sind die unteren beiden Kategorien im Säulendiagramm zu addieren (0 bis 50.000 €). Der Wert ist von 2018 bis 2020 von 54 % auf 36 % gesunken, also um ein Drittel.

zu C: Zur Umsatzsteigerung finden sich in Text und Infografik keine Informationen. Das Liniendiagramm zeigt, dass sich die **Ausgaben** für Influencer-Marketing mehr als verdoppelt haben.

2.2.1 Influencer-Marketing ist dem Bereich Kommunikation (Promotion) zuzurechnen.

1

Erklärung: Kommunikationspolitik hat das Ziel, Produktwerbung erfolgreich zu platzieren. Influencer sind Meinungsmacher, deren Produktempfehlungen aufgrund ihrer Glaubwürdigkeit eine hohe Werbewirkung bei den Followern erzielen.

2.2.2 Z. B.: Es handelt sich bei beiden Werbemitteln um klassische Werbeformen. Für Radiowerbung spricht, dass sie eine hohe Reichweite hat und man damit viele potenzielle Kunden erreicht. Plakatwerbung hingegen ist auffällig, springt ins Auge. Das ist insbesondere bei der Vermarktung von Mode ein wichtiges Argument. Insbesondere in Städten erreicht man auch damit viele Menschen. Aus diesem Grund ist Plakatwerbung eine ideale Ergänzung zum Influencer-Marketing.

3

2.3.1 „Blue Gorilla" ist gerade auf dem Markt eingeführt worden. Das Produkt ist noch unbekannt, die Umsätze sind sehr niedrig und die Kollektion verursacht noch Verluste.

2

Erklärung: Das Modell des Produktlebenszyklus beschreibt die verschiedenen Phasen, die ein Produkt in der Regel durchläuft, solange es auf dem Markt ist. Abhängig davon, in welcher Phase sich ein Produkt befindet, kommen verschiedene Marketingstrategien zum Einsatz.

2.3.2 Z. B.: In der Einführungsphase ist es wichtig, den Bekanntheitsgrad eines Produktes zu erhöhen, um höhere Umsätze erzielen und die Gewinnzone erreichen zu können. „LILLI" sollte in Onlinewerbung investieren, da die Zielgruppe der Kollektion, Jugendliche, viel Zeit „im Netz" verbringt.

2

Alternative Antwort: „LILLI" könnte „Blue Gorilla" mit einem niedrigen Preis auf dem Markt einführen und auf diese Weise das Interesse der Zielgruppe (Jugendliche) wecken. Hat sich ein Produkt durchgesetzt, kann in der Wachstumsphase der Preis angehoben werden.

2.4.1 Die Umsätze sind von 2015 bis 2020 stetig gestiegen, in den letzten beiden Jahren aber wieder gesunken. Mit dem Gewinn verhält es sich genauso. Das Produkt „Yeti" befindet sich in der Phase der Sättigung.

2

Erklärung: In der Sättigungsphase sinken Absatz und Gewinn, da das Marktpotenzial bereits ausgeschöpft wurde.

2.4.2 Z. B.: „LILLI" könnte mit einem Relaunch (Neustart) versuchen, den Lebenszyklus von „Yeti" zu verlängern. Dafür sollte das Design angepasst werden und evtl. sollten modernere Materialien verwendet werden. Begleitet wird ein Relaunch meist von umfangreichen Werbemaßnahmen.

2

Alternative Lösung: „LILLI" könnte die Gewinne abschöpfen, aber auf weitere Marketingmaßnahmen verzichten. Wenn „Yeti" die Gewinnzone verlässt, wird das Produkt vom Markt genommen (eliminiert).

3.1.1 Z. B.:
- Auf dem freien Arbeitsmarkt ist die Auswahl an geeigneten Mitarbeitern größer als bei der internen Mitarbeitersuche.
- Externe Mitarbeiter können einem Unternehmen neue Impulse geben. 2

Erklärung: Bei der internen Personalbeschaffung ist der Kreis an geeigneten Bewerbern auf die Unternehmensmitarbeiter begrenzt.

3.1.2 kooperativer Führungsstil 1

Erklärung: Beim kooperativen Führungsstil werden Mitarbeiter – im Gegensatz zum autoritativen Führungsstil – in die Planung der Abläufe und Arbeitsverteilung miteinbezogen.

3.2 Z. B.: Frau Graf weist zwar die niedrigeren Bildungsabschlüsse auf, erfüllt aber die fachlichen Anforderungen an die Stelle. Sie verfügt zudem über eine lange Berufserfahrung im Bereich Rechnungswesen. Außerdem kommt sie aus der Region und ist an einer langfristigen Anstellung interessiert. 3

Alternative Lösung: Frau Burkhardt ist hoch qualifiziert. Sie hat in kurzer Zeit in mehreren Unternehmen und verschiedenen Ländern Berufserfahrung gesammelt, die sie nun bei „LILLI" einbringen kann. Zudem ist sie, wie ihr beruflicher Werdegang zeigt, belastbar und vielseitig im Unternehmen einsetzbar.

Erklärung: Die wesentlichen Kriterien bei der Entscheidung für Frau Graf sind: fachliche Qualifikation, Berufserfahrung und voraussichtliche Verbleibdauer im Unternehmen. Frau Burkhardt verfügt zwar über eine sehr hohe Qualifikation und hat in den vergangenen Jahren Berufserfahrung in verschiedenen Bereichen gesammelt. Es ist jedoch zu vermuten, dass sie, wie bei ihren vorhergehenden Anstellungen, nur kurz im Unternehmen verbleibt und dann eine neue Herausforderung anstrebt.

3.3 Zeitentgelt / Zeitvergütung 1

Erklärung: Mitarbeiter in der Unternehmensverwaltung erhalten in der Regel eine feste Vergütung pro Monat, die unabhängig von der erbrachten Leistung ist. Im Gegensatz dazu ist beim **Leistungsentgelt** die Höhe von der erbrachten Leistung abhängig. Ein typisches Beispiel hierfür ist der Akkordlohn: Je mehr ein Mitarbeiter produziert, desto höher ist sein Lohn.

3.4.1 Es sind vor allem Frauen, die aufgrund familiärer Verpflichtungen auf eine Vollzeittätigkeit verzichten. 1

Erklärung: Teilzeitarbeit ermöglicht eine bessere Vereinbarkeit von Beruf und Familie, insbesondere, wenn noch kleine Kinder zu betreuen sind.

3.4.2 Z. B.:
- geringeres Einkommen
- geringere Rentenansprüche 2

Erklärung: Neben den bereits genannten negativen Folgen verringern sich durch die Teilzeitarbeit die Aufstiegschancen im Unternehmen und die Integration in die betrieblichen Abläufe. Teilzeitarbeit stellt oft nur einen Zusatzverdienst zum Familieneinkommen dar.

3.5.1 Max Dilbat ist in der Lohnsteuerklasse 3 (verheiratet/eingetragener Lebenspartner) und hat einen Kinderfreibetrag.   2

Erklärung: Jeder Arbeitnehmer ist in eine von sechs Lohnsteuerklassen eingeteilt, die unter anderem vom Familienstand abhängt. Für jedes Kind erhält man einen Kinderfreibetrag, der die Steuerschuld mindert.
Max Dilbat gehört offensichtlich keiner Religionsgemeinschaft an, die Kirchensteuer erhebt – dann wäre noch ein weiterer Zusatz angefügt, z. B. ev. (evangelisch) oder rk (römisch-katholisch).

3.5.2   4840 VSV   an   2800 BK   9.160,06 €

     3

Erklärung: *Achtung:* Es werden der Arbeitnehmer- und der Arbeitgeberanteil überwiesen!
4840 VSV: Durch die Überweisung mindern sich die Verbindlichkeiten gegenüber Sozialversicherungsträgern → Buchung im Soll.
2800 BK: Der Bestand auf dem Geschäftsbankkonto mindert sich → Buchung im Haben.

4.1.1 Abschreibung: $\dfrac{43.400,00}{6} = 7.233,33 €$

Kalkulatorische Zinsen: $\dfrac{43.400,00 \cdot 5,5}{2 \cdot 100} = 1.193,50 €$

Summe fixe Kosten: 7.233,33 €
                   +   1.193,50 €
                   +   2.770,00 €
                   = 11.196,83 €

Gesamtkosten p. a.:   Summe variable Kosten   9.600,00 €
                    + Summe fixe Kosten   11.196,83 €
                    = Gesamtkosten p. a.   20.796,83 €

Kaufempfehlung für die Maschine von Textil-INNOvation, da die jährlichen Gesamtkosten niedriger sind.   5

Erklärung: Mit der Kostenvergleichsrechnung werden die Kosten verschiedener Anlagemöglichkeiten (hier: Textilschneidemaschinen) verglichen.
Variable Kosten hängen von der Anzahl der produzierten Güter ab. Je höher die Produktionsmenge, desto höher sind die Kosten für Personal, Material, Energie und sonstige variable Kosten.
Fixe Kosten dagegen fallen unabhängig von der produzierten Menge an. Bei der Kostenvergleichsrechnung sind dabei drei Positionen zu berücksichtigen:

- Abschreibungen: Der Wertverlust der Maschine pro Jahr
- Kalkulatorische Zinsen: Zinsen, die man erzielt hätte, wenn man die Anschaffungskosten auf dem Kapitalmarkt angelegt hätte
- Sonstige fixe Kosten: z. B. Versicherung, Wartung der Maschine

4.1.2 „LILLI" kann erwirtschaftete Gewinne im Unternehmen belassen (Gewinnthesaurierung). 1

Alternative Lösung: „LILLI" kann eigenes Vermögen einbringen oder einen stillen Gesellschafter aufnehmen, der sich finanziell beteiligt.

Erklärung: Bei der Gewinnthesaurierung werden Gewinne nicht ausgeschüttet, sodass finanzielle Mittel in Form von Eigenkapital zur Verfügung stehen. Die aus der Gewinnthesaurierung entstehenden Mittel stehen dem Unternehmen langfristig zur Verfügung.

4.1.3 Durch die Finanzierung von Anlagen aus eigenen Mitteln ist man unabhängig von Gläubigern (Banken). 1

Alternative Lösung: Die Kreditwürdigkeit steigt, die Gefahr von Überschuldung sinkt, das Unternehmen ist krisenfest.

Erklärung: Bei Eigenfinanzierung sind keine Zinsen und Gebühren zu entrichten. Es besteht keine Rückzahlungsverpflichtung.

4.2.1 Abschreibung/Jahr: $\dfrac{43.400,00}{6} = 7.233,33 \text{ €}$

Abschreibung im Anschaffungsjahr: $\dfrac{7.233,33 \cdot 9}{12} = 5.425,00 \text{ €}$

6520 ABSA an 0700 MA 5.425,00 € 4

Erklärung: Im Anschaffungsjahr erfolgt eine zeitanteilige Abschreibung. Die Maschine wurde im April gekauft, konnte also im Jahr 2022 neun Monate genutzt werden. Der jährliche Abschreibungsbetrag muss entsprechend umgerechnet werden.
6520 ABSA: Eine Abschreibung stellt einen Werteabfluss (Aufwand) dar
→ Buchung im Soll.
0700 MA: Die Maschine (Aktivkonto) verliert durch die Nutzung an Wert
→ Buchung im Haben.

4.2.2 6540 ABGWG an 0890 GWG 2.610,00 € 3

Erklärung: *6540 ABGWG:* Die Abschreibung der GWG stellt einen Werteabfluss dar, die Aufwendungen erhöhen sich → Buchung im Soll.
0890 GWG: Die Bestände auf 0890 GWG werden am Ende des Anschaffungsjahres **vollständig abgeschrieben**. Das Aktivkonto mindert sich
→ Buchung im Haben.

4.2.3 2000 R an 6000 AWR 3.640,00 €

2

Erklärung: Ein Mehrbestand bei den Rohstoffen bedeutet, dass im Lauf des Jahres mehr Rohstoffe gekauft wurden, als in der Produktion verarbeitet werden konnten. Der Lagerbestand hat sich erhöht.

2000 R: Der Bestand im Lager hat sich erhöht → Buchung im Soll.

6000 AWR: Beim Einkauf wurden die Rohstoffe als Aufwand verbucht. Da sie nicht verbraucht wurden, muss der Aufwand korrigiert werden → Buchung im Haben.

5.1.1   Auslastung in Prozent $= \dfrac{646 \cdot 100}{850} = 76,00\,\%$ 1

Erklärung: Kapazität bezeichnet die maximale Menge, die produziert werden kann. Die **Auslastung** gibt an, welcher Anteil der Kapazität genutzt wird. Grundwert für die Auslastung ist die maximale Produktionsmenge.

850 Stück $= 100\,\%$
646 Stück $=$ x %

5.1.2

	Modell „Everest" 646 Stück in €	Modell „Zugspitze" 1.148 Stück in €	Gesamt in €
Nettoverkaufserlöse – variable Kosten	▲206.890,00 € ④ 120.156,00 €	332.920,00 € ② 141.204,00 €	
Deckungsbeitrag – Fixkosten	86.734,00 € ◄——— ③	▼191.716,00 €	278.450,00 € ▲ 208.300,00 € ①
Betriebsergebnis		70.150,00 €	

Nettoverkaufserlös / Stück „Everest": $\dfrac{206.890,00}{646} = 320,26\text{ €}$ ⑤

Der Nettoverkaufserlös der Hose „Everest" beträgt 320,26 €.   5

Erklärung:
1. Berechnung des Gesamt-DB ausgehend vom Betriebsergebnis.
2. Berechnung des Gesamt-DB von „Zugspitze".
3. Berechnung des Gesamt-DB von „Everest".
4. Berechnung der gesamten Nettoverkaufserlöse von „Everest".
5. Berechnung des NVE / Stück für „Everest".

5.1.3   **TIPP** Bei der Gewinnschwellenmenge wird immer aufgerundet!

Gewinnschwellenmenge $= \dfrac{208.300,00}{(290,00 - 123,00)} = 1.247,31$

Es müssen 1.248 Jacken vom Modell „Zugspitze" produziert und verkauft werden, um die Gewinnschwelle zu erreichen.   3

Erklärung: Die Gewinnschwelle ist erreicht, wenn durch den Deckungs-beitrag die gesamten Fixkosten abgedeckt sind. Das Modell „Zugspitze" erzielt einen DB/Stück von 167,00 €, es müssen also 1.248 Stück verkauft werden, um Gewinn zu erzielen.

5.1.4

	Maui	Kohala	Nihoa
DB/Stück	40,00	10,50	29,50
DB gesamt	30.000,00	13.650,00	29.500,00

Mit dem neuen Auftrag kann ein Deckungsbeitrag von 21.500,00 € erzielt werden, 7.850,00 € mehr als mit dem Modell Kohala. Der Auftrag sollte angenommen und die Produktion von Kohala eingestellt werden.　　　　3

Erklärung: Das Produkt Kohala weist zwar einen positiven Deckungsbeitrag auf, allerdings kann durch die Produktion des neuen Produktes ein höherer Deckungsbeitrag und damit ein besseres Betriebsergebnis erzielt werden. Da „LILLI" keine freien Kapazitäten zur Verfügung stehen, um alle vier Hemden zu produzieren, ist es sinnvoll, Kohala zu eliminieren.

5.2.1　6850 REK　　　720,00 €　　　an　　　4400 VE　　　770,40 €
　　　　2600 VORST　　50,40 €　　　　　　　　　　　　　　　　　　3

Erklärung: *6850 REK:* Auf diesem Konto werden auch Aufwendungen für Bahn-/Flugtickets, Taxi, Restaurants erfasst. Die Aufwendungen erhöhen sich → Buchung im Soll.
2600 VORST: Für Hotelaufenthalte wird der ermäßigte Steuersatz von 7 % berechnet → Buchung im Soll.
4400 VE: Die Verbindlichkeiten mehren sich → Buchung im Haben.

5.2.2　Z. B.:
- Auf Messen trifft sich Fachpublikum, oft aus der ganzen Welt. Ein Messe-auftritt bietet also die Möglichkeit, persönliche Kontakte zu knüpfen und neue Kunden und Märkte zu erschließen.
- Durch einen Messeauftritt steigt der Bekanntheitsgrad des Unternehmens in der Branche.　　　　2

Alternative Lösung: Messebesuche bieten die Möglichkeit, das Image zu pflegen und sich über neue Entwicklungen zu informieren.

6.1.1　2470 ZWFO　　　　　　　an　　　2400 FO　　　13.542,20 €
　　　　　　　　　　　　　　　　　　　　　　　　　　　　2

Erklärung: Reagiert ein Kunde nicht auf Mahnungen, muss man davon ausgehen, dass die Zahlung evtl. ausfällt. Es erfolgt eine Umbuchung von einwandfreien auf zweifelhafte Forderungen.
2470 ZWFO: Der Bestand an zweifelhaften Forderungen (Aktivkonto) erhöht sich → Buchung im Soll.
2400 FO: Der Bestand an einwandfreien Forderungen mindert sich → Buchung im Haben.

6.1.2

2400 FO	137,14 €	an	5710 ZE	117,14 €
			5430 ASBE	20,00 €

3

Erklärung: Kommt ein Kunde in Verzug, kann der Gläubiger vom Schuldner den Ersatz des entstandenen Schadens verlangen.
5710 ZE: „LILLI" hat Anspruch auf Verzugszinsen, die Erträge steigen → Buchung im Haben.
5430 ASBE: Außerdem kann der Gläubiger Mahngebühren verlangen (Kosten, die durch das Mahnverfahren entstehen), die Erträge steigen → Buchung im Haben.
2400 FO: Durch die Rechnungsstellung erhöhen sich die Forderungen (Aktivkonto) → Buchung im Soll.

6.2.1 Insolvenzquote in Prozent: $\dfrac{19.666,96 \cdot 100}{57.844,00} = 34,00\,\%$

Die Insolvenzquote beträgt 34 %.

1

Erklärung: Die Insolvenzquote gibt den Anteil der Forderungen an, den die Gläubiger nach Ende des Insolvenzverfahrens noch erhalten. Grundwert ist die Summe der Forderungen.
57.844,00 € = 100 %
19.666,96 € =   x %

6.2.2

> **TIPP** Das Schema zur Ermittlung des Nettoausfalls ist unbedingt als Nebenrechnung anzugeben. Vergewissern Sie sich bei Bildung des Buchungssatzes, dass die Beträge der Sollseite und der Betrag auf der Habenseite übereinstimmen: „Sollbuchung = Habenbuchung"

ZWFO	11.483,50 €
– Zahlungseingang	7.627,90 €
Ausfall (brutto)	3.855,60 €
– Umsatzsteuer	615,60 €
= Ausfall (netto)	3.240,00 €

2800 BK	7.627,90 €	an	2470 ZWFO	11.483,50 €
6950 ABFO	3.240,00 €			
4800 UST	615,60 €			

5

Erklärung: *2470 ZWFO:* Das Insolvenzverfahren ist beendet und die gegenüber dem Kunden bestehende zweifelhafte Forderung (Aktivkonto) wird aufgelöst → Buchung im Haben.
2800 BK: Von der ursprünglichen Forderung (11.483,50 €) gehen nur 7.627,90 € auf dem Konto ein → Buchung im Soll.
6950 ABFO: Der Nettoausfall (3.240,00 €) muss abgeschrieben werden, die Aufwendungen mehren sich → Buchung im Soll.

4800 UST: „LILLI" erhält nur einen Teil der Forderungen, also muss die Umsatzsteuer korrigiert werden → Buchung im Soll. Ohne Korrektur würde „LILLI" zu viel Umsatzsteuer ans Finanzamt überweisen.

6.3.1 (A): $\dfrac{16.065,00 \cdot 100}{119} = 13.500,00 \text{ €}$

Der Nettowert der zweifelhaften Forderung gegenüber Zöllner beträgt 13.500,00 €.   1

(B): $\dfrac{3.240,00 \text{ €} \cdot 100}{13.500,00 \text{ €}} = 24\,\%$

Der Ausfall beträgt 24 %.   1

Erklärung: Am Jahresende werden die zweifelhaften Forderungen bewertet. Dabei wird bei jeder ZWFO das Ausfallrisiko geschätzt. Abgeschrieben wird der **Nettowert**.

6.3.2 6950 ABFO   an   3670 EWB   14.520,00 €

                                                                                         2

Erklärung: *6950 ABFO:* Der erwartete Ausfall der ZWFO (Nettowert) wird abgeschrieben, die Aufwendungen mehren sich → Buchung im Soll.
3670 EWB: Der geschätzte Ausfall (netto) wird auf dem Passivkonto EWB erfasst → Buchung im Haben.
Auf diese Weise stehen den zweifelhaften Forderungen (Aktivkonto) in der Bilanz die erwarteten Ausfälle (EWB = Passivkonto) gegenüber.

7.1.1 Es handelt sich um ein Abzahlungsdarlehen. Die Tilgung bleibt konstant, während sich die Annuität aufgrund der sinkenden Zinszahlungen verringert.   2

Erklärung: Beim Annuitätendarlehen bleibt hingegen die Annuität (Tilgung + Zinsen) konstant.

7.1.2 4250 LBKV   11.500,00 €   an   2800 BK   12.397,00 €
          7510 ZAW   897,00 €   3

Erklärung: Die Zinszahlung und Tilgung eines Schuldners werden als Schuldendienst bezeichnet.
4250 LBKV: Durch die Tilgung mindern sich die langfristigen Bankverbindlichkeiten → Buchung im Soll.
7510 ZAW: Der Zinsaufwand steigt → Buchung im Soll.
2800 BK: Der Bestand des Geschäftskontos mindert sich → Buchung im Haben.

7.1.3 Zinsen: $\dfrac{23.000,00 \cdot 2,6}{100} = 598,00 \text{ €}$

Restschuld: $23.000,00 - 11.500,00 = 11.500,00 \text{ €}$ 2

Erklärung: Die Zinsen (2,6 %) für das Jahr 2023 werden von der Restschuld des Jahres 2022 berechnet. Um die Restschuld für 2023 zu erhalten, muss die Tilgung von der bestehenden Restschuld im Jahr 2022 subtrahiert werden.

7.1.4 Z. B.:
- geringer Liquiditätsbedarf
- (kurzzeitiges) Leasing modernster Modelle (Fahrzeug, Maschine, PC etc.) auf dem jeweils aktuellen technischen Stand   2

Weitere Vorteile: kurze Laufzeiten des Leasingvertrages bieten hohe unternehmerische Flexibilität; die Risiken trägt die Leasinggesellschaft; Unternehmen können Leasingaufwand steuerlich absetzen.

Erklärung: Der Leasingnehmer ist nur für eine vertraglich vereinbarte Laufzeit im Besitz des Leasingguts. Er entrichtet eine einmalige Sonderzahlung sowie monatliche Leasingraten. Am Ende der Laufzeit gibt er die Sache zurück oder erwirbt sie zum Restwert.

7.2.1 Ein Disagio ist ein vorausbezahlter Zins.   1

Erklärung: Das Damnum (auch: Abgeld) wird vom Kreditbetrag abgezogen. Der Darlehensnehmer erhält also nicht den gesamten Darlehensbetrag ausbezahlt.

7.2.2 Ermittlung effektiver Zinssatz 24Hours OnlineBank:

Ausgezahltes Kapital:	Kreditbetrag	140.000,00 €	100,0 %
	– Disagio	2.100,00 €	1,5 %
	= Auszahlungsbetrag	137.900,00 €	98,5 %

Zinsen in Euro: $\dfrac{140.000,00 \cdot 4,0 \cdot 1.440}{100 \cdot 360} = 22.400,00\ €$

Kreditkosten:	Zinsen	22.400,00 €
	+ Disagio	2.100,00 €
	= Kreditkosten	24.500,00 €

Effektiver Zinssatz:

$$\frac{\text{Kreditkosten} \cdot 100 \cdot 360}{\text{Ausgezahltes Kapital} \cdot \text{Tage}} = \frac{24.500,00 \cdot 100 \cdot 360}{137.900,00 \cdot 1.440} = 4,44\ \%$$

Der Kredit sollte bei der 24Hours OnlineBank aufgenommen werden, da die effektive Verzinsung mit 4,44 % niedriger ist als bei der Hausbank.   5

Erklärung: Der Nominalzinssatz ist bei den beiden Angeboten nur bedingt aussagekräftig, da zusätzlich ein Disagio (vorausbezahlter Zins) zu berücksichtigen ist. Der effektive Zinssatz berechnet das Disagio mit ein.
Zu berechnen sind:
- der Auszahlungsbetrag: Kreditbetrag – Disagio
- die gesamten Kreditkosten: Zinsen + Disagio

Mit der Einführung des LehrplanPLUS wird zum Schuljahr 2022/23 die Abschlussprüfung im Fach Betriebswirtschaftslehre/Rechnungswesen (BwR) an bayerischen Realschulen weiterentwickelt, um den Kompetenzerwartungen und Inhalten des LehrplanPLUS sowie einer geänderten Leistungsbewertung Rechnung zu tragen. Weiterhin Bestand hat eine integrierte Aufgabenstellung aus betriebswirtschaftlichen Fragestellungen, Rechenteilen und Buchführungsteilen. Aufgrund der größeren Gewichtung von betriebswirtschaftlichen Kompetenzerwartungen im LehrplanPLUS steigt der Anteil der betriebswirtschaftlichen Fragestellungen. Im Hinblick auf Prüfungsumfang und Prüfungsdauer ergeben sich jedoch keine Änderungen. Erstmals erfolgt die Durchführung der Abschlussprüfung in ihrer weiterentwickelten Form im Schuljahr 2022/23.

Zur Orientierung bei der Vorbereitung auf die Abschlussprüfungen nach LehrplanPLUS steht eine Beispielabschlussprüfung zur Verfügung. Diese ist im LIS-Serviceteil beim Fach Betriebswirtschaftslehre/Rechnungswesen Jahrgangsstufe 10 unter Materialien veröffentlicht bzw. unter nachfolgendem Link zu finden:
https://www.lehrplanplus.bayern.de/zusatzinformationen/material/kapitel/68720/fach lehrplaene/realschule/10/bwl-rechnungswesen

Die veröffentlichte Beispielabschlussprüfung hat einen rein informativen und exemplarischen Charakter. Daher sind verbindliche Rückschlüsse auf Prüfungsaufgaben nicht möglich.

Neben der Beispielabschlussprüfung sind im LIS-Serviceteil auch exemplarische Leistungsaufgaben für die verschiedenen Jahrgangsstufen veröffentlicht, die ebenfalls der Orientierung dienen können.

Weitere Informationen zur Weiterentwicklung der Abschlussprüfungen an bayerischen Realschulen in den Fächern Mathematik, Deutsch, Betriebswirtschaftslehre/Rechnungswesen und Physik ab dem Schuljahr 2022/23 finden Sie auch im KMS Nr. IV.2 – BS 6500 – 5.69 306 vom 09.09.2019.

Hinweise zur vorliegenden Beispielabschlussprüfung

- Die Aufgaben beziehen sich auf das Modellunternehmen „Tobias Steinbach Elektrogabelstapler e. K." – kurz „TSE", mit dem Geschäftsjahr 2022.
- Ein Notenschlüssel zur vorliegenden Beispielabschlussprüfung wurde nicht erstellt.

Als Mitarbeiterin bzw. Mitarbeiter im Unternehmen „Tobias Steinbach Elektrogabelstapler e. K.", kurz „TSE", bearbeiten Sie verschiedene betriebswirtschaftliche Aufgaben.

Informationen zum Unternehmen:

Tobias Steinbach Elektrogabelstapler e. K.
Gewerbering 150
83646 Bad Tölz

Inhaber:	Tobias Steinbach
Rechtsform:	Einzelunternehmen
Geschäftsjahr:	1. Januar bis 31. Dezember 2022
Zweck des Unternehmens:	Hauptwerk Bad Tölz: Herstellung von Elektrogabelstaplern Zweigwerk Grünmarkt: Herstellung von Autoanhängern
Unternehmens- philosophie:	Beste Qualität für zuverlässige und umweltbewusste Lagerhaltung

Werkstoffe:

Rohstoffe
Bleche aus Stahl und Aluminium

Fremdbauteile
Räder, Achsen, Elektromotoren, …

Hilfsstoffe
Farben, Schrauben, …

Betriebsstoffe
Strom, Gas, Öl, …

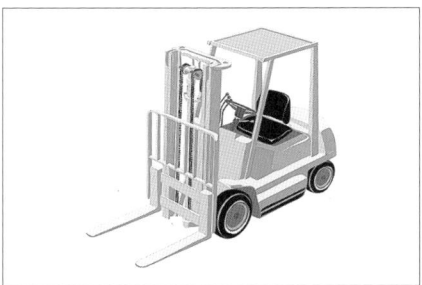

Formale Vorgaben:
- Bei Buchungssätzen sind stets Kontennummern, Kontennamen (abgekürzt möglich) und Beträge anzugeben.
- Bei Berechnungen sind jeweils alle notwendigen Lösungsschritte und Nebenrechnungen darzustellen.
- Alle Ergebnisse sind in der Regel auf zwei Nachkommastellen gerundet anzugeben.
- Soweit nicht anders vermerkt, gilt ein Umsatzsteuersatz von 19 %.

Aufgabe 1

Im Unternehmen „TSE" liegt folgender Beleg vor:

Tobias Steinbach Elektrogabelstapler e. K.

Tobias Steinbach Elektrogabelstapler e. K. * Gewerbering 150 * 83646 Bad Tölz

Baumaschinen Burger GmbH
Memminger Straße 12
87719 Mindelheim

Rechnung Nr. 22/1028

Tobias Steinbach Elektrogabelstapler e. K.
Gewerbering 150
83646 Bad Tölz

Tel.:   +49 (0)8041 0880-0
Fax: +49 (0)8041 0880-224
E-Mail: service@tse.xyz
Internet: www.tse.xyz

Rechnungsdatum: 26. Januar 2022
(Bei Zahlungen bitte angeben!)

Bestellnummer: 2200022   Kunden-Nr: 23401

Lieferdatum: 26.01.2022   Ansprechpartner: Herr Höhbauer

Aufgrund Ihrer Bestellung lieferten wir Ihnen frei Haus:

Pos.	Artikelbezeichnung	Menge	Einzelpreis	Gesamtpreis
1	Elektrogabelstapler „E-Power"	5	19.990,00 €	99.950,00 €
2	Elektrogabelstapler „Lupfi"	8	13.756,25 €	110.050,00 €
		Zwischensumme		210.000,00 €
		– 10 % Neukundenrabatt		21.000,00 €
		Warenwert		189.000,00 €
		+ 19 % Umsatzsteuer		35.910,00 €
		Rechnungsbetrag		**224.910,00 €**

Herzlichen Dank für Ihr Vertrauen!

Zahlung fällig am 26. Februar 2022 rein netto
Bei Zahlung bis zum 5. Februar 2022 gewähren wir 3% Skonto.

Die gelieferte Ware bleibt bis zur vollständigen Bezahlung Eigentum
von Tobias Steinbach Elektrogabelstapler e. K.

Innovative Elektrogabelstapler von TSE: Leistungsstark, effizient, umweltschonend

Bayeralpbank Bad Tölz   Amtsgericht Wolfratshausen HRA 6384
IBAN: DE22 7007 1200 0012 8478 95   USt.-IdNr.: DE816070475
BIC: BAYADEF1BXX   Steuernr.: 104/5056/0651

1.1 Geben Sie auf dem Lösungsblatt unter Angabe des Kennbuchstabens an, ob die Aussagen A bis C richtig oder falsch sind.

A	Im Gegensatz zur „Baumaschinen Burger GmbH" haftet Tobias Steinbach auch mit seinem Privatvermögen.
B	Beim vorliegenden Eigentumsvorbehalt sichert sich „TSE" das Eigentum an der Ware bis zur vollständigen Zahlung.
C	Tobias Steinbach gewährt aufgrund der gekauften Menge einen Skonto.

1.2 Bei der Lieferung frei Haus trägt „TSE" die Kosten der Lieferung. Begründen Sie anhand eines Aspekts die Entscheidung von Tobias Steinbach, dem Neukunden „Baumaschinen Burger GmbH" diese Lieferbedingung zu gewähren.

1.3 Bilden Sie den Buchungssatz zu nebenstehender Rechnung Nr. 22/1028.

1.4 Am 04.02.2022 erfolgt der Zahlungseingang für die Rechnung Nr. 22/1028 auf dem Geschäftsbankkonto von „TSE".
Bilden Sie den Buchungssatz.

1.5 Tobias Steinbach betrachtet folgende Portfolio-Matrix, um die Verkaufszahlen durch entsprechende Marketing-Maßnahmen zu erhöhen:

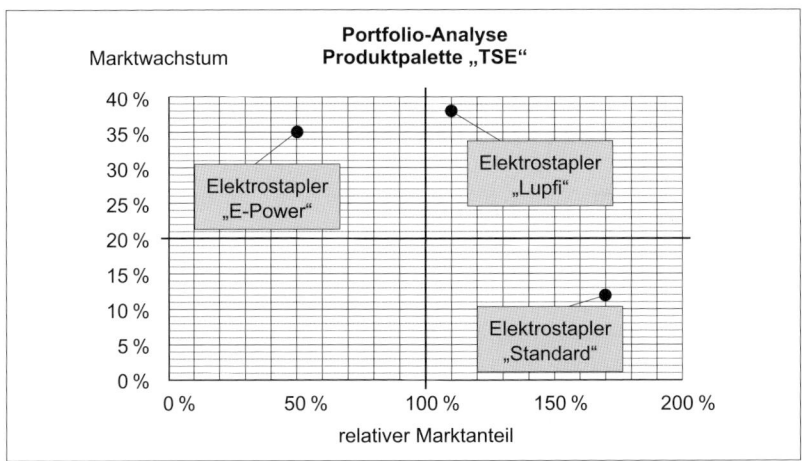

1.5.1 Charakterisieren Sie die Position des Modells „E-Power" im Koordinatensystem mithilfe der Begriffe der Portfolio-Analyse.

1.5.2 Leiten Sie aufgrund der Position des Modells „Lupfi" in der Portfolio-Matrix eine konkrete Marketing-Maßnahme für „TSE" ab.

Tobias Steinbach hat sich im Rahmen der externen Personalbeschaffung dafür entschieden, Luis Beck als neuen Monteur in der Produktion einzustellen.

2.1 Grenzen Sie die Begriffe externe und interne Personalbeschaffung voneinander ab.

2.2 Luis Beck ist alleinerziehend und betreut seine zwei Kinder. Entscheiden Sie sich für eine geeignete Arbeitsform.

2.3 Ihnen liegt auszugsweise das Lohn-/Gehaltsjournal des Unternehmens „TSE" für den Monat März vor:

Lohn-/Gehaltsjournal

Tobias Steinbach Elektrogabelstapler e. K.
Monat März 2022

Tobias Steinbach
Gewerbering 150
83646 Bad Tölz

Name	Brutto	Steuern	Soz. Vers. AN	Soz. Vers. AG	Netto
Beck, Luis	2.750,00 €	354,25 €	546,57 €	546,57 €	1.849,18 €
Eberl, Anian	3.840,00 €	330,18 €	763,20 €	763,20 €	2.746,62 €
…	…	…	…	…	…
Summe	**84.029,00 €**	**12.989,00 €**	**16.671,00 €**	**16.671,00 €**	**54.369,00€**

2.3.1 Bilden Sie auf Grundlage des Lohn-/Gehaltsjournals die Buchungssätze zur Erfassung des gesamten Personalaufwands, wenn die Auszahlung per Banküberweisung erfolgt.

2.3.2 Am 10. April werden die einbehaltenen Steuerabzüge der Arbeitnehmer an das Finanzamt Bad Tölz überwiesen. Bilden Sie hierzu den Buchungssatz.

2.4 Die Aufbauorganisation des Unternehmens „TSE" ist durch ein Einliniensystem gekennzeichnet.

2.4.1 Entscheiden Sie sich bei der Zuordnung des Mitarbeiters Luis Beck für eine bestimmte Hierarchieebene.

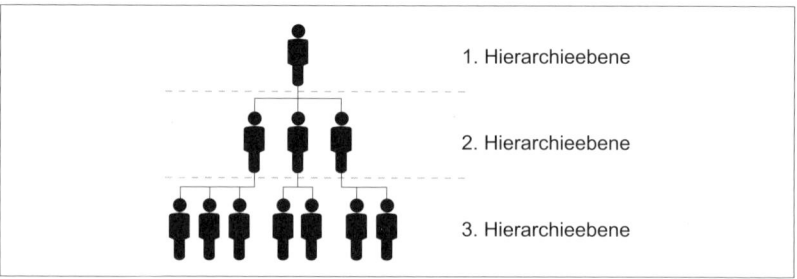

2.4.2 Vergleichen Sie das Einliniensystem mit dem Mehrliniensystem anhand eines unterschiedlichen Merkmals.

2.5 Schließen Sie aufgrund der vorliegenden Aussage von Luis Beck auf die Führungstechnik und den Führungsstil von Tobias Steinbach:

> „Wir alle dürfen in verschiedensten Bereichen eigenverantwortlich mitbestimmen und es werden uns Aufgaben übertragen, die jederzeit machbar sind. Es herrscht ein vertrauensvolles und partnerschaftliches Arbeitsklima im Unternehmen. Außerdem hat Herr Steinbach bei Schwierigkeiten oder Problemen immer ein offenes Ohr und unterstützt uns."

Aufgabe 3

Tobias Steinbach plant den Ersatz einer alten Maschine durch eine moderne, energiesparende CNC-Fräsmaschine. Aufgrund der langjährig hervorragenden Auftragslage ist eine Selbstfinanzierung dieser Fräsmaschine in voller Höhe möglich.

3.1 Geben Sie das Investitionsziel zu dieser Anschaffung an.

3.2 Tobias Steinbach äußert sich zur Finanzierung:

> „Unsere Kunden haben die Anschaffung der neuen CNC-Fräsmaschine ermöglicht, da wir die Abschreibungen in die Verkaufspreise einkalkulieren."

Beurteilen Sie diese Aussage mithilfe des Abschreibungskreislaufs.

3.3 Die Daten von zwei unterschiedlichen Anbietern für CNC-Fräsmaschinen hat „TSE" gegenübergestellt. Der kalkulatorische Zinssatz beträgt 5,5 %.

Angebot 1: CNC-Fräsmaschine EXAKT 4000	
Anschaffungskosten	360.000,00 €
Nutzungsdauer	5 Jahre
Produktionsmenge	70 000 Stück/Jahr
Gewinnerwartung pro Stück	0,32 €
Durchschnittliche Gesamtkosten pro Jahr	138.000,00 €
Weitere Informationen zum Lieferer	– Kostenloser Wartungsservice – Sitz des Lieferers: München
Angebot 2: CNC-Fräsmaschine Sayo-Nara	
Amortisationszeit	3,46 Jahre
Durchschnittliche Gesamtkosten pro Jahr	145.000,00 €
Weitere Informationen zum Lieferer	Sitz des Lieferers: Südkorea

3.3.1 Berechnen Sie die Amortisationszeit des ersten Angebots.

3.3.2 „TSE" entscheidet sich für das Angebot 1. Nennen Sie hierfür neben der Amortisationszeit einen weiteren Grund.

3.3.3 Ihnen liegt folgender Belegauszug vor. Bilden Sie den Buchungssatz.

Maschinenbau Bayern GmbH

Maschinenbau Bayern GmbH, Industriestr. 11, 80339 München

Tobias Steinbach Elektrogabelstapler e. K.
Gewerbering 150
83646 Bad Tölz

Kundendienst-Hotline
+49 (0)812 09133-1

Rechnung Nr. 23467/2022

25.06.2022

Artikel	Menge	Preis je Einheit	Betrag
CNC-Fräsmaschine EXAKT 4 000	1	355.000,00 €	355.000,00 €
Montage und Installation	1	5.000,00 €	5.000,00 €
	Gesamt		360.000,00 €
	+ 19 % Umsatzsteuer		68.400,00 €
	Rechnungsbetrag		428.400,00 €

Aufgabe 4

Das Unternehmen „TSE" produziert in seinem Zweigwerk in Grünmarkt die beiden Autoanhänger „Packhorse" und „Trailer". Für das 2. Quartal liegen Ihnen folgende Daten vor:

2. Quartal 2022	Modell „Packhorse"	Modell „Trailer"
Nettoverkaufspreis/Stück	1.500,00 €	2.600,00 €
Variable Kosten/Stück	1.150,00 €	1.800,00 €
Kapazitätsauslastung	45 %	80 %
■ Produktion (Absatz) in Stück □ freie Kapazität in Stück	440 / 360	50 / 200
Fixkosten	311.000,00 €	

P-54

4.1 Berechnen Sie das gesamte Betriebsergebnis im Zweigwerk für das 2. Quartal 2022.

4.2 Folgende Anfrage geht per E-Mail ein. Weisen Sie durch Berechnung nach, dass der Zusatzauftrag das Betriebsergebnis verbessert.

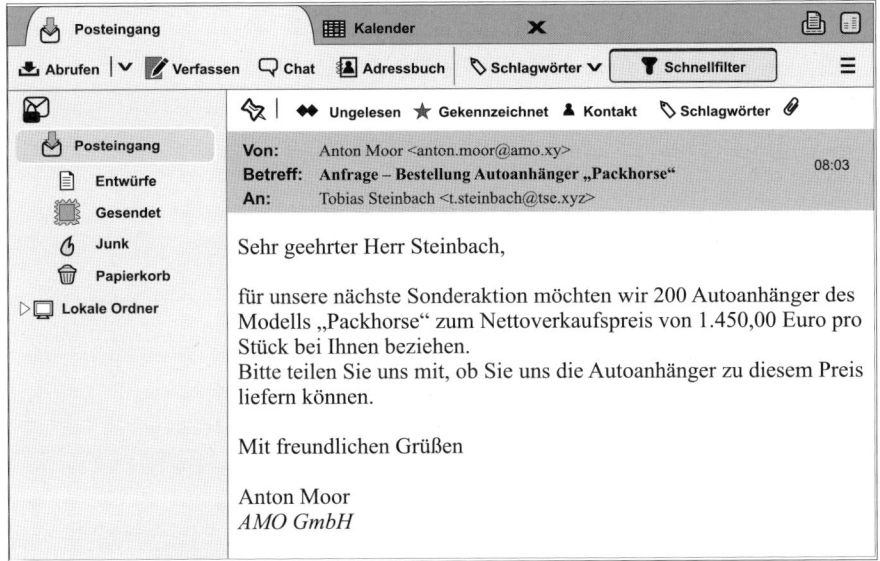

4.3 Durch Billigimporte kann das Modell „Packhorse" nicht mehr abgesetzt werden. Die Produktion des Modells wird Ende des 3. Quartals deshalb eingestellt. Die Fixkosten betragen nun 170.000,00 €.
Berechnen Sie die Stückzahl des Modells „Trailer", die abgesetzt werden muss, um einen Gewinn zu erwirtschaften.

4.4 Aufgrund freier Kapazitäten wird im Zweigwerk die Eigenfertigung der Achsen für das Modell „Trailer" beabsichtigt. Hierzu liegen folgende Daten vor:

EIGENFERTIGUNG	
Variable Kosten/Stück	192,00 €
Fixe Kosten im Quartal	15.850,00 €

FREMDBEZUG	
Listeneinkaufspreis (Stück)	260,00 €
– Liefererrabatt 20 %	52,00 €
Einstandspreis (Stück)	208,00 €
Lieferung frei Haus	

4.4.1 „TSE" benötigt 500 Achsen je Quartal für das Anhängermodell „Trailer". Überprüfen Sie rechnerisch, ob „TSE" die Achsen in Eigenfertigung produzieren oder den Fremdbezug der Achsen fortführen sollte.

4.4.2 Nennen Sie einen Nachteil des Fremdbezugs von Achsen im Unternehmen „TSE".

4.4.3 Tobias Steinbach entscheidet sich nach Abwägung der Vor- und Nachteile für den Fremdbezug.

Bilden Sie den Buchungssatz für den vorliegenden Beleg:

Passauer Achsentechnik GmbH

Passauer Achsentechnik GmbH * Donaustraße 100 * 94034 Passau

Tobias Steinbach Elektrogabelstapler e. K.
Gewerbering 150
83646 Bad Tölz

Passauer Achsentechnik GmbH
Donaustraße 100
94034 Passau

Telefon: +49 (0)851 0439-0
Telefax: +49 (0)851 043-12
E-Mail: service@achsentechnik.xz
Internet: www.achsentechnik.xz

Rechnung Nr. 22070121

Kundennummer: 22/0298
Ihre Bestellung vom 14.09.2022

Passau, 12.10.2022

Wir lieferten Ihnen am 12.10.2022 in Ihr Zweigwerk in Grünmarkt:

Artikel	Menge	Einzelpreis	Gesamtpreis
Anhängerachse AT10	120	260,00 €	31.200,00 €
	− 20 % Rabatt		6.240,00 €
	Warenwert		24.960,00 €
	+ 19 % Umsatzsteuer		4.742,40 €
	Rechnungsbetrag		**29.702,40 €**

Wir bedanken uns für Ihren Auftrag!

Zahlungsbedingungen: Zahlbar innerhalb von 30 Tagen rein netto.
Die gelieferte Ware bleibt bis zur vollständigen Bezahlung unser Eigentum.

Bankverbindung: Dreiflüssebank Passau
IBAN: DE23 7407 5000 1203 9452 68
BIC: DBNKDEF1PAS

Amtsgericht Passau HRB 5664
USt.-IdNr.: DE245002410
Steuernr.: 153/164/20651

Geschäftsführung: Dr. Florian Kust – Sitz der Gesellschaft: Passau

Aufgabe 5

Der Server im Unternehmen „TSE" ist veraltet und soll zeitnah ersetzt werden.
Tobias Steinbach möchte den Serverkauf teilweise mit eigenen Mitteln finanzieren.

5.1 Um einen Einblick in die Vermögens- und Kapitalsituation zu erhalten, betrachtet Tobias Steinbach die aufbereitete Bilanz:

Aktiva	Aufbereitete Bilanz zum 31.12.2021 in €		Passiva
A. Anlagevermögen	4.590.000,00	**A. Eigenkapital**	4.488.000,00
B. Umlaufvermögen		**B. Fremdkapital (FK)**	
I. Vorräte	1.091.400,00	I. Langfristiges FK	1.428.000,00
II. Forderungen	740.520,00	II. Kurzfristiges FK	903.720,00
III. Flüssige Mittel	397.800,00		
	6.819.720,00		6.819.720,00

5.1.1 Berechnen Sie die Kennzahl der Eigenkapitalquote.

5.1.2 Für die Finanzierung von Sachanlagen sollte auch die Kennzahl der Anlagendeckung II betrachtet werden. Berechnen und beurteilen Sie die Anlagendeckung II.

5.2 Erklären Sie die „Goldene Finanzierungsregel" in Bezug auf die Finanzierung des Servers bei einer Nutzungsdauer von sieben Jahren.

5.3 Tobias Steinbach liegen zwei Kreditangebote vor:

Kreditkonditionen	Sparbank Lenggries	Bayeralpbank Bad Tölz
Kreditbetrag	45.000,00 €	45.000,00 €
Zinssatz p. a.	1,9 %	1,7 %
Disagio	0,5 %	1,0 %
Laufzeit (Tage)	1.888	1.888
Effektiver Zinssatz	2,01 %	? %

5.3.1 Weisen Sie durch Berechnung nach, dass sich Tobias Steinbach für das Angebot der Bayeralpbank Bad Tölz entscheiden sollte.

5.3.2 Tobias Steinbach hat sich für das Kreditangebot der Bayeralpbank Bad Tölz entschieden. Bilden Sie den Buchungssatz für die Kreditaufnahme.

5.4 Für den neu erworbenen Server hat Tobias Steinbach eine Versicherung abgeschlossen.
Bilden Sie den Buchungssatz für die vorbereitende Abschlussbuchung zum 31.12. auf Grundlage des nachfolgenden Belegs:

 BAYERALPBANK BAD TÖLZ

| IBAN | DE22 7007 1200 0012 8478 95 | Auszug/Jahr | 84/2022 |
| BIC | BAYADEF1BXX | Blatt-Nr. | 1 |

Kontoauszug

Betrag in €

BuTag	Wert	Vorgang	Alter Kontostand	11.536,54 +
01.12.	01.12.	Server-Versicherung Dez. 2022 bis Feb. 2023		990,00 −
			Neuer Kontostand	10.546,54 +

Tobias Steinbach Elektrogabelstapler e. K., 83646 Bad Tölz

Bayeralpbank – Ihre Servicebank
Erstellungstag: 02.12.2022 / 09:14

Letzte Erstellung 30.11.2022

Aufgabe 6

6.0   Im Unternehmen „TSE" soll im Rahmen einer betriebsinternen Fortbildung die Vollkostenrechnung thematisiert werden.

6.1   Ihnen liegt aus der Kosten- und Leistungsrechnung für das 2. Quartal ein unvollständiger Auszug des Betriebsabrechnungsbogens (BAB) vor:

Gemein-kostenarten	Zahlen der KLR	Verteilungs-grundlage	Kostenstellen			
			I Material	II Fertigung	III Verwaltung	IV Vertrieb
Hilfsstoffe	24.480,00 €	Belege	880,00 €	23.600,00 €	–	–
Mietauf-wendungen	9.600,00 €	Fläche	1.200,00 €	6.600,00 €	–	1.800,00 €
...	...	...	...	...	...	...
Kalk. Ab-schreibung	17.496,00 €	Wert Sach-anlagen	972,00 €	12.052,80 €	1.944,00 €	2.527,20 €
Kalk. Unter-nehmerlohn	25.128,00 €	Prozent-sätze	2.512,80 €	12.564,00 €	6.282,00 €	3.769,20 €
Summe der Gemeinkosten	**279.638,00 €**		**13.563,00 €**	**201.600,00 €**	**41.264,00 €**	**23.211,00 €**
	Zuschlagsgrundlage		150.700,00 €	144.000,00 €		
	Zuschlagssatz		9 %	140 %		

Betriebsabrechnungsbogen für das 2. Quartal 2022

6.1.1   Definieren Sie den Begriff Kostenstelle.

6.1.2   Überprüfen Sie die folgenden Aussagen zum BAB. Geben Sie auf Ihrem Lösungsblatt den Kennbuchstaben der nicht zutreffenden Aussage an und berichtigen Sie diese.

A	Der BAB dient der verursachungsgerechten Verteilung der Gemeinkosten auf die einzelnen Kostenstellen.
B	Der kalkulatorische Unternehmerlohn zählt zu den Anderskosten.
C	Einige Gemeinkosten können direkt, z. B. mithilfe von Belegen, auf die Kostenstellen zugerechnet werden.

6.1.3   Im Unternehmen „TSE" wurde bei den fertigen und unfertigen Erzeugnissen im 2. Quartal eine Bestandsminderung von 5.937,00 € ermittelt. Berechnen Sie die Höhe der Herstellkosten des Umsatzes, wenn die Materialkosten 164.263,00 € betragen.

6.2 Aufgrund der Konkurrenzsituation schlägt die Marketingabteilung für den Elektrogabelstapler „Standard" einen Listenverkaufspreis von 15.999,00 € vor.

6.2.1 Bewerten Sie die Vorgehensweise der Marketingabteilung bei der Festlegung des Listenverkaufspreises.

6.2.2 Berechnen Sie mithilfe der nachfolgenden Daten den Gewinn in Euro.

Daten zum Elektrogabelstapler „Standard"		
	Selbstkosten	11.500,00 €
	Kundenrabatt	20 %
	Gewinn	?

6.3 „TSE" erhält vom Handelsvertreter „Meier" eine Rechnung für die Provision für das 3. Quartal über 16.660,00 € brutto.
Bilden Sie den Buchungssatz.

| **Aufgabe 7**

7.0 Tobias Steinbach möchte liquide Mittel langfristig ertragreich anlegen. Während eines Telefonats mit seinem Anlageberater macht er sich folgende Notizen:

Möglichkeiten der Geldanlage	Rendite	Sicherheit	Liquidität
Immobilien	hoch	hoch	A
Termineinlagen	niedrig	B	niedrig
Aktien	C	niedrig	hoch

7.1 Geben Sie auf Ihrem Lösungsblatt jeweils unter Angabe des Kennbuchstabens die zutreffenden Begriffe für die Lücken A bis C an.

7.2 Um den Zielkonflikt im Rahmen des magischen Dreiecks der Geldanlage möglichst gering zu halten, schlägt der Anlageberater eine „Diversifikation" der Geldanlage vor. Erklären Sie den Begriff „Diversifikation".

7.3 Tobias Steinbach entscheidet sich für den Kauf von 900 Aktien des Öko-stromanbieters „PowGreen AG" zum Kurs von 51,50 €, um eine nachhaltige Geldanlage zu tätigen.

7.3.1 Nennen Sie neben dem ökologischen einen weiteren Aspekt der nachhaltigen Geldanlage.

7.3.2 Bilden Sie den Buchungssatz für den Kauf der Aktien per Banklastschrift, wenn Spesen in Höhe von 1 % vom Kurswert anfallen.

7.4 Während der Besitzdauer der „PowGreen AG"-Aktien wird „TSE" eine Gesamtdividende von 1.350,00 € überwiesen.
Bilden Sie den Buchungssatz.

7.5 Tobias Steinbach muss die „PowGreen AG"-Aktien wieder verkaufen, weil er dringend flüssige Mittel für eine Investition benötigt.
Bilden Sie den Buchungssatz zu folgendem Belegauszug:

BAYERALPBANK BAD TÖLZ	**Wertpapier-Verkauf**

Tobias Steinbach Elektrogabelstapler e. K.
Gewerbering 150
83646 Bad Tölz

Börse	München
Depot-Nr.	5943006143
Auftragsnummer	005999/22
Auftragsdatum	15. 07. 2022
Wert / Valuta	16. 07. 2022

Wertpapierbezeichnung: PowGreen AG
ISIN: DE0008756812 / WKN: 259
Stückzahl: 900
Kurs: 55.00 €

Kurswert	49.500,00 €
Spesen 1 % v. Kurswert	495,00 €
Gutschrift	**49.005,00 €**

8.0 Das Unternehmen „TSE" hat bewusst den Standort für sein Zweigwerk in Grünmarkt gewählt. Ihnen liegt eine Werbeanzeige dieser Stadt vor:

Bild „Windrad": MZACHA/RGBStock.com

8.1 Nennen Sie zwei weiche Standortfaktoren der Stadt Grünmarkt, die in dieser Anzeige hervorgehoben werden.

8.2 Die Gewerbesteuer stellt für alle Unternehmen einen harten Standortfaktor dar.

8.2.1 Begründen Sie, dass diese Aussage zutreffend ist.

8.2.2 „TSE" hat einen Gewinn (Gewerbeertrag) in Höhe von 224.500,00 € erzielt und kann einen Freibetrag von 24.500,00 € nutzen.

Berechnen Sie mithilfe der Anzeige die Höhe der zu zahlenden Gewerbesteuer unter Berücksichtigung einer Steuermesszahl von 3,5 %.

8.2.3 Bilden Sie den Buchungssatz für die vierteljährliche Abbuchung der Gewerbesteuer vom Geschäftsbankkonto von „TSE" in Höhe von 4.375,00 €.

8.3 Der Bescheid für die Abwassergebühren in Höhe von 2.500,00 € geht ein.

8.3.1 Bilden Sie den Buchungssatz.

8.3.2 Grenzen Sie die Begriffe „Gebühren" und „Steuern" voneinander ab.

8.4   „TSE" möchte eine Umweltschutzinvestition tätigen. Die Stadt Grünmarkt subventioniert solche Maßnahmen, sofern sie gemäß Bundesimmissions-schutzgesetz schädliche Umwelteinwirkungen (Immissionen) verringern:

§ 3 Bundesimmissionsschutzgesetz

(1) [...]

(2) Immissionen im Sinne dieses Gesetzes sind auf Menschen, Tiere und Pflanzen, den Boden, das Wasser, die Atmosphäre sowie Kultur- und sonstige Sachgüter einwirkende Luftverunreinigungen, Geräusche, Erschütterungen, Licht, Wärme, Strahlen und ähnliche Umwelteinwirkungen.

8.4.1   Nennen Sie eine mögliche Investition von „TSE", um die Immissionen für die benachbarten Wohngebiete zu reduzieren.

8.4.2   Beurteilen Sie die Vergabe von Subventionen an Unternehmen.

Lösungsvorschlag

1.1   A: richtig   B: richtig   C: falsch   3

Erklärung: *zu A:* Tobias Steinbach hat für sein Unternehmen die Rechtsform „eingetragener Kaufmann" (e. K.) gewählt. Er hat damit die alleinige Kontrolle über sein Unternehmen, trägt aber auch die alleinige Verantwortung. Das bedeutet auch, dass er für Unternehmensschulden unbeschränkt haftet, also sowohl mit seinem Firmen- als auch mit seinem Privatvermögen. Baumaschinen Burger ist eine GmbH und zählt damit zu den Kapitalgesellschaften. In einer „Gesellschaft mit beschränkter Haftung" ist die Haftung für den Inhaber, wie der Name sagt, auf das Stammkapital (mindestens 25.000 €) beschränkt.

zu B: Unter Geschäftsleuten wird in der Regel ein Kauf auf Ziel vereinbart. Durch den Eigentumsvorbehalt wird für den Verkäufer das Risiko eines Zahlungsausfalls reduziert.

zu C: Im Beleg ist „Neukundenrabatt" angegeben. Für die Bezahlung innerhalb der Skontofrist gewährt Tobias Steinbach Skonto.

1.2   **Beispielantwort:** „TSE" übernimmt bei diesem neuen Kunden die Kosten der Lieferung, um ihn langfristig ans Unternehmen zu binden.   1

Erklärung: Baumaschinen Burger ist Neukunde. Durch die Übernahme der Kosten und der Organisation des Transports der Gabelstapler macht „TSE" den Kauf für den Kunden unkompliziert, was sicher zur Kundenzufriedenheit beiträgt.

1.3   2400 FO   224.910,00 €   an   5000 UEFE   189.000,00 €

                                              4800 UST   35.910,00 €

                                                                      3

Erklärung: Klassischer Verkauf von Fertigerzeugnissen:
2400 FO: Durch den Zielverkauf mehrt sich das Aktivkonto → Buchung im Soll.
5000 UEFE: Die Erlöse mehren sich → Buchung im Haben.
4800 UST: Beim Verkauf zahlt der Kunde Umsatzsteuer, die „TSE" ans Finanzamt abführen muss. Für „TSE" ist die Umsatzsteuer also eine Verbindlichkeit → Buchung im Haben.

1.4

> **TIPP** Die Nebenrechnung zur Ermittlung des Skontos und des Überweisungsbetrags ist immer anzugeben!

Rechnungsbetrag	224.910,00 €	100 %
– Brutto-Skonto	6.747,30 €	3 %
= Überweisungsbetrag	218.162,70 €	97 %

Netto-Skonto: $\dfrac{6.747,30}{1,19} = 5.670,00$ €

2800 BK	218.162,70 €			
5001 EBFE	5.670,00 €			
4800 UST	1.077,30 €	an	2400 FO	224.910,00 €

5

Erklärung: Baumaschinen Burger hat innerhalb der Skontofrist bezahlt und deshalb vom Rechnungsbetrag 3 % Skonto abgezogen.
2800 BK: Das Geschäftsbankkonto von „TSE" mehrt sich, wenn der Kunde bezahlt → Buchung im Soll.
5001 EBFE: Bei dem Skontoabzug des Kunden handelt es sich um einen nachträglichen Preisnachlass. „TSE" muss die Erlöse berichtigen. Das geschieht über die Buchung auf EBFE, einem Unterkonto von 5000 UEFE → Buchung im Soll.
4800 UST: Durch den Skontoabzug mindert sich für „TSE" die zu bezahlende Umsatzsteuer (Passivkonto) → Buchung im Soll.
2400 FO: Durch die Begleichung der Rechnung mindern sich die Forderungen (Aktivkonto) → Buchung im Haben.

1.5.1 **Beispielantwort:** Das Modell „E-Power" lässt sich dem Feld „Question Mark" zuordnen, da es mit 35 % ein hohes Marktwachstum besitzt und der relative Marktanteil aktuell mit 50 % noch vergleichsweise gering ist.

3

Erklärung: Die Portfoliomatrix ist ein Analyseinstrument, mit dem das Angebot eines Unternehmens bewertet werden kann. Sie ist ein Hilfsmittel, wenn es z. B. darum geht, Marketingmaßnahmen gezielt einzusetzen.

1.5.2 **Beispielantwort:** Um den Marktanteil beim Modell „Lupfi" weiter auszubauen, eignet sich die preispolitische Maßnahme des Skimmings.

1

Erklärung: „Lupfi" weist ein hohes Marktwachstum auf und ist offensichtlich sehr beliebt. Beim Skimming wird das Produkt zunächst mit einem hohen Preis auf dem Markt eingeführt. Der Preis wird im Zeitverlauf schrittweise gesenkt, sodass weitere Kundengruppen erschlossen werden können und der Marktanteil steigt. Eine sinnvolle Strategie wäre auch, weiter in das Produkt zu investieren, um es für die Kunden noch attraktiver zu machen.

2.1 **Beispielantwort:** Der eingestellte Mitarbeiter hat, wenn eine externe Personalbeschaffung vorliegt, vorher noch nicht im Unternehmen gearbeitet. Bei einer internen Personalbeschaffung hingegen wechselt ein Mitarbeiter innerhalb des Betriebes auf eine andere Stelle.

2

2.2 Z. B.: Luis Beck könnte einer Teilzeitbeschäftigung nachgehen, um nachmittags seine Kinder betreuen zu können.

2

Erklärung: Eine geringfügige Beschäftigung (Minijob) ist hier wohl nicht sinnvoll, da die Verdienstgrenze bei 520,00 € liegt (ab 1.10.2022).

2.3.1

6200 LG	84.029,00 €	an	2800 BK	54.369,00 €
			4830 VFA	12.989,00 €
			4840 VSV	16.671,00 €
6400 AGASV		an	4840 VSV	16.671,00 €

6

Erklärung: Löhne und Gehälter werden im Ganzen (Summenzeile) gebucht.
6200 LG: Die Bruttolöhne und -gehälter stellen für „TSE" einen Aufwand dar
→ Buchung im Soll.
2800 BK: Die Auszahlung der Löhne und Gehälter mindert das Bankguthaben
(Aktivkonto) → Buchung im Haben.
4830 VFA: Steuern werden zunächst vom Arbeitgeber einbehalten und erst
später an das Finanzamt überwiesen. Sie stellen Verbindlichkeiten dar
→ Buchung im Haben.
4840 VSV: Sozialversicherungen werden ebenfalls zunächst vom Arbeitgeber
einbehalten. Auch sie stellen Verbindlichkeiten dar → Buchung im Haben.
6400 AGASV: Der Arbeitgeberanteil zur Sozialversicherung stellt wie die
Löhne und Gehälter einen Aufwand dar → Buchung im Soll.
Achtung: Es sind **immer beide Buchungssätze** anzugeben.

2.3.2

4830 VFA	an	2800 BK	12.989,00 €

2

Erklärung: Die einbehaltenen Steuern müssen bis zum 10. des Folgemonats
an das Finanzamt überwiesen werden.
4830 VFA: Durch die Überweisung mindern sich die Verbindlichkeiten
gegenüber dem Finanzamt → Buchung im Soll.
2800 BK: Der Bestand auf dem Geschäftsbankkonto mindert sich → Buchung
im Haben.

2.4.1 Luis Beck lässt sich der 3. Hierarchieebene zuordnen, da er als Monteur nur
ausführend tätig ist.

2

Erklärung: Der Begriff Hierarchie bezeichnet eine Rangordnung. Je höher
man in der Unternehmenshierarchie aufsteigt, desto mehr Kompetenzen und
Verantwortung hat man in der Regel.

2.4.2 Z. B.: Das Einliniensystem weist eine übersichtliche Organisation mit klaren
Verantwortungsbereichen auf. Beim Mehrliniensystem hingegen hat jeder
Mitarbeiter mehrere unmittelbare Vorgesetzte.

2

Erklärung: Beim Einliniensystem hat jeder Mitarbeiter genau einen direkten
Vorgesetzten mit Weisungsbefugnis.
Alternative Antwort: Das Einliniensystem ist aufgrund klar vorgegebener
Kommunikationswege sehr unflexibel, während beim Mehrliniensystem eine
direkte Kommunikation mit den Abteilungen/Vorgesetzten möglich ist.

2.5 Die Führungstechnik entspricht dem „Management by Delegation".
Es handelt sich um einen kooperativen Führungsstil.

2

Erklärung: Management by Delegation bedeutet, dass Führungskräfte Verantwortung für bestimmte Arbeiten auf ihre Mitarbeiter übertragen. Das eigenverantwortliche Arbeiten und das entgegengebrachte Vertrauen fördern bei vielen Mitarbeitern die Motivation. Beim kooperativen Führungsstil steht der Teamgedanke im Vordergrund. Mitarbeiter und Führungskräfte arbeiten in der Regel eng zusammen und stimmen Abläufe und Aufgabenverteilung gemeinsam ab.

3.1 Z. B.: „TSE" verfolgt damit das ökologische Investitionsziel des Energiesparens. 1

Erklärung: Die neue Maschine ist energiesparend und entspricht damit dem Gedanken einer ressourcenschonenden Produktion.

Alternative Antwort: Es handelt sich um eine Rationalisierungsinvestition. „TSE" verfolgt das ökonomische Ziel der Kostenreduzierung.

3.2 Die Aussage trifft zu, da es durch die erzielten Umsatzerlöse zum Rückfluss der Abschreibungen in flüssigen Mitteln kommt. 3

Erklärung: Bei der Produktion wird die Fräsmaschine abgenutzt, sie verliert an Wert. Dieser Wertverlust wird in die Verkaufspreise einberechnet. Am Ende der Nutzungsdauer steht also wieder genug Kapital zur Verfügung, um die abgeschriebene Maschine zu ersetzen.

3.3.1 Berechnung der Amortisationszeit Angebot 1:

Abschreibung pro Jahr in Euro: $\dfrac{360.000,00}{5} = 72.000,00$

Kalkulatorische Zinsen pro Jahr in Euro: $\dfrac{360.000,00 \cdot 5,5}{100 \cdot 2} = 9.900,00$

Gewinn pro Jahr in Euro: $70.000 \cdot 0,32 = 22.400,00$

Amortisationszeit in Jahren: $\dfrac{360.000,00}{(72.000,00 + 9.900,00 + 22.400,00)} = \mathbf{3,45}$

4

Erklärung: Mithilfe der Amortisationsrechnung wird ermittelt, wie lange es dauert, bis die Anschaffungskosten der Fräsmaschine durch die erzielten Erlöse wieder „hereingeholt" werden. Dazu werden die Anschaffungskosten durch die jährlich erwarteten Rückflüsse geteilt.
In die Rückflüsse fließen drei Bestandteile ein:
• kalkulatorische Zinsen / Jahr: das sind die Zinsen, die man erzielt hätte, wenn man die Anschaffungskosten auf dem Kapitalmarkt angelegt hätte.
• Abschreibungen / Jahr: der Wertverlust der Maschine
• Gewinn / Jahr

3.3.2 Z. B.: Die durchschnittlichen Gesamtkosten pro Jahr sind bei Angebot 1 niedriger. 1

Erklärung: Die entsprechenden Werte sind in der Tabelle zu finden.

Alternative Antwort: Der Sitz des Lieferers von Angebot 1 ist in München, also nur wenige Kilometer vom Firmensitz von „TSE" entfernt. Der Lieferer kann bei Problemen schnell vor Ort sein. Außerdem bietet er die kostenlose Wartung der Maschine an.

3.3.3 0700 MA   360.000,00 €
2600 VORST   68.400,00 €   an   4400 VE   428.400,00 €

3

Erklärung: *0700 MA:* Montage und Installation sind notwendig, um die Maschine in Betrieb nehmen zu können und zählen deshalb zu den **Anschaffungsnebenkosten**. Sie werden zusammen mit den Anschaffungskosten (Listenpreis) **aktiviert** → Buchung im Soll.
2600 VORST: Bei dem Einkauf fällt Vorsteuer an (Aktivkonto) → Buchung im Soll.
4400 VE: Durch den Zielkauf steigen die Verbindlichkeiten (Aktivkonto) → Buchung im Haben.

4.1

	„Packhorse" 360 Stück (€)	„Trailer" 200 Stück (€)	gesamt (€)
Nettoverkaufserlöse	540.000,00	520.000,00	
– variable Kosten	414.000,00	360.000,00	
= Deckungsbeitrag	126.000,00	160.000,00	286.000,00
– Fixkosten			311.000,00
= Betriebsergebnis (Verlust)			**–25.000,00**

4

Erklärung: Bei der Deckungsbeitragsrechnung wird überprüft, inwieweit der Nettoverkaufserlös dazu beiträgt, neben den variablen Kosten (Fertigungsmaterial, -löhne) auch die fixen Kosten zu decken. Das entsprechende Schema ist immer anzugeben. Zunächst wird der DB für jede der beiden Produktlinien berechnet. Die produzierten Mengen (360 Stück und 200 Stück) sind den Kreisdiagrammen zu entnehmen und mit dem Nettoverkaufspreis/Stück und den variablen Kosten/Stück zu multiplizieren.
Der gesamte Deckungsbeitrag von 286.000,00 € reicht nicht aus, um die anfallenden fixen Kosten von 311.000,00 € zu decken → „TSE" erwirtschaftet einen Verlust von 25.000,00 €.

4.2

Nettoverkaufspreis	1.450,00 €
– variable Kosten/Stück	1.150,00 €
= Deckungsbeitrag/Stück	300,00 €

Das Betriebsergebnis kann durch den Zusatzauftrag um 300,00 € pro Stück (insgesamt um 60.000,00 €) verbessert werden.

2

Erklärung: Bei einem Nettoverkaufspreis von 1.450,00 €/Stück werden die variablen Kosten (1.150,00 €) gedeckt. Zusätzlich leistet jedes verkaufte Stück einen Beitrag von 300,00 € zur Deckung der Fixkosten. Bei 200 produzierten Anhängern verbessert sich also das Betriebsergebnis von –25.000,00 € auf +35.000,00 €.

4.3 Gewinnschwellenmenge: $\dfrac{170.000,00}{(2.600,00 - 1.800,00)} = 212,50$

Ein Gewinn wird ab einer abgesetzten Menge von 213 Stück erreicht. 3

Erklärung: Die Absatzmenge, ab der ein Gewinn erzielt wird, nennt man Gewinnschwellenmenge. Diese wird erreicht, wenn die Fixkosten durch die Stück-Deckungsbeiträge der verkauften Fertigerzeugnisse abgedeckt sind:

$$\text{Gewinnschwellenmenge} = \frac{\text{fixe Kosten}}{\text{Deckungsbeitrag/Stück}}$$

Achtung: Die Gewinnschwellenmenge wird **immer aufgerundet!**

4.4.1 **Eigenfertigung** (500 Stück):

variable Kosten	(192,00 € · 500)	96.000,00 €
+ fixe Kosten je Quartal		15.850,00 €
= Gesamtkosten		111.850,00 €

Fremdbezug (500 Stück):

Gesamtkosten: $208,00 \, € \cdot 500 = 104.000,00 \, €$

Der Fremdbezug sollte fortgeführt werden, da die Gesamtkosten niedriger sind. 4

Erklärung: Hier ist zu überprüfen, ob es billiger ist, die Achsen selbst zu fertigen oder, wie bisher, von einem Zulieferer zu kaufen („make or buy"). Es sind die Kosten der Eigenfertigung mit den Kosten des Fremdbezugs zu vergleichen. Die Kosten der Eigenfertigung setzen sich aus den variablen (mengenabhängigen) Kosten und den fixen Kosten zusammen, die Kosten des Fremdbezugs aus Listeneinkaufspreis/Stück · Stück.

4.4.2 Z. B.: Abhängigkeit vom Lieferanten 1

Erklärung: Der Lieferant kann evtl. die benötigte Stückzahl nicht oder nicht rechtzeitig liefern oder er erhöht die Preise.

4.4.3 > **TIPP** Informationen zu den Werkstoffen können Sie immer den Hinweisen zum Unternehmen auf der ersten Seite der Abschlussprüfung entnehmen.

6010 AWF	24.960,00 €			
2600 VORST	4.742,40 €	an	4400 VE	29.702,40 €

3

Erklärung: Klassischer Zieleinkauf von Werkstoffen:

6010 AWF: Die Achsen werden von „TSE" unverändert in die Endprodukte eingebaut, es handelt sich also um Fremdbauteile. Die Aufwendungen erhöhen sich → Buchung im Soll.

2600 VORST: Beim Einkauf fällt Vorsteuer an → Buchung im Soll.

4400 VE: Durch den Zielkauf erhöhen sich die Verbindlichkeiten (Passivkonto) → Buchung im Haben.

5.1.1 Eigenkapitalquote in Prozent: $\dfrac{4.488.000,00 \cdot 100}{6.819.720,00} = 65,81$ 1

Erklärung: Die Kennzahl der Eigenkapitalquote gibt an, wie hoch der Anteil des Eigenkapitals am Gesamtkapital ist. Eine hohe Eigenkapitalquote steigert die Kreditwürdigkeit eines Unternehmens und macht es unabhängiger von Gläubigern. Die EK-Quote kann z. B. erhöht werden durch
- den Verkauf nicht benötigter Anlagen (Maschinen),
- das konsequente Eintreiben von Forderungen oder
- dem Einbehalten von Gewinnen (Thesaurierung).

5.1.2 Anlagendeckung II in Prozent: $\dfrac{(4.488.000,00 + 1.428.000,00) \cdot 100}{4.590.000,00} = 128,89$

Das Ergebnis zur Anlagendeckung II liefert einen sehr guten Wert, da der Zielwert größer als 100 % sein sollte.   4

Erklärung: Die Anlagendeckung II zeigt an, inwieweit das Anlagevermögen durch langfristig zur Verfügung stehendes Kapital (EK + langfr. FK) gedeckt ist. Der Grundgedanke ist, dass langfristiges Vermögen auch langfristig finanziert sein sollte. Die Kennzahl sollte also mindestens 100 % betragen.

5.2 Z. B.: Bei einer Nutzungsdauer von sieben Jahren sollte die Finanzierung des Netzwerkrechners auch langfristig auf sieben Jahre ausgerichtet sein.   1

Erklärung: Die Finanzierung eines Unternehmens gilt als stabil, wenn es seinen Zahlungsverpflichtungen jederzeit nachkommen kann. Der Server zählt bei einer Nutzungsdauer von sieben Jahren zum langfristigen Vermögen. Bei einer Finanzierung, die z. B. auf zwei Jahre ausgelegt wäre, würde das Risiko steigen, den hohen Zahlungsverpflichtungen nicht nachkommen zu können.

5.3.1

Kreditbetrag	45.000,00 €	100 %
– Disagio	450,00 €	1 %
= Auszahlungsbetrag	44.550,00 €	99 %

Zinsen in Euro: $\dfrac{45.000,00 \cdot 1,7 \cdot 1.888}{100 \cdot 360} = 4.012,00$

Effektive Verzinsung in Prozent: $\dfrac{(4.012,00 + 450,00) \cdot 100 \cdot 360}{44.550,00 \cdot 1.888} = 1,91$

Der effektive Zinssatz ist bei der Bayeralpbank Bad Tölz geringer als bei der Sparbank Lenggries. 5

Erklärung: Hier geht es darum, mithilfe des effektiven Zinssatzes zu berechnen, welches Kreditangebot günstiger ist. Die effektive Verzinsung bezieht neben dem Zinssatz p. a. (Nominalzins) weitere Kreditkosten, das Disagio, mit ein. Das Disagio ist ein vorausbezahlter Zins, der nicht ausbezahlt wird.

Die Berechnung erfolgt in drei Schritten:
1. **Berechnung des Auszahlungsbetrags:** Vom Kreditbetrag (45.000,00 €) zieht die Bank im Voraus Disagio ab (hier: 1 %). Es werden also nur 44.550,00 € ausbezahlt.
2. **Berechnung der Kreditkosten:** Zinsen für 1.888 Tage + Disagio
3. **Berechnung des effektiven Zinssatzes** mit der entsprechenden Formel

5.3.2

2800 BK	44.550,00 €			
7510 ZAW	450,00 €	an	4250 LBKV	45.000,00 €

3

Erklärung: *2800 BK:* Gutschrift auf dem Geschäftskonto (Aktivkonto) → Buchung im Soll.

7510 ZAW: Das Disagio ist ein vorausbezahlter Zins, der Aufwand steigt → Buchung im Soll.

4250 LBKV: Die Laufzeit für den Kredit (Passivkonto) liegt bei über einem Jahr, es ist also ein langfristiger Kredit → Buchung im Haben.

5.4 Beitrag zur Server-Versicherung: 990,00 €

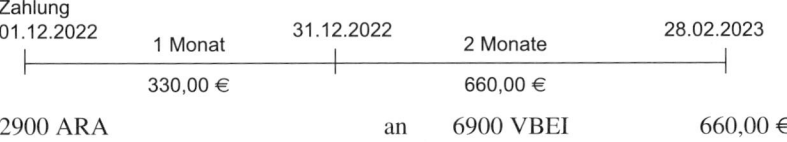

2900 ARA		an	6900 VBEI	660,00 €

3

Erklärung: „TSE" hat Anfang Dezember 2022 die Versicherungsprämie für den Server für die kommenden drei Monate im Voraus bezahlt. Zum Bilanzstichtag am 31.12.2022 besteht nun das Problem, dass Aufwendungen für Januar und Februar des kommenden Geschäftsjahres auf 6900 VBEI gebucht sind – die Bilanz wäre nicht korrekt. Also müssen Versicherungsbeiträge, die das neue Jahr betreffen, abgegrenzt (wieder ausgebucht) werden.

6900 VBEI: Der Versicherungsaufwand für Januar und Februar wird korrigiert/ausgebucht → Buchung im Haben.

2900 ARA: Ausgaben, die einen Aufwand für das kommende Geschäftsjahr darstellen, werden am 31.12. über das Aktivkonto 2900 ARA abgegrenzt → Buchung im Soll.

6.1.1 Z. B: Kostenstellen sind die Bereiche der Kostenverursachung im Betrieb.   1

Erklärung: Im Betriebsabrechnungsbogen werden die Gemeinkosten mithilfe von Verteilungsschlüsseln auf die Kostenstellen verteilt. Unterschieden werden vier Kostenstellen: Material, Fertigung, Verwaltung, Vertrieb.

6.1.2 Aussage B

Der kalkulatorische Unternehmerlohn zählt zu den Zusatzkosten.   2

Erklärung: Der Unternehmerlohn ist das Gehalt, das ein Unternehmer für seine Tätigkeit im Unternehmen erhält. Der **kalkulatorische Unternehmerlohn** wird nur in der Kosten- und Leistungsrechnung berücksichtigt und nicht in der GUV-Rechnung. Deshalb zählt er zu den **Zusatzkosten**. Anderskosten sind z. B. die kalkulatorischen Abschreibungen. Diese werden in der GUV-Rechnung und in der Kosten- und Leistungsrechnung in unterschiedlicher Höhe angesetzt.

6.1.3

Materialkosten		164.263,00 €
Fertigungslöhne	144.000,00 €	
+ Fertigungsgemeinkosten	201.600,00 €	
= Fertigungskosten		345.600,00 €
Herstellkosten der Erzeugung		509.863,00 €
+ Bestandsminderungen		5.937,00 €
= Herstellkosten des Umsatzes		**515.800,00 €**

   4

Erklärung: Die Herstellkosten der **Erzeugung** (HKdE) erfassen die Kosten, die bei der Produktion der Fertigerzeugnisse anfallen (Material- und Fertigungskosten). Bei den Herstellkosten des **Umsatzes** (HKdU) werden die Kosten der tatsächlich verkauften Produkte berechnet. Es werden also auch die Veränderungen im Lager berücksichtigt.

Wenn, wie hier, eine Bestandsminderung vorliegt, bedeutet das, dass zusätzlich zur Produktion noch Bestände aus dem Lager entnommen und verkauft wurden. Die HKdU sind also um 5.937,00 € höher als die HKdE.

Die Materialkosten sind gegeben. Die Fertigungslöhne sind dem BAB zu entnehmen (Zuschlagsgrundlage für die FGK). Die FGK können entweder der Summenzeile entnommen oder über den Zuschlagsatz (140 % von 144.000,00 €) berechnet werden.

6.2.1 Z. B.: Die Marketingabteilung handelt sinnvoll, da die Festsetzung des Listenverkaufspreises auf 15.999,00 € der Schwellenpreisstrategie entspricht.   2

Erklärung: Andere Preisstrategien wie Skimming, Hoch- oder Niedrigpreisstrategie erscheinen hier nicht sinnvoll.

6.2.2

> **TIPP** **Vorgehen bei der Verkaufskalkulation**
> • Erstellen Sie zuerst das komplette Kalkulationsschema.
> • Tragen Sie dann die in der Aufgabenstellung gegebenen Werte ein
>   (hier: Selbstkosten, Kundenrabatt, Listenverkaufspreis aus 6.2).
>   Zum Kundenskonto gibt es keine Angabe, also auf 0 % setzen.
> • Geben Sie bei Rabatt (und ggf. Skonto) an, welcher Wert der Grundwert
>   ist (100 %).
> • Berechnen Sie die fehlenden Beträge.

Selbstkosten	11.500,00 €	
+ Gewinn	**1.299,20 €**	
= Barverkaufspreis	12.799,20 €	
+ Kundenskonto	0,00 €	
= Zielverkaufspreis	12.799,20 €	80 %
+ Kundenrabatt	3.199,80 €	20 %
= Listenverkaufspreis	15.999,00 €	100 %

3

Erklärung: Hier ist das Schema der Verkaufskalkulation gefordert. Es handelt sich um eine Differenzkalkulation.

6.3   6760 PROV   14.000,00 €
          2600 VORST   2.660,00 €   an   4400 VE   16.660,00 €

3

Erklärung: Handelsvertreter „Meier" arbeitet auf Provisionsbasis. Er erhält also einen festgelegten Prozentsatz vom erzielten Umsatz. Je mehr Gabelstapler „Meier" verkauft, desto höher ist seine Provision.
6760 PROV: Provisionen stellen für „TSE" einen Aufwand dar → Buchung im Soll.
2600 VORST: Für die Dienstleistung fällt Vorsteuer (Aktivkonto) an → Buchung im Soll.
4400 VE: Durch den Rechnungseingang erhöhen sich für „TSE" die Verbindlichkeiten (Passivkonto) → Buchung im Haben.

7.1   A: niedrig   B: hoch   C: hoch   3

Erklärung: *zu A:* Liquidität: Der Begriff bedeutet „Flüssigkeit", also die Verfügbarkeit von flüssigen Mitteln. Bei Immobilien kann es einige Zeit dauern, bis sie verkauft werden können und das eingesetzte Kapital verfügbar ist.
zu B: Termineinlagen, also Einlagen bei Banken für mindestens einen Monat, gelten als sehr sicher. Sie sind über Einlagensicherungssysteme der Banken bis zu einem bestimmten Betrag abgesichert.
zu C: Bei der Kapitalanlage in Aktien besteht die Chance auf eine schnelle Kurssteigerung, also eine hohe Rendite. Allerdings ist ein höheres Risiko als bei anderen Anlageformen einzukalkulieren.

7.2 Unter Diversifikation versteht man eine Geldanlagestrategie, bei der man aus Gründen der Risikominimierung das Vermögen in verschiedene Anlageformen investiert.　1

Erklärung: Man sollte sein Kapital streuen, also z. B. je einen Teil des Vermögens in Immobilien, in Aktien und in Festgelder investieren. Börsenverluste können so z. B. durch steigende Immobilienwerte ausgeglichen werden.

7.3.1 Z. B.: sozialer Aspekt　1

Erklärung: „TSE" kann z. B. Aktien von Unternehmen kaufen, die ihren Mitarbeitern faire Löhne und gute Arbeitsbedingungen bieten.

7.3.2　**TIPP** Das Schema ist beim Aktienkauf immer anzugeben!

Kurswert	(900 · 51,50 €)	46.350,00 €	100 %
+ Spesen		463,50 €	1 %
= Überweisungsbetrag		46.813,50 €	101 %

1500 WP	an	2800 BK	46.813,50 €

4

Erklärung: Ermittlung der Banklastschrift beim Aktienkauf:
Kurswert:　Stückzahl · Stückkurs
+ Spesen:　1 % vom Kurswert (Gebühren der Bank und des Maklers)

= Banklastschrift:　Kurswert + Spesen

1500 WP: Der Wert des Aktienbestandes steigt (Aktivkonto) → Buchung im Soll.
2800 BK: Durch den Aktienkauf mindert sich der Wert des Geschäftskontos (Aktivkonto) → Buchung im Haben.

7.4

2800 BK	an	5780 DDE	1.350,00 €

2

Erklärung: Die Dividende ist ein Anteil am Gewinn der Aktiengesellschaft, der in der Regel jährlich an die Aktionäre ausgeschüttet wird.
2800 BK: Durch die Überweisung mehrt sich das Geschäftskonto → Buchung im Soll.
5780 DDE: Die Erträge nehmen zu → Buchung im Haben.

7.5

2800 BK	49.005,00 €	an	1500 WP	46.813,50 €
			5650 EAWP	2.191,50 €

Erklärung:

Bankgutschrift beim Verkauf:	49.005,00 €	
– Banklastschrift beim Kauf der Aktien:	46.813,50 €	
= Gewinn:	2.191,50 €	→ Ertragskonto 5650 EAWP

4

P-74

8.1   Z. B.: gut ausgebauter öffentlicher Nahverkehr, hoher Freizeitwert   2

Erklärung: Weiche Standortfaktoren lassen sich nur schwer messen und deren Bewertung unterliegt dem persönlichen Empfinden. Harte, also gut messbare Standortfaktoren sind z. B. Kooperationsmöglichkeiten mit Forschungseinrichtungen, verkehrsgünstige Lage, Grundstückspreise.

8.2.1   Die Gewerbesteuer zählt zu den harten Standortfaktoren, da sie eine messbare Größe darstellt.   1

Erklärung: Die Gewerbesteuer ist an die Gemeinde, in der ein Unternehmen seinen Sitz hat, zu bezahlen. Sie ist eine der wichtigsten Einnahmequellen der Gemeinden.

8.2.2

Gewinn (Gewerbeertrag)	224.500,00 €	
– Freibetrag	24.500,00 €	
= Steuerpflichtiger Gewerbeertrag	200.000,00 €	
Gewerbesteuermessbetrag	7.000,00 €	(3,5 % · 200.000,00 €)
Gewerbesteuer	**17.500,00 €**	(250 % · 7.000,00 €)

3

Erklärung: In drei Schritten vom Gewinn zur Gewerbesteuer:
1. Vom Unternehmensgewinn wird zunächst der **Freibetrag**, also der Betrag, auf den keine Gewerbesteuer zu bezahlen ist, **abgezogen**.
2. Mithilfe der **Steuermesszahl** (3,5 %) wird der Gewerbesteuermessbetrag errechnet (7.000,00 €).
3. Der Gewerbesteuermessbetrag wird mit dem **Hebesatz**, in diesem Fall 250 %, multipliziert. Der Hebesatz wird von der Gemeinde festgelegt. Die Gemeinde hat die Möglichkeit, durch niedrige Hebesätze Unternehmen in die Gemeinde zu locken und Arbeitsplätze zu schaffen.

8.2.3   7000 GWST   an   2800 BK   4.375,00 €

2

Erklärung: *7000 GWST:* Die Gewerbesteuer zählt zu den betrieblichen Steuern, sie stellt einen Aufwand dar → Buchung im Soll.
2800 BK: Durch die Abbuchung der Gewerbesteuer mindert sich das Geschäftskonto → Buchung im Haben.

8.3.1   6730 GEB   an   4400 VE   2.500,00 €

2

Erklärung: *6730 GEB:* Die Abwassergebühren stellen einen Aufwand dar → Buchung im Soll.
4400 VE: Der Bescheid ist eine Anordnung einer Behörde, einen bestimmten Betrag zu bezahlen. Durch den Bescheid erhöhen sich die Verbindlichkeiten → Buchung im Haben.

8.3.2   Z. B.: Gebühren sind Abgaben für eine bestimmte Leistung des Staates, während es sich bei Steuern um Abgaben ohne eine spezielle Gegenleistung des Staates handelt.   2

Erklärung: Im Fall von Aufgabe 8.3 ist die Gebühr für die Beseitigung des Abwassers zu bezahlen (Leistung des Staates).

8.4.1 Z. B.: Filteranlage für Abgase   1

Erklärung: Immission = Einwirkungen auf den Menschen oder die Umwelt.

Alternative Antworten: z. B. Lärmschutzmaßnahmen oder Maßnahmen zum Schutz vor Geruchsimmissionen.

8.4.2 Z. B.: Subventionen sind positiv zu sehen, weil z. B. die Unternehmer die Investitionen aufgrund der Förderung umsetzen.   2

Erklärung: Subventionen sind staatliche Zuschüsse mit dem Ziel, bestimmte Branchen oder Unternehmen zu unterstützen. Subventionen können dazu dienen, die Entwicklung von Zukunftstechnologien (z. B. künstliche Intelligenz) zu fördern oder auch, um Betriebe zu erhalten (z. B. in der Landwirtschaft).

Alternative Antwort: Sie sind negativ zu sehen, weil z. B. Konkurrenten an anderen Standorten benachteiligt werden.

Als Mitarbeiterin bzw. Mitarbeiter im Unternehmen „Andreas Loisacher Lederhosen e. K.", kurz „ALOIS", bearbeiten Sie verschiedene betriebswirtschaftliche Aufgaben.
Informationen zum Unternehmen:

Andreas Loisacher Lederhosen e. K.
Gamsbartstraße 3
80797 München

Inhaber:	Andreas Loisacher
Rechtsform:	Einzelunternehmen
Geschäftsjahr:	01. Januar bis 31. Dezember 2022
Zweck des Unternehmens:	Hauptwerk München: Herstellung von Lederhosen Zweigwerk Weßling: Herstellung von Trachtenjacken
Unternehmensphilosophie:	Hochwertige Lederhosen im Einklang mit Tradition und Umwelt

Werkstoffe:

Rohstoffe
Gams-, Hirsch- und Ziegenleder, …

Fremdbauteile
Knöpfe, Schnallen, …

Hilfsstoffe
Fäden, Garne, Textilkleber, …

Betriebsstoffe
Schmierstoffe, Strom, …

Lederhose: Claude TRUONG-NGOC wikipedia, CC BY-SA 3.0

Formale Vorgaben:

- Bei Buchungssätzen sind stets Kontennummern, Kontennamen (abgekürzt möglich) und Beträge anzugeben.
- Bei Berechnungen sind jeweils alle notwendigen Lösungsschritte und Nebenrechnungen darzustellen.
- Alle Ergebnisse sind in der Regel auf zwei Nachkommastellen gerundet anzugeben.
- Soweit nicht anders vermerkt, gilt ein Umsatzsteuersatz von 19 %.

1.0   Im Unternehmen „ALOIS" liegt folgender Beleg vor:

Andreas Loisacher Lederhosen e. K.

Andreas Loisacher e. K. * Gamsbartstraße 3 * 80797 München

Trachtenhandel Schick GmbH
Spitzingweg 22
83730 Fischbachau

Andreas Loisacher Lederhosen e. K.
Gamsbartstraße 3
80797 München

Tel.:	+49 (0)89 0348-0
Fax:	+49 (0)89 0348-121
E-Mail:	kundenservice@alois.zyx
Internet:	www.alois.zyx

RECHNUNG Nr. 04/22

Rechnungsdatum: 3. Januar 2022
(Bei Zahlungen bitte angeben!)

Bestellnummer:	18760	Kunden-Nr.:	744-SCH
Lieferdatum:	3. Januar 2022	Ansprechpartnerin:	Frau Müller

Aufgrund Ihrer Bestellung lieferten wir Ihnen „frei Haus":

Pos.	Artikelbezeichnung	Menge	Einzelpreis	Gesamtpreis
1	Lederhose „Prien"	20	420,00 €	8.400,00 €
2	Lederhose „Kreuth"	15	640,00 €	9.600,00 €
	Zwischensumme			18.000,00 €
	− 10 % Treuerabatt			1.800,00 €
	Warenwert			16.200,00 €
	+ 19 % Umsatzsteuer			3.078,00 €
	Rechnungsbetrag			**19.278,00 €**

Herzlichen Dank für Ihre Bestellung und Ihr langjähriges Vertrauen!

Zahlung fällig am 3. Februar 2022 rein netto.
Bei Zahlung bis zum 13. Januar 2022 gewähren wir 2 % Skonto.

Die Ware bleibt bis zur vollständigen Bezahlung Eigentum
von Andreas Loisacher Lederhosen e. K.

Hochwertige Lederhosen im Einklang mit Tradition und Umwelt

Bayernbank München
IBAN: DE 89 3704 0044 0532 4344 01
BIC: BAYMDEMUSWE

Amtsgericht München HRA 4843
USt.-IdNr.: DE467812678
Steuernr.: 149/167/29752

1.1 Überprüfen Sie die Aussagen zum nebenstehenden Beleg. Geben Sie auf Ihrem Lösungsblatt den Kennbuchstaben der nicht zutreffenden Aussage an und berichtigen Sie diese.

A	„ALOIS" trägt die Kosten der Lieferung.
B	„ALOIS" gewährt ein Zahlungsziel bis zum 03.02.2022.
C	Mit Versenden der Rechnung ist „ALOIS" nicht mehr Eigentümer der Lederhosen.

1.2 Nennen Sie einen Grund für die Gewährung des Treuerabatts gegenüber „Trachtenhandel Schick GmbH".

1.3 Bilden Sie den Buchungssatz zu nebenstehender Rechnung Nr. 04/22.

1.4 Am 13.01.2022 erfolgt der Zahlungseingang für die Rechnung Nr. 04/22 auf dem Geschäftsbankkonto von „ALOIS". Bilden Sie den Buchungssatz.

1.5 Neben den Lederhosen „Prien" und „Kreuth" fertigt „ALOIS" weitere Modelle. Zu Beginn des Geschäftsjahres beauftragt Andreas Loisacher die Marketingabteilung, alle Lederhosenmodelle im Produktlebenszyklus darzustellen:

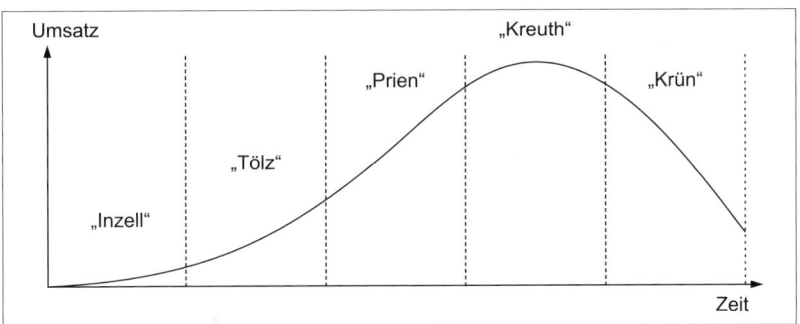

1.5.1 Benennen Sie die Phase im Produktlebenszyklus, in der sich das Modell „Tölz" befindet.

1.5.2 Geben Sie auf Ihrem Lösungsblatt unter Angabe des jeweiligen Kennbuchstabens den entsprechenden Namen des Lederhosenmodells für die Textlücken (A) bis (C) an:

Durch die Zuordnung der Modelle im Produktlebenszyklus können unternehmerische Maßnahmen abgeleitet werden. „ALOIS" kann daraus erkennen, dass es bei der Einführung des Modells _____ (A) _____ sinnvoll ist, den Bekanntheitsgrad durch Marketingmaßnahmen zu steigern. Obwohl der Umsatzgipfel erreicht ist, können mit dem Modell _____ (B) _____ weiterhin hohe Gewinne erzielt werden. Aufgrund der negativen Umsatzentwicklung beim Modell _____ (C) _____ sollte „ALOIS" eine Entscheidung bezüglich der Programmgestaltung treffen.

Aufgabe 2

2.0 „ALOIS" möchte seine Geldanlagestrategie zukünftig neu ausrichten.

2.1 Andreas Loisacher informiert sich über die Geldanlage in Gold.
Geben Sie einen Nachteil dieser Anlageform an.

2.2 „ALOIS" hat sich nun doch für eine Kapitalanlage in Aktien des Unternehmens „Easygreen AG" entschieden. Dieses fällt durch ein besonderes soziales Engagement in Bayern auf.

2.2.1 Nennen Sie ein weiteres Kriterium einer nachhaltigen Geldanlage.

2.2.2 Bilden Sie den Buchungssatz zu folgendem Belegauszug:

⬡ **Bayernbank München**		**WERTPAPIERKAUF**
	Börse	München
Andreas Loisacher Lederhosen e. K.	Auftragsdatum:	10. Februar 2022
Gamsbartstraße 3	Auftragsnummer:	48673/22
80797 München	ISIN:	DE0006392215
	Girosammeldepot:	4637514
	Valuta:	11. Februar 2022

Sehr geehrter Herr Loisacher,
folgende Wertpapiere wurden von uns in Ihrem Auftrag gekauft:

Wertpapierbezeichnung	Easygreen AG
Stückkurs/Stückzahl	17,60 €/200
Kurswert	**3.520,00 €**
Spesen 1 % v. Kurswert	**35,20 €** (1 % vom Kurswert)
Gutschrift	**3.555,20 €**

2.3 Bilden Sie die beiden Buchungssätze unter Angabe der jeweiligen Buchungsnummer:

⬡ **Bayernbank München**				
Kontoauszug	IBAN: DE89 3704 0044 0532 4344 01			Auszug Nr. 19/22
14.03.2022/13:26 Uhr	BIC: BAYMDEMUSWE			Seite 1/1

Bu.-Tag	Wert	Bu.-Nr.	Vorgang	Betrag (€)
13. 03.	13. 03.	42	Dividende für 200 Easygreen AG Aktien	600,00 +
14. 03.	14. 03.	43	Depotgebühren Depot-Nr.: 4637514	24,00 −

Kontokorrentkredit:	60.000,00 €	alter Kontostand	18.342,00 +
verfügbar:	78.918,00 €	neuer Kontostand	18.918,00 +

2023-4

2.4 Aufgrund eines finanziellen Engpasses benötigt „ALOIS" liquide Mittel. Die 200 „Easygreen AG"-Aktien werden zum Stückkurs von 19,20 € (Spesen: 1 % vom Kurswert) verkauft. Bilden Sie den Buchungssatz für die Bankgutschrift.

Aufgabe 3

3.0 Das Unternehmen „ALOIS" stellt im Zweigwerk in Weßling Trachtenjacken her. Für das 2. Quartal liegen Ihnen folgende Zahlen vor:

Modell	„Bazi"	„Zenzi"
Nettoverkaufspreis pro Stück	85,00 €	105,00 €
Variable Kosten pro Stück	52,00 €	86,00 €
Produktion ≙ Absatz	4 200 Stück	3 000 Stück

Jacke „Bazi": Shutterstock, Jacke „Zenzi": © Oleksandr Kalina/Dreamstime.com

3.1 Berechnen Sie Art und Höhe des Betriebsergebnisses, wenn die Fixkosten 152.700,00 € betragen.

3.2 Beurteilen Sie folgende Aussage eines Auszubildenden im Zweigwerk: „Die Senkung der Fixkosten hat keinen Einfluss auf das Betriebsergebnis."

3.3 Die Kapazität im Zweigwerk liegt bei 7 800 Trachtenjacken pro Quartal. Berechnen Sie die Auslastung in Prozent.

3.4 Laut einer Marktanalyse können für beide Modelle die Absatzzahlen erhöht werden.

3.4.1 Entscheiden Sie, ob Andreas Loisacher das Modell „Bazi" oder „Zenzi" für die Verkaufsförderung auswählen sollte.

3.4.2 Geben Sie eine Empfehlung für eine verkaufsfördernde Maßnahme an.

3.4.3 Andreas Loisacher lässt in seine Entscheidungen auch die Meinungen der Belegschaft mit einfließen. Geben Sie die Art des Führungsstils von Andreas Loisacher an.

3.5 „ALOIS" benötigt für die Produktion von Trachtenjacken 12 000 Knöpfe. Hierzu liegen Ihnen folgende Informationen vor:

Eigenfertigung	Fremdbezug (Angebot des Lieferers)
Variable Kosten pro Knopf: 0,70 €	Listenpreis für 12 000 Knöpfe: 10.800,00 €
Fixe Kosten: 6.500,00 €	Rabatt: 5 %

Entscheiden Sie rechnerisch, ob „ALOIS" die Knöpfe in Eigenfertigung produzieren oder den Fremdbezug wählen sollte.

Aufgabe 4

4.0 Andreas Loisacher plant eine bereits abgeschriebene Zuschneidemaschine zu ersetzen. Für die Belegschaft soll die neue Maschine eine höhere Sicherheit am Arbeitsplatz gewährleisten.

4.1 Schließen Sie auf das entsprechende Investitionsziel, das Andreas Loisacher mit dieser geplanten Anschaffung verfolgt.

4.2 „ALOIS" möchte die Zuschneidemaschine mit eigenen Mitteln finanzieren. Nennen Sie einen Grund, der für die Eigenfinanzierung spricht.

4.3 Aus einer privaten Erbschaft bringt Andreas Loisacher liquide Mittel für die Finanzierung der Maschine ein. Er betrachtet hierzu folgende Infografik:

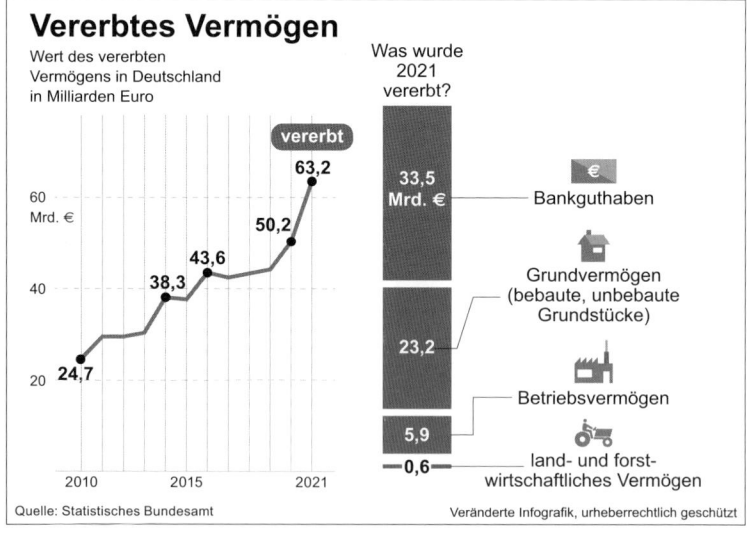

eigene Darstellung nach Zahlen des Statistischen Bundesamtes

4.3.1 Geben Sie auf dem Lösungsblatt unter Angabe der Kennbuchstaben an, ob die Aussagen A bis D richtig oder falsch sind.

A	Der Wert des vererbten Vermögens von 2010 bis 2021 wird in einem Säulendiagramm dargestellt.
B	Im Jahr 2021 wurden 5,9 Mrd. Euro Grundvermögen vererbt.
C	Von 2010 bis 2021 hat sich der Wert des vererbten Vermögens mehr als verdoppelt.
D	Die Quelle des Datenmaterials ist das Statistische Bundesamt.

4.3.2 Berechnen Sie den prozentualen Anteil des vererbten Bankguthabens am insgesamt vererbten Vermögen im Jahr 2021.

4.4 Nach Klärung der Finanzierung stellt Andreas Loisacher die Informationen für zwei Angebote von Zuschneidemaschinen in einer noch unvollständigen Übersicht gegenüber:

	Angebot 1: Zuschneidemaschine „CUT UP"	Angebot 2: Zuschneidemaschine „QP 435"
Anschaffungskosten	45.500,00 €	45.000,00 €
Abschreibung pro Jahr	9.100,00 €	9.000,00 €
Kalkulatorische Zinsen pro Jahr	1.706,25 €	
Variable Kosten pro Jahr	101.600,00 €	104.000,00 €
Gesamtkosten pro Jahr	112.406,25 €	
Amortisationszeit	1,70 Jahre	1,98 Jahre
Weitere Informationen	Flächenbedarf: 24 m^2 Kostenloser Wartungsservice	Flächenbedarf: 17 m^2

4.4.1 Berechnen Sie die Gesamtkosten pro Jahr des Angebots 2 anhand der Kostenvergleichsrechnung, wenn ein kalkulatorischer Zinssatz von 7,5 % vorliegt.

4.4.2 Für den Kauf der Maschine sind nicht nur die Gesamtkosten ausschlaggebend. Nennen Sie auf Grundlage der Informationen zwei weitere Kriterien, die für das Angebot 1 sprechen.

4.4.3 „ALOIS" entscheidet sich für Angebot 1. Bilden Sie den Buchungssatz für den Rechnungseingang beim Kauf der Zuschneidemaschine „CUT UP".

4.5 „ALOIS" achtet auch in anderen Bereichen auf die Gesundheit seiner Belegschaft. Bilden Sie den Buchungssatz zu folgendem Belegauszug:

Büromöbel Dr. E. Stuhl
Gewerbestraße 32, 80689 München

18.11.2022   08:25

1 Bürodrehstuhl Rückenfit

1x   327,25 €   327,25 €

Summe   327,25 €

Netto   USt (19 %)   Brutto
275,00 €   52,25 €   327,25 €

**Kartenzahlung
Girocard
EUR 327,25**

Vorgangs-Nr.: 49874
Terminal-ID: 34976763
TA-Nr.: 987545
IBAN: DE89 37""""""""4401
Girocard gültig bis: 10/24

Aufgabe 5

5.0 Zum 31.12.2022 sind im Unternehmen „ALOIS" noch einige Arbeiten zu erledigen.

5.1 Bilden Sie jeweils den Buchungssatz für die folgenden vorbereitenden Abschlussbuchungen.

5.1.1 Der Beitrag für die Maschinenausfallversicherung in Höhe von 360,00 € wurde vereinbarungsgemäß Anfang November für den Zeitraum 01.11.2022 bis 31.10.2023 vom Geschäftsbankkonto eingezogen.

5.1.2 Das Konto 0890 GWG weist Anschaffungen aus dem aktuellen Geschäftsjahr in Höhe von 5.350,00 € aus.

5.2 Zum Geschäftsjahresende liegt Ihnen folgendes Konto vor:

Soll		3000 EK		Haben
3001 P	68.000,00 €	AB		840.000,00 €
8010 SBK	927.000,00 €	8020 GUV		155.000,00 €
	995.000,00 €			995.000,00 €

5.2.1 Bilden Sie den Buchungssatz, der dem Abschluss des Kontos 3000 EK zugrunde liegt.

5.2.2 Berechnen und beurteilen Sie die Eigenkapitalrentabilität.

5.3 Am Bilanzstichtag betrachtet Andreas Loisacher nachfolgende aufbereitete Bilanz:

Aktiva	Aufbereitete Bilanz zum 31.12.2022 in €		Passiva
A. Anlagevermögen	3.450.000,00	**A. Eigenkapital**	927.000,00
B. Umlaufvermögen		**B. Fremdkapital (FK)**	
I. Vorräte	370.400,00	I. Langfristiges FK	3.000.000,00
II. Forderungen	250.300,00	II. Kurzfristiges FK	211.000,00
III. Flüssige Mittel	67.300,00		
	4.138.000,00		4.138.000,00

5.3.1 Berechnen und beurteilen Sie die Kennzahl der Anlagendeckung II.

5.3.2 Andreas Loisacher möchte die Zahlungsfähigkeit seines Unternehmens überprüfen. Berechnen Sie die Kennzahl der Barliquidität.

Aufgabe 6

6.0 Dem Unternehmen „ALOIS" liegen folgende Grafiken aus der Kostenrechnung vor:

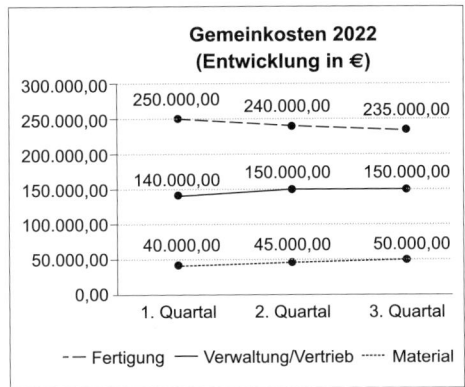

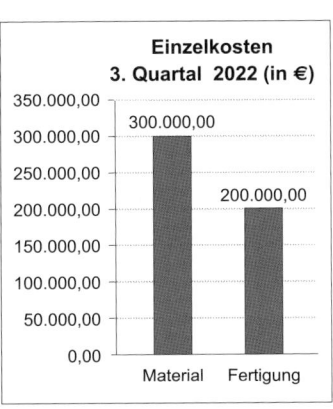

6.1 In der Materialkostenstelle sind die Gemeinkosten während des Jahres gestiegen.

6.1.1 Berechnen Sie den Anstieg der Materialgemeinkosten vom 1. bis zum 3. Quartal 2022 in Prozent.

6.1.2 Nennen Sie einen möglichen Grund für diese Kostenentwicklung.

6.1.3 Ermitteln Sie rechnerisch den Materialgemeinkostenzuschlagssatz für das 3. Quartal.

6.2 Berechnen Sie die Selbstkosten des Umsatzes (Gesamtkosten) für das 3. Quartal 2022, wenn ein Mehrbestand von fertigen Erzeugnissen in Höhe von 5.000,00 € vorliegt.

6.3 Unterscheiden Sie die Einzelkosten von den Gemeinkosten.

6.4 Im 4. Quartal fallen weitere Kosten an.
Bilden Sie den Buchungssatz zum folgenden Beleg:

Quittung		Währung		EUR
Nummer	11	Netto		200,00
		USt.	19 %	38,00
		Gesamtbetrag		238,00

Gesamtbetrag in Worten: Zweihundertachtunddreißig ----------

(Cent wie oben)

von: Andreas Loisacher

für: Wartung Fertigungsmaschine

Datum: 25.11.2022   Ort: München

Stempel/Unterschrift des Empfängers: Christa Redlich
Redlich
Zahnradweg 6
80689 München

7.0 „ALOIS" stellt bei der Überprüfung der Forderungen eine sinkende Zahlungsmoral fest.

7.1 Vor dem Versenden einer Mahnung an den Kunden „Almresal GmbH" informiert sich „ALOIS" mithilfe eines Artikels aus einer Fachzeitschrift:

– Aktuelles vom Zahlungsverzug –

Frankfurt am Main, 17.08.2022

Gemäß der aktuellen Gesetzgebung kann der Unternehmer nach Ablauf der Zahlungsfrist Verzugszinsen vom Kunden verlangen. Der Zinssatz für die Verzugszinsen liegt dabei neun Prozentpunkte über dem Basiszinssatz, der momentan – 0,88 Prozent beträgt.

Jeweils zum 1. Januar sowie zum 1. Juli eines jeden Jahres erfolgt eine Anpassung des Basiszinssatzes durch die Deutsche Bundesbank. Unternehmen können sich im „Bundesanzeiger" über den geltenden Basiszinssatz informieren.

7.1.1 Berechnen Sie die Höhe des ansetzbaren Verzugszinssatzes, den „ALOIS" dem Kunden in Rechnung stellen darf.

7.1.2 Geben Sie die Informationsquelle für den geltenden Basiszinssatz an.

7.2 Bilden Sie den Buchungssatz zu nachfolgendem Belegauszug:

Andreas Loisacher Lederhosen e. K.

Andreas Loisacher e. K. * Gamsbartstraße 3 * 80797 München

Almresal GmbH
Ländlergasse 5 a
94447 Plattling

München, 22.09.2022

Mahnung

Sehr geehrte Damen und Herren,

leider konnten wir bis heute keinen Zahlungseingang für die Rechnung Nr. 2735/22 feststellen. Daher belasten wir Sie mit:

Verzugszinsen	60,39 €
Kostenpauschale (Mahngebühren)	40,00 €

7.3 Das Insolvenzverfahren gegenüber dem Kunden „Bajuwaren-Tracht GmbH" wurde abgeschlossen. Die zweifelhafte Forderung beträgt 19.650,00 €. Bilden Sie den Buchungssatz für den Zahlungseingang auf dem Geschäftsbankkonto bei einer Insolvenzquote von 25 %. Der Rest ist verloren.

7.4 Nennen Sie eine Möglichkeit für „ALOIS", sich gegen zukünftige Forderungsausfälle abzusichern.

7.5 Zum 31. Dezember 2022 beträgt der Bestand an einwandfreien Forderungen 275.128,00 €. Das allgemeine Ausfallrisiko wird auf 1 % festgesetzt. Bilden Sie den Buchungssatz für die vorbereitende Abschlussbuchung.

Aufgabe 8

8.0 Aufgrund einer Kundenbefragung möchte „ALOIS" erfolgreiche Lederhosenmodelle in anderen Ausführungen anbieten.

8.1 Das Modell „Prien" aus Hirschleder soll zukünftig auch aus Ziegenleder gefertigt werden. Schließen Sie auf die entsprechende Art der Programmgestaltung.

8.2 „ALOIS" überlegt, bei einem neuen Lieferanten das Ziegenleder zu bestellen. Hierzu liegen folgende Informationen vor:

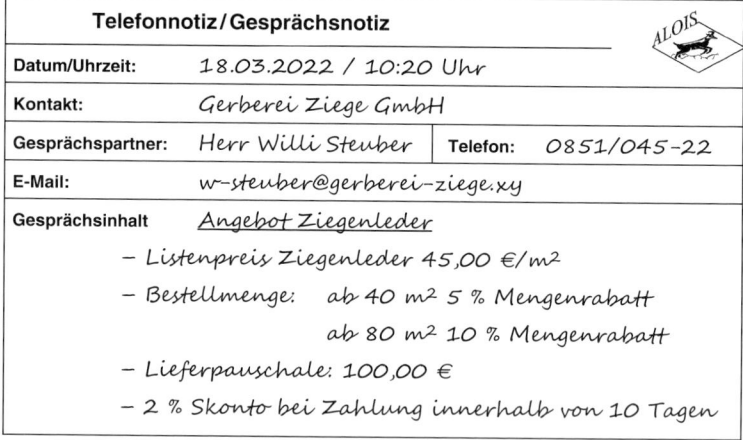

Berechnen Sie den Einstandspreis für 85 m² Ziegenleder.

8.3 „ALOIS" erhält von seinem Stammlieferanten ein besseres Angebot für Ziegenleder und bestellt nun dort.

8.3.1 Bilden Sie den Buchungssatz zu vorliegendem Belegauszug:

Gerberei Reingold GmbH, Alpweg 8, 94051 Hauzenberg

Andreas Loisacher Lederhosen e. K.
Gamsbartstraße 3
80797 München

seit 1799

Hauzenberg, 24.03.2022

Rechnung 22/A-342

Wir lieferten Ihnen:

Pos.	Bezeichnung	Preis/m²	Menge	Betrag
1	Ziegenleder Premium	30,00 €	85 m²	2.550,00 €
	+ Leihverpackung			80,00 €
	+ 19 % Umsatzsteuer			499,70 €
	Rechnungsbetrag			**3.129,70 €**

8.3.2 Bei der Eingangskontrolle wird festgestellt, dass 5 m² des Ziegenleders für die Produktion unbrauchbar sind. „ALOIS" sendet dieses zurück und erhält hierfür eine Gutschrift in Höhe von 178,50 € brutto. Bilden Sie den Buchungssatz.

8.4 „ALOIS" hat bewusst mehr Ziegenleder bestellt, als in der „Just-in-time"-Produktion benötigt wird. Nennen Sie einen Vorteil einer größeren Bestellmenge.

Lösungsvorschlag

1.1   C: falsch. Erst mit vollständiger Bezahlung geht das Eigentum auf den
Kunden „Trachtenhandel Schick GmbH" über.   2

Erklärung: *zu A:* In der Rechnung an den Kunden „Trachtenhandel Schick
GmbH" sind keine Bezugskosten (z. B. Transport, Verpackung) aufgeführt.
zu B: Der Kunde muss die Rechnung bis spätestens 03.02.2023 rein netto
(= ohne Skontoabzug) begleichen.
zu C: Der Eigentumsvorbehalt wird im unteren Teil der Rechnung geltend gemacht: „Die Ware bleibt bis zur vollständigen Bezahlung Eigentum von
Andreas Loisacher Lederhosen e. K.". Falls der Käufer die Lederhosen nicht
bezahlt, kann „ALOIS" sie als Eigentümer wieder zurücknehmen.

1.2   z. B.: langjährige Kundenbeziehung   1

Erklärung: Mit einem Treuerabatt wird die Treue eines Kunden belohnt.
Zudem soll der Stammkunde weiter an das Unternehmen gebunden werden.

1.3   2400 FO   19.278,00 €   an   5000 UEFE   16.200,00 €
                                                  4800 UST   3.078,00 €   3

Erklärung: *2400 FO:* Durch den Zielverkauf nehmen die Forderungen
(Aktivkonto) bei „ALOIS" zu → Buchung im Soll.
5000 UEFE: Durch den Verkauf erhöhen sich die Erträge → Buchung im
Haben.
4800 UST: Beim Verkauf fällt Umsatzsteuer an (Passivkonto) → Buchung im
Haben.

1.4
Rechnungsbetrag	19.278,00 €	100 %
– Brutto-Skonto	385,56 €	2 %
= Überweisungsbetrag	18.892,44 €	98 %

$$\text{Netto-Skonto} = \frac{385,56 \ €}{1,19} = 324,00 \ €$$

2800 BK	18.892,44 €			
5001 EBFE	324,00 €			
4800 UST	61,56 €	an	2400 FO	19.278,00 € 5

Erklärung: Der Kunde „Trachtenhandel Schick" bezahlt am 13.01.2022, also
innerhalb der Skontofrist.
2800 BK: Das Geschäftsbankkonto mehrt sich, wenn der Kunde bezahlt
→ Buchung im Soll.
5001 EBFE: Durch den Skontoabzug des Kunden müssen die Erlöse berichtigt werden → Buchung im Soll.
4800 UST: Durch den Skontoabzug des Kunden mindert sich die zu bezahlende Umsatzsteuer (Passivkonto) → Buchung im Soll.
2400 FO: Durch die Begleichung der Rechnung mindern sich die Forderungen (Aktivkonto) → Buchung im Haben.

1.5.1 Wachstumsphase   1

Erklärung: Die Lebenszeit von Produkten wird in fünf Phasen unterteilt:

Phase	Einführung	Wachstum	Reife	Sättigung	Rückgang/ Degeneration
Modell	„Inzell"	„Tölz"	„Prien"	„Kreuth"	„Krün"

1.5.2 (A) „Inzell"   (B) „Kreuth"   (C) „Krün"   3

Erklärung: In den einzelnen Phasen werden unterschiedliche unternehmerische Maßnahmen ergriffen. In der ersten Phase (beim Modell „Inzell") geht
es in der Regel darum, den Bekanntheitsgrad eines Produktes durch Werbemaßnahmen zu erhöhen. Gewinne werden oft erst ab der Wachstumsphase erzielt. Sie steigern sich bis zur Phase der Sättigung („Kreuth") und sinken dann
ab. Mit „Krün" wird dagegen kaum noch Gewinn erzielt. „ALOIS" muss entscheiden, ob man das Modell auslaufen lässt oder evtl. einen Relaunch startet.
Dabei wird die Lederhose z. B. neu gestaltet und entsprechend beworben.

2.1 z. B.: Aufbewahrungskosten   1

Erklärung: Goldbarren müssen vor Diebstahl geschützt werden. Die Aufbe-
wahrung in einem Bankschließfach oder Haustresor verursacht Kosten.

alternative Lösung: starke Preisschwankungen

Erklärung: Gold wird oft als Krisenwährung bezeichnet, weil die Nachfrage
nach dem Edelmetall vor allem in Krisenzeiten steigt. Entsprechend der
Nachfrage steigt der Goldpreis dann stark an. Entspannt sich die wirtschaftliche Lage, gibt der Goldpreis wieder nach. Der Preis von Gold und auch
anderen Edelmetallen unterliegt also zum Teil starken Schwankungen.

2.2.1 z. B.: ökologisch   1

Erklärung: Folgende Formen der nachhaltigen Geldanlage werden
unterschieden:
- sozial: z. B. Investition in Unternehmen, die faire Löhne zahlen, auf
  Kinderarbeit verzichten
- ethisch: z. B. Verzicht auf Geldanlage in Unternehmen der Rüstungs-
  industrie
- ökologisch: z. B. Investition in erneuerbare Energien

2.2.2 1500 WP an 2800 BK 3.555,20 € 2

Erklärung: Beim Kauf von Aktien fallen Spesen in Höhe von 1 % vom Kurswert an (Maklergebühr/Courtage, Bankgebühren), die aktiviert werden.
1500 WP: Der Kauf der Aktien mehrt den Aktienbestand (Aktivkonto) von „ALOIS" → Buchung im Soll.
2800 BK: Das Geschäftskonto (Aktivkonto) mindert sich durch den Wertpapierkauf → Buchung im Haben.

2.3 **Buchungsnummer 42:**

2800 BK an 5780 DDE 600,00 € 2

Erklärung: Aktionäre werden in der Regel am Gewinn einer Aktiengesellschaft beteiligt. Die Dividende ist der Gewinnanteil, der an die Aktionäre ausgeschüttet wird.
2800 BK: Durch die Überweisung mehrt sich das Bankguthaben → Buchung im Soll.
5780 DDE: Die Dividende mehrt die Erträge → Buchung im Haben.

Buchungsnummer 43:

6750 KGV an 2800 BK 24,00 € 2

Erklärung: Die Aktien werden von der Bank auf einem Konto (Depot) gegen Gebühren verwaltet.
6750 KGV: Die Depotgebühren stellen einen Aufwand dar → Buchung im Soll.
2800 BK: Durch die Abbuchung der Depotgebühren mindert sich das Geschäftskonto → Buchung im Haben.

2.4

Kurswert (200 Aktien · 19,20 €)	3.840,00 €	100 %
– Spesen	38,40 €	1 %
= Bankgutschrift	3.801,60 €	99 %

2800 BK	3.801,60 €	an	1500 WP	3.555,20 €	
			5650 EAWP	246,40 €	6

Erklärung: Hier ist zunächst die Bankgutschrift zu berechnen. Beim Verkauf mindern Spesen (1 %) den Kurswert (Anzahl der Aktien · Stückkurs). Anschließend wird der Kursgewinn berechnet:

Bankgutschrift	3.801,60 €	→ 2800 BK
– Banklastschrift	3.555,20 €	→ 1500 WP (= Buchwert)
= Kursgewinn	246,40 €	→ 5650 EAWP

2800 BK: Durch die Bankgutschrift mehrt sich das Geschäftskonto → Buchung im Soll.
1500 WP: Der Verkauf der Aktien mindert den Aktienbestand (Aktivkonto) von „ALOIS" um den Buchwert → Buchung im Haben.
5650 EAWP: Durch den Kursgewinn steigen die Erträge → Buchung im Haben.

3.1

	Modell „Bazi" 4 200 Stück in €	Modell „Zenzi" 3 000 Stück in €	Gesamt in €
Nettoverkaufserlöse	357.000,00	315.000,00	
– Variable Kosten	218.400,00	258.000,00	
= Deckungsbeitrag	138.600,00	57.000,00	195.600,00
– Fixkosten			152.700,00
= Betriebsgewinn			**42.900,00**

5

Erklärung:

Nettoverkaufserlöse: „Bazi": 85,00 € · 4 200 Stück
„Zenzi": 105,00 € · 3 000 Stück

Variable Kosten: „Bazi": 52,00 € · 4 200 Stück
„Zenzi": 86,00 € · 3 000 Stück

Der Deckungsbeitrag gibt an, welchen Beitrag die Produktion von „Bazi" und „Zenzi" jeweils zur Deckung der fixen Kosten leisten. Die Fixkosten beziehen sich auf die gesamte Produktion.

Achtung: In der Aufgabenstellung wird neben der Höhe auch die Art des Betriebsergebnisses gefordert. Es ist also unbedingt anzugeben, dass es sich um einen Gewinn handelt.

3.2 Die Aussage des Mitarbeiters ist falsch, weil die Senkung der Fixkosten das Betriebsergebnis verbessert.

2

Erklärung: Veranschaulichung am Beispiel

DB gesamt	195.600,00 €	(s. Aufgabe 3.1)
– Fixkosten	152.700,00 €	← Schafft es „ALOIS", die
= Betriebsgewinn	42.900,00 €	Fixkosten zu mindern, steigt der Gewinn.

3.3 Auslastung in % $= \dfrac{(4\,200 + 3\,000) \cdot 100}{7\,800} = 92,31$

2

Erklärung: Der Ausgangswert (Grundwert) für die Berechnung der Auslastung ist die maximale Menge, die produziert werden kann (Kapazität).

Kapazität: 7 800 = 100 %
aktuelle Produktion: 7 200 = x %

3.4.1 Für die Verkaufsförderung sollte das Modell „Bazi" gewählt werden, da dieses den höheren Deckungsbeitrag pro Stück liefert.

2

Erklärung: Die Deckungsbeitragsrechnung bietet eine Entscheidungshilfe bei der Frage, welches Produkt künftig besonders gefördert werden soll. „Bazi" liefert den höheren Deckungsbeitrag und erhöht mit jeder verkauften Jacke den Gewinn um 33,00 € (DB „Zenzi": nur 19,00 €).

3.4.2 z. B.: Ausgabe von Rabattgutscheinen

1

Erklärung: Verkaufsfördernde Maßnahmen werden unter dem Oberbegriff „Marketing" zusammengefasst. Unterschieden werden dabei die vier Bereiche Produkt, Preis, Kommunikation und Vertrieb. Die Antwortmöglichkeiten sind bei dieser Aufgabe entsprechend vielfältig.

3.4.3 kooperativer Führungsstil 1

Erklärung: Bei einem kooperativen Führungsstil wird offen mit den Mitarbeitern kommuniziert und die Mitarbeiter werden in Entscheidungsprozesse miteingebunden. Gegenstück ist der autoritäre Führungsstil.

3.5 Eigenfertigung:

Variable Kosten $(12\,000 \cdot 0{,}70 \text{ €})$	8.400,00 €	
+ Fixe Kosten	6.500,00 €	
= Gesamtkosten	14.900,00 €	

Fremdbezug

Listenpreis	10.800,00 €	100 %
– Rabatt	540,00 €	5 %
= Zieleinkaufspreis	10.260,00 €	95 %

„ALOIS" sollte sich für den Fremdbezug entscheiden, da dieser günstiger ist. 4

Erklärung: Bei der Make-or-buy-Analyse werden die Kosten der Eigenfertigung (fixe Kosten + variable Kosten) mit den Kosten des Fremdbezugs (Stückzahl · Menge) verglichen.
grundsätzlicher Vorteil Eigenfertigung: Unabhängigkeit vom Lieferanten
grundsätzlicher Vorteil Fremdbezug: Erfahrung und Fachwissen des Lieferers, flexible Bestellmenge

4.1 Andreas Loisacher verfolgt ein soziales Investitionsziel, da für die Belegschaft eine höhere Sicherheit am Arbeitsplatz geschaffen wird. 2

Erklärung: Folgende Investitionsziele werden in der Regel unterschieden:
- soziale Ziele: z. B. Arbeitsplatzsicherheit, Sicherung von Arbeitsplätzen
- ökonomische Ziele: z. B. Gewinnsteigerung, Rationalisierung (Minderung der Lohnkosten durch den Kauf eines Roboters), Produktionserweiterung (Kauf einer zusätzlichen Maschine)
- ökologische Ziele: z. B. Verringerung des Rohstoffverbrauchs oder des Schadstoffausstoßes

4.2 z. B.: keine Zinsbelastung 1

Erklärung: Eigenfinanzierung bedeutet, dass Investitionen mit eigenen Mitteln getätigt werden.

Folgende Formen werden unterschieden:
- **Selbstfinanzierung:** Unternehmensgewinne werden einbehalten (Thesaurierung)
- Beteiligung eines **stillen Gesellschafters**, der neues Kapital einbringt
- **Ausgabe junger Aktien** in einer Aktiengesellschaft

Bei den beiden letztgenannten Formen kommt zwar Kapital „von außen", es entsteht aber keine Pflicht zur Rückzahlung. Deshalb werden sie der Eigenfinanzierung zugerechnet.

4.3.1 A: falsch   B: falsch   C: richtig   D: richtig   4

Erklärung: *zu A:* Die Darstellung erfolgt in einem Liniendiagramm.
zu B: Das vererbte Grundvermögen hatte einen Wert von 23,2 Mrd. €.
zu C: Das vererbte Vermögen ist im genannten Zeitraum von 24,7 auf 63,2 Mrd. € angestiegen, also um 155,87 %.
zu D: Die Quelle ist im Diagramm unten links angegeben.

4.3.2 $\dfrac{\text{Anteil des vererbten}}{\text{Bankguthabens in \%}} = \dfrac{33,5 \text{ Mrd.} \cdot 100}{63,2 \text{ Mrd.}} = 53,01$ 1

Erklärung: Grundwert ist der Wert des gesamten im Jahr 2021 vererbten Vermögens.
Gesamtwert vererbtes Vermögen: 63,2 Mrd. € = 100 %
Anteil Bankguthaben: 33,5 Mrd. € =   x %

4.4.1 $\text{Kalk. Zinsen/Jahr in Euro} = \dfrac{45.000,00 \cdot 7,5}{100 \cdot 2} = 1.687,50$

Abschreibung/Jahr	9.000,00 €
+ Kalkulatorische Zinsen/Jahr	1.687,50 €
= Fixe Kosten/Jahr	10.687,50 €

Variable Kosten/Jahr	104.000,00 €
+ Fixe Kosten/Jahr	10.687,50 €
= Gesamtkosten/Jahr	114.687,50 €

3

Erklärung: Die Gesamtkosten für die Zuschneidemaschine setzen sich aus fixen Kosten und variablen Kosten (siehe Tabelle) zusammen.
Zu den fixen Kosten zählen die Abschreibungen (siehe Tabelle) und die kalkulatorischen Zinsen. Kalkulatorische Zinsen sind Zinsen, die der Unternehmer erhalten würde, wenn er den Betrag der Anschaffungskosten für die Maschine auf dem Kapitalmarkt anlegen würde. Sie werden mit folgender Formel berechnet:

$$\text{Kalkulatorische Zinsen} = \dfrac{\text{Anschaffungskosten} \cdot \text{Zinssatz}}{100 \cdot 2}$$

4.4.2 kürzere Amortisationszeit, kostenloser Wartungsservice 2

Erklärung: Die Lösung ist der Tabelle zu entnehmen.
Achtung: Der Flächenbedarf bei Angebot 1 ist negativ zu bewerten. Mit dieser Maschine wird eine größere Fläche in der Fertigungshalle belegt ($24\ m^2$) als mit der Maschine von Angebot 2 ($17\ m^2$).

4.4.3 0700 MA   45.500,00 €
2600 VORST   8.645,00 €   an   4400 VE   54.145,00 € 3

Erklärung: *0700 MA:* Die Anschaffungskosten für die Maschine (s. Tabelle) werden auf dem Aktivkonto erfasst → Buchung im Soll.
2600 VORST: Beim Einkauf fällt Vorsteuer an (Aktivkonto) → Buchung im Soll.
4400 VE: Beim Kauf auf Rechnung erhöhen sich die Verbindlichkeiten (Passivkonto) → Buchung im Haben.

4.5 0890 GWG   275,00 €
2600 VORST   52,25 €   an   2800 BK   327,25 € 3

Erklärung: *0890 GWG:* Der Bürostuhl wird auf dem Konto GWG (Aktivkonto) erfasst, da die Anschaffungskosten zwischen 250,01 € und 800,00 € liegen → Buchung im Soll.
2600 VORST: Beim Einkauf fällt Vorsteuer an (Aktivkonto) → Buchung im Soll.
2800 BK: Der Beleg weist eine Zahlung mit Karte aus, das Geschäftsbankkonto (Aktivkonto) mindert sich → Buchung im Haben.

5.1.1 Versicherungsbeitrag: 360,00 €

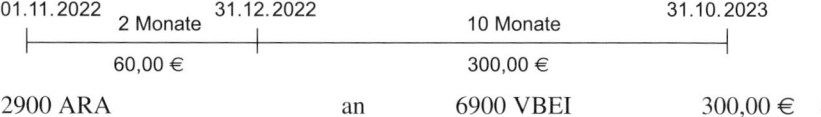

2900 ARA   an   6900 VBEI   300,00 € 3

Erklärung: „ALOIS" hat die Maschinenausfallversicherung Anfang November für ein Jahr im Voraus bezahlt. Zum Bilanzstichtag am 31.12. muss nun der Teil der Aufwendungen, die das kommende Geschäftsjahr betreffen (10 Monate: Januar bis Oktober), abgegrenzt (wieder ausgebucht) werden. Die Bilanz wäre sonst nicht korrekt.
2900 ARA: Ausgaben, die einen Aufwand für das kommende Geschäftsjahr darstellen, werden am 31.12. über das Aktivkonto 2900 ARA abgegrenzt → Buchung im Soll.
6900 VBEI: Der Versicherungsaufwand für Januar bis Oktober wird korrigiert/ausgebucht → Buchung im Haben.

5.1.2 6540 ABGWG an 0890 GWG 5.350,00 € 2

Erklärung: *6540 ABGWG:* Die Abschreibung der geringwertigen Wirtschaftsgüter stellt einen Werteabfluss dar, die Aufwendungen erhöhen sich → Buchung im Soll.
0890 GWG: Der Bestand auf 0890 GWG (Aktivkonto) wird am Ende des Anschaffungsjahres vollständig abgeschrieben → Buchung im Haben.

5.2.1 3000 EK an 8010 SBK 927.000,00 € 2

Erklärung: Alle Bestandskonten werden über das Konto 8010 SBK abgeschlossen.
3000 EK: Der Schlussbestand (Saldo = Haben – Soll) wird bei Passivkonten im Soll erfasst.
8010 SBK: Die Schlussbestände aller passiven Bestandskonten werden im Schlussbilanzkonto im Haben erfasst.

5.2.2 Eigenkapitalrentabilität in % $= \dfrac{155.000,00 \cdot 100}{840.000,00} = 18,45$

Die Eigenkapitalrentabilität liegt mit 18,45 % deutlich über dem Kapitalmarktzins und ist deshalb als sehr gut zu bewerten. 3

Erklärung: Die Eigenkapitalrentabilität zeigt, wie hoch sich das Eigenkapital im vergangenen Geschäftsjahr verzinst hat.

Eigenkapitalrentabilität $= \dfrac{\text{Gewinn} \cdot 100}{\text{EK am Jahresanfang}}$

Die EK-Rentabilität muss höher sein als die übliche Verzinsung auf dem Kapitalmarkt. Zusätzlich sollen auch der Unternehmerlohn und das unternehmerische Risiko ausreichend abgedeckt sein.
Wichtig: Auf die Beurteilung der EK-Rentabilität werden hier zwei Punkte vergeben. Neben einer Bewertung des Ergebnisses („sehr gut") ist zusätzlich eine Begründung anzugeben („deutlich über dem Kapitalmarktzins").

5.3.1 Anlagendeckung II in % $= \dfrac{(927.000,00 + 3.000.000,00) \cdot 100}{3.450.000,00} = 113,83$

Die Anlagendeckung II ist mit 113,83 % gut, da sie deutlich über dem Zielwert von 100 % liegt. 4

Erklärung: Die Anlagendeckung II zeigt, inwieweit das Anlagevermögen durch langfristiges Kapital (EK + langfristiges Kapital) gedeckt ist.

Anlagendeckung II $= \dfrac{(\text{EK} + \text{langfr. FK}) \cdot 100}{\text{Anlagevermögen}}$

Wichtig: Auch hier werden für die Beurteilung der Kennzahl zwei Punkte vergeben. Die Bewertung („gut") muss also wieder begründet werden („über dem Zielwert").

5.3.2 Barliquidität in % $= \dfrac{67.300,00 \cdot 100}{211.000,00} = 31,90$

1

Erklärung: Die Kennzahl zeigt, ob „ALOIS" den kurzfristigen Zahlungsverpflichtungen nachkommen kann.

$$\text{Barliquidität} = \frac{\text{flüssige Mittel} \cdot 100}{\text{kurzfristige Verbindlichkeiten}}$$

6.1.1 Anstieg der Materialgemeinkosten in % $= \dfrac{(50.000,00 - 40.000,00) \cdot 100}{40.000,00} = 25$

2

Erklärung: Die Materialgemeinkosten können dem Liniendiagramm links entnommen werden. Grundwert sind die Gemeinkosten des 1. Quartals, der Anstieg bis zum 3. Quartal beträgt 10.000,00 €.
Materialgemeinkosten 1. Quartal: 40.000,00 € =100 %
Anstieg bis 3. Quartal: 10.000,00 € = x %

6.1.2 z. B.: höhere Energiekosten im Materiallager

1

Erklärung: Die Antwort muss sich auf Gemeinkosten beziehen („Höhere Kosten für Hirschleder" würde entsprechend als Fehler gewertet).
Alternative Lösungen: z. B. Miete für Produktionshalle wurde erhöht, Gehälter für Mitarbeiter in der Verwaltung sind gestiegen, höhere Abschreibungen

6.1.3 Materialgemeinkostenzuschlagssatz in % $= \dfrac{50.000,00 \cdot 100}{300.000,00} = 16,67$

1

Erklärung: Zuschlagsgrundlage für die Materialgemeinkosten sind die Kosten für Fertigungsmaterial (siehe Säulendiagramm rechts).
Fertigungsmaterial 3. Quartal: 300.000,00 € =100 %
Materialgemeinkosten 3. Quartal: 50.000,00 € = x %

6.2

Fertigungsmaterial	300.000,00 €	
+ Materialgemeinkosten	50.000,00 €	
= Materialkosten		350.000,00 €
Fertigungslöhne	200.000,00 €	
+ Fertigungsgemeinkosten	235.600,00 €	
= Fertigungskosten		435.000,00 €
Herstellkosten der Erzeugung		785.000,00 €
– Mehrbestand fertige Erzeugnisse		5.000,00 €
= Herstellkosten des Umsatzes		780.000,00 €
+ Verw./Vertriebsgemeinkosten		150.000,00 €
= Selbstkosten des Umsatzes (Gesamtkosten)		930.000,00 €

6

Erklärung: Hier ist das vollständige Schema der Kostenträgerzeitrechnung gefordert. Der Mehrbestand von Fertigerzeugnissen wird in der Aufgabenstellung genannt, alle weiteren Beträge können den beiden Grafiken entnommen werden.

Tipp: Erstellen Sie zunächst das Gesamtschema und ergänzen Sie dann jeweils die erforderlichen Beträge aus den Grafiken.

6.3 z. B.: Einzelkosten können einem Kostenträger direkt zugeordnet werden. Gemeinkosten betreffen mehrere oder alle Kostenträger gleichzeitig. 2

Erklärung: Einzelkosten (z. B. Ziegenleder oder Knöpfe) können dem Endprodukt direkt zugeordnet werden.
Gemeinkosten (z. B. Mietaufwand, Stromkosten) können den Kostenträgern (Lederhosen) nur indirekt zugeordnet werden. Sie fallen in verschiedenen Kostenstellen an und werden im Betriebsabrechnungsbogen über Verteilungsschlüssel zugeordnet (z. B. Aufteilung des Mietaufwands über die Fläche).

6.4 6160 FRI   200,00 €
2600 VORST   38,00 €   an   2880 KA   238,00 €   3

Erklärung: *6160 FRI:* Christa Redlich hat eine Fertigungsmaschine gewartet, wodurch bei „ALOIS" die Aufwendungen steigen → Buchung im Soll.
2600 VORST: Für die Dienstleistung fällt Vorsteuer an → Buchung im Soll.
2880 KA: Es handelt sich um eine Quittung, die Instandhaltungsmaßnahme wurde also bar bezahlt → Buchung im Haben.

7.1.1 Verzugszinssatz $= -0,88 + 9 = 8,12$ 1

Erklärung: Der Basiszinssatz wird halbjährlich von der Deutschen Bundesbank festgelegt und bildet die Grundlage für die Berechnung der Verzugszinsen. Bei Geschäften zwischen zwei Unternehmen (hier zwischen „ALOIS" und dem Kunden „Almresal GmbH") liegen die Verzugszinsen 9 % über dem aktuellen Basiszinssatz ($-0,88$ %).

7.1.2 Bundesanzeiger 1

Erklärung: Im Bundesanzeiger werden amtliche Mitteilungen und wichtige Unternehmensnachrichten (z. B. Jahresabschlüsse, Bilanzen vieler Unternehmen) veröffentlicht. Der Bundesanzeiger ist für jeden frei einsehbar.

7.2 2400 FO   100,39 €   an   5710 ZE   60,39 €
5430 ASBE   40,00 €   3

Erklärung: *2400 FO:* „ALOIS" stellt dem Kunden Verzugszinsen und Mahngebühren in Rechnung, die Forderungen mehren sich → Buchung im Soll.
5710 ZE: Die Forderung von Verzugszinsen steigert die Erträge → Buchung im Haben.
5430 ASBE: Mahngebühren, die einem Kunden in Rechnung gestellt werden, mehren ebenfalls die Erträge → Buchung im Haben.

Wichtig: Unbedingt beachten, dass es sich hier um **Erträge** handelt. Wenn ein Lieferer „ALOIS" wegen Zahlungsverzug Verzugszinsen und Mahngebühren in Rechnung stellt, werden diese auf den Aufwandskonten 7510 ZAW und 6750 KGV erfasst.

7.3

Zweifelhafte Forderungen	19.650,00 €	100 %
– Zahlungseingang	4.912,50 €	25 %
= Ausfall brutto	14.737,50 €	75 %

$$\text{Nettoausfall} = \frac{14.737,50 \text{ €}}{1,19} = 12.384,45 \text{ €}$$

2800 BK	4.912,50 €			
6950 ABFO	12.384,45 €			
4800 UST	2.353,05 €	an	2470 ZWFO	19.650,00 € 5

Erklärung: *2800 BK:* Die Insolvenzquote beträgt 25 %, d. h., dass 25 % der Forderung auf dem Geschäftsbankkonto eingehen → Buchung im Soll.
6950 ABFO: Auf dem Aufwandskonto wird der Nettoausfall erfasst → Buchung im Soll.
4800 UST: Die Umsatzsteuer muss korrigiert/gemindert werden, da nur ein Teil der ursprünglichen Forderung eingeht. „ALOIS" würde sonst zu viel Umsatzsteuer (Passivkonto) ans Finanzamt bezahlen → Buchung im Soll.
2470 ZWFO: Da das Insolvenzverfahren abgeschlossen wurde, wird die bestehende zweifelhafte Forderung gegenüber „Bajuwaren-Tracht GmbH" aufgelöst → Buchung im Haben.

7.4 z. B.: Factoring   1

Erklärung: Beim Factoring verkauft ein Unternehmen (hier „ALOIS") seine Forderungen gegen eine Gebühr an ein Factoringinstitut, das auch das Ausfallrisiko übernimmt.

7.5

Einwandfreier Forderungsbestand brutto	275.128,00 €	119 %
– Umsatzsteuer	43.928,00 €	19 %
= Einwandfreier Forderungsbestand netto	231.200,00 €	100 %
davon 1 % Pauschalwertberichtigung	2.312,00 €	

6950 ABFO		an	3680 PWB	2.312,00 € 4

Erklärung: Auch einwandfreie Forderungen unterliegen einem Ausfallrisiko. Da man nicht vorhersehen kann, welcher Kunde nicht bezahlt, wird pauschal mit einem Ausfall von 1 % gerechnet. Wie bei der Bewertung zweifelhafter Forderungen wird auch hier der Abschreibungsbetrag vom Forderungsbestand netto berechnet.
6950 ABFO: Der erwartete Forderungsausfall wird abgeschrieben, der Aufwand erhöht sich → Buchung im Soll.
3680 PWB: Der geschätzte Ausfall einwandfreier Forderungen (netto) wird auf dem Passivkonto PWB erfasst → Buchung im Haben.

8.1 z. B.: Es handelt sich um eine Produktdifferenzierung, da sich beim Modell „Prien" ausschließlich der Rohstoff ändert. 2

Erklärung: Der Begriff „Programmgestaltung" ist im Marketing dem Bereich Produktpolitik zuzuordnen. Hier wird festgelegt, welches Produktprogramm ein Unternehmen anbietet, ob bestehende Produkte variiert oder vom Markt genommen (eliminiert) werden.

Ein **breites** Produktprogramm würde bedeuten, dass „ALOIS" neben Lederhosen auch Trachtenhemden, Dirndl, Schuhe usw. produziert. In der Aufgabe 8.1 geht es aber um die **Programmtiefe**, da „ALOIS" die Produktgruppe Lederhose um ein Modell aus Ziegenleder erweitert (= Differenzierung). Die Entscheidung trifft „ALOIS" aufgrund einer Kundenbefragung. Er hat also die Bedürfnisse der Kunden im Blick, wodurch sich die Erfolgschancen für das neue Produkt sicher erhöhen.

8.2

Listeneinkaufspreis (85 · 45,00 €)	3.825,00 €	100 %	
– Liefererrabatt	382,50 €	10 %	
= Zieleinkaufspreis	3.442,50 €	90 %	100 %
– Liefererskonto	68,85 €		2 %
= Bareinkaufspreis	3.373,65 €		98 %
+ Bezugskosten	100,00 €		
= Einkaufspreis	3.473,65 €		

5

Erklärung: Die erforderlichen Daten sind der Telefonnotiz zu entnehmen. Zu beachten ist die Rabattstaffel: Es ist ein Rabattsatz von 10 % anzusetzen, da 85 m^2 Ziegenleder benötigt werden.

8.3.1

6000 AWR	2.550,00 €			
6001 BZKR	80,00 €			
2600 VORST	499,70 €	an	4400 VE	3.129,70 €

4

Erklärung: *6000 AWR:* Bei Ziegenleder handelt es sich um einen Rohstoff (siehe Seite 1, Informationen zum Unternehmen), die Aufwendungen steigen → Buchung im Soll.

6001 BZKR: Die Kosten für die Leihverpackung werden beim Einkauf von Rohstoffen auf einem Unterkonto von AWR verbucht → Buchung im Soll.

2600 VORST: Beim Einkauf fällt Vorsteuer auf den Warenwert und die Verpackung an → Buchung im Soll.

4400 VE: Beim Kauf gegen Rechnung erhöhen sich die Verbindlichkeiten (Passivkonto) → Buchung im Haben.

8.3.2 4400 VE   178,50 €   an   6000 AWR   150,00 €
                                                  2600 VORST   28,50 €   3

Erklärung: Bei einer Rücksendung erfolgt eine Stornobuchung.
4400 VE: Durch die Gutschrift vom Lieferer mindern sich die Verbindlichkeiten → Buchung im Soll.
6000 AWR: Die Aufwendungen werden um die Gutschrift (netto) korrigiert
→ Buchung im Haben.
2600 VORST: Die Vorsteuer muss anteilig korrigiert werden → Buchung im
Haben.

8.4   z. B.: geringere Bestellkosten   1

Erklärung: Jeder Bestellvorgang ist in der Regel mit Kosten verbunden
(Fracht, Verwaltungsaufwand usw.). Eine Reduzierung der Bestellvorgänge
mindert also die Bestellkosten. Ein größerer Lagerbestand hat zudem den
Vorteil, dass man unabhängiger vom Lieferer ist und auch spontan Kunden-
aufträge annehmen kann. Ein Nachteil großer Bestellmengen ist allerdings,
dass dadurch die Kosten der Lagerhaltung steigen.

Um Ihnen die Prüfung 2024 schnellstmöglich zur Verfügung stellen zu können, bringen wir sie in digitaler Form heraus.

Sobald die Original-Prüfungsaufgaben 2024 freigegeben sind, können sie als PDF auf der Plattform **MySTARK** heruntergeladen werden (Zugangscode vgl. Umschlaginnenseite).

Aktuelle Prüfung

www.stark-verlag.de/mystark

Kontenplan (nach dem IKR) und Abkürzungsverzeichnis zur Verwendung an Bayerischen Realschulen

AKTIVE BESTANDSKONTEN

KONTENKLASSE 0: Sachanlagen

05 Grundstücke und Bauten
    0500 GR   Grundstücke
    0530 BVG   Betriebs- und Verwaltungs-
                  gebäude
07 Technische Anlagen und Maschinen
    0700 MA   Maschinen und Anlagen
08 Betriebs- und Geschäftsausstattung
    0840 FP   Fuhrpark
    0860 BM   Büromaschinen
    0870 BGA   Büromöbel und Geschäftsaus-
                  stattung
    0890 GWG   Geringwertige Wirtschaftsgüter

KONTENKLASSE 1: Finanzanlagen

15 Wertpapiere des Anlagevermögens
    1500 WP   Wertpapiere des Anlage-
                  vermögens

KONTENKLASSE 2: Umlaufvermögen und ARA

20 Roh-, Hilfs-, Betriebsstoffe, Fremdbauteile
    2000 R   Rohstoffe (Fertigungsmaterial)
    2010 F   Fremdbauteile
    2020 H   Hilfsstoffe
    2030 B   Betriebsstoffe
24 Forderungen aus Lieferungen und Leistungen
    2400 FO   Forderungen aus Lieferungen und
                  Leistungen
    2470 ZWFO   Zweifelhafte Forderungen
26 Sonstige Vermögensgegenstände
    2600 VORST   Vorsteuer
28 Flüssige Mittel
    2800 BK   Bank (Kontokorrentkonto)
    2880 KA   Kasse
29 Aktive Rechnungsabgrenzung
    2900 ARA   Aktive Rechnungsabgrenzung

PASSIVE BESTANDSKONTEN

**KONTENKLASSE 3: Eigenkapital und Rück-
                        stellungen**

30 Eigenkapital
    3000 EK   Eigenkapital
    3001 P   Privatkonto
36 Wertberichtigungen
    3670 EWB   Einzelwertberichtigung
    3680 PWB   Pauschalwertberichtigung
39 Sonstige Rückstellungen
    3900 RST   Rückstellungen

KONTENKLASSE 4: Verbindlichkeiten und PRA

42 Verbindlichkeiten bei Kreditinstituten
    4200 KBKV   Kurzfristige Bankverbindlich-
                  keiten (bis zu einem Jahr)
    4250 LBKV   Langfristige Bankverbindlich-
                  keiten

44 Verbindlichkeiten aus Lieferungen und
   Leistungen
    4400 VE   Verbindlichkeiten aus LL
48 Sonstige Verbindlichkeiten
    4800 UST   Umsatzsteuer
    4830 VFA   Sonst. Steuerverbindlichkeiten
    4840 VSV   Verbindlichkeiten gegenüber
                  Sozialversicherungsträgern
49 Passive Rechnungsabgrenzung
    4900 PRA   Passive Rechnungsabgrenzung

ERTRAGSKONTEN

KONTENKLASSE 5: Erträge

50 Umsatzerlöse für eigene Erzeugnisse
* 5000 UEFE   Umsatzerlöse für eigene
                  Erzeugnisse
    5001 EBFE   Erlösberichtigungen
54 Sonstige betriebliche Erträge
    5400 EMP   Erlöse aus Vermietung und Ver-
                  pachtung
* 5430 ASBE   Andere sonst. betriebl. Erträge
    5490 PFE   Periodenfremde Erträge
    5495 EFO   Erträge aus abgeschriebenen
                  Forderungen
56 Erträge aus anderen Wertpapieren
    5650 EAWP   Erträge aus dem Abgang von
                  Wertpapieren des Anlagever-
                  mögens
57 Zinsen und ähnliche Erträge
    5710 ZE   Zinserträge
    5780 DDE   Dividendenerträge

AUFWANDSKONTEN

KONTENKLASSE 6: Betriebl. Aufwendungen

60 Aufwendungen für Roh-, Hilfs-, Betriebsstoffe
   und Fremdbauteile
* 6000 AWR   Aufwendungen für Rohstoffe
    6001 BZKR   Bezugskosten für Rohstoffe
    6002 NR   Nachlässe für Rohstoffe
* 6010 AWF   Aufwendungen für Fremdbauteile
    6011 BZKF   Bezugskosten für Fremdbauteile
    6012 NF   Nachlässe für Fremdbauteile
* 6020 AWH   Aufwendungen für Hilfsstoffe
    6021 BZKH   Bezugskosten für Hilfsstoffe
    6022 NH   Nachlässe Hilfsstoffe
* 6030 AWB   Aufwendungen für Betriebsstoffe
    6031 BZKB   Bezugskosten für Betriebsstoffe
    6032 NB   Nachlässe für Betriebsstoffe
* 6040 AWVM   Aufwendungen für Verpackungs-
                  material
61 Aufwendungen für bezogene Leistungen
* 6140 AFR   Ausgangsfrachten
* 6160 FRI   Fremdinstandhaltung

---

*   Kennzeichnung für Konten, die in die Kosten- und Leistungsrechnung eingehen.

62 Löhne und Gehälter
* 6200 LG   Löhne und Gehälter
64 Soziale Abgaben
* 6400 AGASV Arbeitgeberanteil zur Sozialver-
               sicherung
65 Abschreibungen
* 6520 ABSA Abschreibungen auf Sachanlagen
* 6540 ABGWG Abschreibungen auf GWG
67 Aufwendungen für die Inanspruchnahme von
   Rechten und Diensten
* 6700 AWMP Mieten, Pachten
* 6730 GEB   Gebühren
* 6750 KGV   Kosten des Geldverkehrs
* 6760 PROV   Provisionen
* 6770 RBK   Rechts- und Beratungskosten
68 Aufwendungen für Kommunikation
* 6800 BMK   Büromaterial und Kleingüter
* 6820 KOM   Kommunikationsgebühren
* 6850 REK   Reisekosten
* 6870 WER   Werbung
69 Sonstige Aufwendungen
* 6900 VBEI   Versicherungsbeiträge
  6950 ABFO   Abschreibung auf Forderungen
  6990 PFAW   Periodenfremde Aufwendungen

KONTENKLASSE 7: Weitere Aufwendungen
70 Betriebliche Steuern
* 7000 GWST Gewerbesteuer
* 7020 GRST   Grundsteuer
* 7030 KFZST Kraftfahrzeugsteuer
74 Verluste aus Finanzanlagen
  7460 VAWP Verluste aus Wertpapieren des
             Anlagevermögens
75 Zinsen
* 7510 ZAW   Zinsaufwendungen

KONTEN FÜR DIE ERGEBNISRECHNUNG

KONTENKLASSE 8: Ergebnisrechnungen
  8010 SBK   Schlussbilanzkonto
  8020 GUV   Gewinn-und Verlustkonto

**KONTENKLASSE 9: Kosten- und Leistungs-
rechnung**

*   Kennzeichnung für Konten, die in die Kosten- und Leistungsrechnung eingehen.